思想的 · 睿智的 · 獨見的

經典名著文庫

學術評議

丘為君	吳惠林	宋鎮照	林玉体	邱燮友
洪漢鼎	孫效智	秦夢群	高明士	高宣揚
張光宇	張炳陽	陳秀蓉	陳思賢	陳清秀
陳鼓應	曾永義	黃光國	黃光雄	黃昆輝
黃政傑	楊維哲	葉海煙	葉國良	廖達琪
劉滄龍	黎建球	盧美貴	薛化元	謝宗林
簡成熙	顏厥安	（以姓氏筆畫排序）		

策劃 楊榮川

五南圖書出版公司 印行

經典名著文庫

學術評議者簡介（依姓氏筆畫排序）

- 丘為君　美國俄亥俄州立大學歷史研究所博士
- 吳惠林　美國芝加哥大學經濟系訪問研究、臺灣大學經濟系博士
- 宋鎮照　美國佛羅里達大學社會學博士
- 林玉体　美國愛荷華大學哲學博士
- 邱燮友　國立臺灣師範大學國文研究所文學碩士
- 洪漢鼎　德國杜塞爾多夫大學榮譽博士
- 孫效智　德國慕尼黑哲學院哲學博士
- 秦夢群　美國麥迪遜威斯康辛大學博士
- 高明士　日本東京大學歷史學博士
- 高宣揚　巴黎第一大學哲學系博士
- 張光宇　美國加州大學柏克萊校區語言學博士
- 張炳陽　國立臺灣大學哲學研究所博士
- 陳秀蓉　國立臺灣大學理學院心理學研究所臨床心理學組博士
- 陳思賢　美國約翰霍普金斯大學政治學博士
- 陳清秀　美國喬治城大學訪問研究、臺灣大學法學博士
- 陳鼓應　國立臺灣大學哲學研究所
- 曾永義　國家文學博士、中央研究院院士
- 黃光國　美國夏威夷大學社會心理學博士
- 黃光雄　國家教育學博士
- 黃昆輝　美國北科羅拉多州立大學博士
- 黃政傑　美國麥迪遜威斯康辛大學博士
- 楊維哲　美國普林斯頓大學數學博士
- 葉海煙　私立輔仁大學哲學研究所博士
- 葉國良　國立臺灣大學中文所博士
- 廖達琪　美國密西根大學政治學博士
- 劉滄龍　德國柏林洪堡大學哲學博士
- 黎建球　私立輔仁大學哲學研究所博士
- 盧美貴　國立臺灣師範大學教育學博士
- 薛化元　國立臺灣大學歷史學系博士
- 謝宗林　美國聖路易華盛頓大學經濟研究所博士候選人
- 簡成熙　國立高雄師範大學教育研究所博士
- 顏厥安　德國慕尼黑大學法學博士

經典名著文庫021

就業、利息和貨幣的一般理論

The General Theory of Employment, Interest, and Money

約翰·梅納德·凱因斯 著
(John Maynard Keynes)

謝德宗 譯

經 典 永 恆 ‧ 名 著 常 在

五十週年的獻禮‧「經典名著文庫」出版緣起

總策劃 楊榮川

　　五南，五十年了。半個世紀，人生旅程的一大半，我們走過來了。不敢說有多大成就，至少沒有凋零。

　　五南忝為學術出版的一員，在大專教材、學術專著、知識讀本出版已逾壹萬參仟種之後，面對著當今圖書界媚俗的追逐、淺碟化的內容以及碎片化的資訊圖景當中，我們思索著：邁向百年的未來歷程裡，我們能為知識界、文化學術界做些什麼？在速食文化的生態下，有什麼值得讓人雋永品味的？

　　歷代經典‧當今名著，經過時間的洗禮，千錘百鍊，流傳至今，光芒耀人；不僅使我們能領悟前人的智慧，同時也增深加廣我們思考的深度與視野。十九世紀唯意志論開創者叔本華，在其〈論閱讀和書籍〉文中指出：「對任何時代所謂的暢銷書要持謹慎的態度。」他覺得讀書應該精挑細選，把時間用來閱讀那些「古今中外的偉大人物的著作」，閱讀那些「站在人類之巔的著作及享受不朽聲譽的人們的作品」。閱讀就要「讀原著」，是他的體悟。他甚至認為，閱讀經典原著，勝過於親炙教誨。他說：

　　「一個人的著作是這個人的思想菁華。所以，儘管

一個人具有偉大的思想能力，但閱讀這個人的著作
總會比與這個人的交往獲得更多的內容。就最重要
的方面而言，閱讀這些著作的確可以取代，甚至遠
遠超過與這個人的近身交往。」

為什麼？原因正在於這些著作正是他思想的完整呈現，是他所
有的思考、研究和學習的結果；而與這個人的交往卻是片斷
的、支離的、隨機的。何況，想與之交談，如今時空，只能徒
呼負負，空留神往而已。

三十歲就當芝加哥大學校長、四十六歲榮任名譽校長的赫
欽斯（Robert M. Hutchins, 1899-1977），是力倡人文教育的
大師。「教育要教真理」，是其名言，強調「經典就是人文教
育最佳的方式」。他認為：

「西方學術思想傳遞下來的永恆學識，即那些不因
時代變遷而有所減損其價值的古代經典及現代名
著，乃是真正的文化菁華所在。」

這些經典在一定程度上代表西方文明發展的軌跡，故而他為
大學擬訂了從柏拉圖的《理想國》，以至愛因斯坦的《相對
論》，構成著名的「大學百本經典名著課程」。成為大學通識
教育課程的典範。

歷代經典‧當今名著，超越了時空，價值永恆。五南跟業
界一樣，過去已偶有引進，但都未系統化的完整舖陳。我們決
心投入巨資，有計劃的系統梳選，成立「經典名著文庫」，希

望收入古今中外思想性的、充滿睿智與獨見的經典、名著，包括：

- 歷經千百年的時間洗禮，依然耀明的著作。遠溯二千三百年前，亞里斯多德的《尼各馬科倫理學》、柏拉圖的《理想國》，還有奧古斯丁的《懺悔錄》。
- 聲震寰宇、澤流遐裔的著作。西方哲學不用說，東方哲學中，我國的孔孟、老莊哲學，古印度毗耶娑（Vyāsa）的《薄伽梵歌》、日本鈴木大拙的《禪與心理分析》，都不缺漏。
- 成就一家之言，獨領風騷之名著。諸如伽森狄（Pierre Gassendi）與笛卡兒論戰的《對笛卡兒沉思錄的詰難》、達爾文（Darwin）的《物種起源》、米塞斯（Mises）的《人的行為》，以至當今印度獲得諾貝爾經濟學獎阿馬蒂亞・森（Amartya Sen）的《貧困與饑荒》，及法國當代的哲學家及漢學家余蓮（François Jullien）的《功效論》。

梳選的書目已超過七百種，初期計劃首為三百種。先從思想性的經典開始，漸次及於專業性的論著。「江山代有才人出，各領風騷數百年」，這是一項理想性的、永續性的巨大出版工程。不在意讀者的眾寡，只考慮它的學術價值，力求完整展現先哲思想的軌跡。雖然不符合商業經營模式的考量，但只要能為知識界開啟一片智慧之窗，營造一座百花綻放的世界文明公園，任君遨遊、取菁吸蜜、嘉惠學子，於願足矣！

最後，要感謝學界的支持與熱心參與。擔任「學術評議」的專家，義務的提供建言；各書「導讀」的撰寫者，不計代價地導引讀者進入堂奧；而著譯者日以繼夜，伏案疾書，更是辛苦，感謝你們。也期待熱心文化傳承的智者參與耕耘，共同經營這座「世界文明公園」。如能得到廣大讀者的共鳴與滋潤，那麼經典永恆，名著常在。就不是夢想了！

二〇一七年八月一日　於

五南圖書出版公司

導　讀

「開創總體經濟學的里程碑」
讀凱因斯《就業、利息和貨幣的一般理論》

　　在經濟學發展過程中，歷經無數次經濟學革命。其中，對經濟活動與人民福祉影響深遠，關係重大的莫過於1980年諾貝爾經濟學獎得主克萊恩（1947）譽為「凱因斯革命」的《一般理論》（1936）出現。1930年代大蕭條是源自於1929年美國華爾街股市崩盤，旋即引爆景氣衰退蔓延擴散及全球，持續時間長達10餘年，無論是已開發或開發中國家競相沉淪，淒慘經濟景象的強度與影響深遠，蔚為人類歷史上罕見。然而古典學派主導政府官僚與學術界的經濟思維長達百餘年，在自由放任與個人主義引領下，卻對愁雲慘霧的經濟慘狀一籌莫展，形成理論完全背離實際現象，擬定的政策毫無作用可言。

　　凱因斯針對古典學派的兩個前提展開批評，指出這兩者與勞動市場實際運作存在落差，亦即勞工實際上是要求貨幣工資，而非古典學派所稱的實質工資，導致勞動供給將因物價變動而發生移動。此外，古典學派認為景氣衰退導致失業增加，根本原因就在勞工拒絕接受實質工資下降所致。然而凱因斯提出實際資料顯示，勞工基本上是抗拒貨幣工資削減（存在調整黏性），而非降低實質工資，是以景氣衰退反而會引起實質

工資上漲，失業將會存在，此即是勞動市場存在古典學派否認的「非意願性失業」。換言之，凱因斯指出古典學派的最大謬誤，就在於勞動市場的運作模式，從而衍生透過價格機能自由運作，體系將可自動調整而恆處於充分就業均衡。然而凱因斯認為現實狀況是壟斷性競爭體系，價格機能運作失靈，體系達成充分就業僅是各種可能均衡狀態下的特例而已，不能將唯一特例視為一般正常狀態。

在凱因斯發表《一般理論》之前，古典學派的總體經濟思維是立基於李嘉圖式虛幻環境，在其設想勞動市場完美運作下，體系恆處於充分就業均衡，剩餘問題則是屬於個體經濟學範圍的價值理論與分配理論。是以有關古典總體理論方面的論述則是斷簡殘篇，散落於各個古典經濟學者的論述中，並無完整的總體理論架構。隨著凱因斯在《一般理論》第二章率先批評古典學派的前提，指出悖離現實狀態是其理論結果的荒謬根源。凱因斯針對現實的蕭條環境，檢討體系內總供給函數背後隱含的勞動市場運作情況，發現「非意願性失業」存在的根本原因就在有效需求不足。是以由此觀點出發，凱因斯逐一討論構成有效需求的成分，逐步建立完整的總體理論體系。由於凱因斯引進古典學派的異端理論觀點，打破正統古典學派長期獨占總體思維，新穎說法吸引過江之鯽的青年學者投入演繹《一般理論》的陣營。另一方面，傳統的古典學派面臨此一巨大變局，也迅速跟進調整固有的分析模式，銳意整頓既有思維，從而形成傳統古典學派與新穎凱因斯學派兩大主流激烈競爭，百家爭鳴的壯麗總體經濟理論自此成為獨立學門。

凱因斯發表《一般理論》的一年（1937）後，他的好友

希克斯（John Richard Hickis）率先揣摩《一般理論》的想法，直擊其核心思維，澈底簡化成IS-LM模型來詮釋凱因斯想法。爾後，再經由韓森（Alvin Hansen）繼起推廣，IS-LM模型遂成為凱因斯學派的標準分析工具，此後這一廣為人們熟悉的數學模型即成為《一般理論》的樣品屋，而《一般理論》描述的複雜實際環境（可居住的成屋），自此淪為「假設其他條件不變」的外生變數，逐漸淡出人們的眼簾。同一期間，韓森與薩繆爾森（Paul Anthony Samuelson）甚至將《一般理論》極度簡化為所得支出模型（income expenditure model），直截了當展現凱因斯的有效需求概念，卻是澈底讓凱因斯耗費心血強調的各種重要影響因素盡數消失。

凱因斯的父親約翰·內維爾·凱因斯（John Neville Keynes）（1891）將經濟學區分為實證經濟學（positive economics）與規範經濟學（normative economics）兩部分。前者探討可用事實驗證的經濟議題，關心人們的經濟行為「是什麼」（what it is），將攸關經濟脈動做成簡化假設，提出臆說（hypothesis）並配合嚴謹的邏輯推理，分析經濟活動過程並預測其結果，此種推理具有一般所稱的「實證性」，即是當代總體經濟模型的推演。至於後者則是探討「應該是什麼」（what it should be），在追求設定價值的目標下，探討經濟現象的因果關係（causality），選擇適當操作模式以增進社會福祉，此即是總體政策的制定。

自1950年代以後，經濟學者推演總體理論，競相建立數學模型來討論經濟活動運行。經濟模型是實際經濟活動的極度縮影，經濟學者尋找有趣且具意義的經濟議題，將錯綜複雜實

際現象化繁爲簡的假設環境，再以文字、圖形或數學式描繪經濟活動運作現象，然後推論出想要得到答案的各種總體變數。基本上，經濟模型主要由模型解釋的內生變數，以及解釋內生變數的外生變數兩者構成，而後者則視爲當然或由模型外的因素決定。一般而言，總體模型爲追求獲得較爲確切答案，只有大幅擴大外生變數的範圍，亦即將非討論對象的經濟環境設想爲不變。至於《一般理論》則是全面性討論各種現象與環境變化交互影響的狀況，這些都被現代總體經濟學因受限於以數學模型表示現狀，而以「假設其他條件」一筆帶過。

Keynes的《一般理論》體系主要涵蓋就業、利息與物價三部分，其餘則是涉及景氣循環的過程與攸關重商主義內涵的爭論，完整架構可用下列圖形表示，可用現代總體經濟學分析架構進行解讀。在此，我們將《一般理論》各章節內涵分別融入現代總體經濟學分析中，讀者藉此可以了解現代總體理論架構中「假設其他條件不變」，在《一般理論》中到底是描述什麼。

《一般理論》從第二章展開起手式，率先質疑古典學派前提，凸顯古典勞動市場供給函數的決定方式，與實際市場決策方式存在極大落差，從而影響體系內總供給曲線的形狀與決定因素，這一章內容主要涉及勞動市場均衡的決定。凱因斯觀察勞動市場的運作，發現勞工在乎貨幣工資調整，除非實質工資出現劇烈變化，否則貨幣工資將是呈現黏性調整。是以在大蕭條期間，減產和失業情況迅速惡化失控，價格機能運作失靈固然有點責任，但是《一般理論》指出當中關鍵因素就在「有效需求不足」。此外，蕭條體系將因貨幣工資存在黏性調整遲

緩，導致古典學派否認的「非意願性失業」，卻是呈現持續性常態存在。以現代總體經濟學分析的觀點，《一般理論》第二章即是討論在勞動市場上，勞工重視貨幣工資調整更甚於實質工資變化，導致非意願性失業存在係屬常態。從勞動市場運作將會推演出體系內總供給函數，而其型態則在總體經濟學派爭論上扮演重要地位。

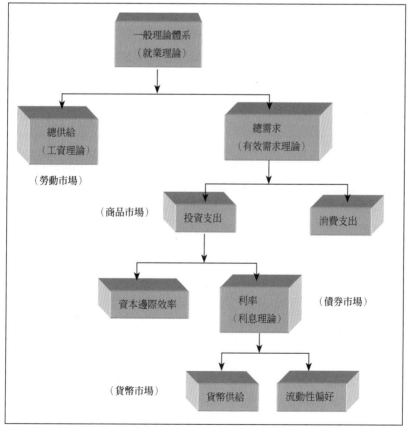

資料來源：謝德宗，《總體經濟學》，第三章，pp. 55。

在1930年代大蕭條期間，龐大庫存引爆失業潮、廠商倒閉與市況低迷無所不在，《一般理論》直接指出其中原因顯然與有效需求不足有關。凱因斯指出有效需求係指預期可讓廠商獲取利潤極大、或與總供給相等而處於均衡狀態的總需求（包括消費和投資支出），並由此決定就業與產出。馬爾薩斯（Thomas Multhus）早在《政治經濟學原理》（1820）就提出有效需求不足將讓體系陷入危機狀態，而《一般理論》在第三章接收這一概念，指出古典學派所稱「大蕭條可由價格機能運作自行回歸充分就業」淪為空談，政府唯有以「看得見的手」推動公共建設，創造商品和勞動需求，方能力挽狂瀾。此外，凱因斯在第三章運用總需求與總供給函數，來共同決定體系內就業水準，然後分別討論決定總需求（由消費與投資兩者構成）函數的因素，以及決定總供給函數的因素，進而分析體系達成充分就業將是特例。值得注意者，《一般理論》第三章的分析雖然運用總需求與總供給概念來獲取均衡，但是推演兩者的函數則是直接取決於就業，且決定體系內均衡就業水準，迥異於現代總體經濟學是決定物價與所得。

接著，《一般理論》的第四章到第七章，係在討論主要總體變數的定義與衡量方式，相當於在總體經濟學中的國民所得衡量，說明淨所得的衡量、工資單位的計算方式，以及儲蓄與投資的精確定義。其中，第三章指出，國民所得係衡量本期實質產出數量，屬於淨產出概念。體系內所得係所有異質商品與勞務的複合體，如何衡量有其實務上的困難。為了衡量體系內淨產出（當期的商品產值），必須衡量投資淨額，當中涉及如何估算本期損耗的資本數量，進而涉及新舊資本設備價值的評

估，此係極為困難的任務。接著，在討論就業問題時，有關就業數量的衡量，凱因斯建議以薪資為權數，將異質勞工數量轉換為同質的勞工單位。再則，《一般理論》首度提出短期與長期預期概念，詳細描述對生產與就業的影響，成為1960年代以後「理性預期革命」（rational expectation revolution）的奠基石。最後，第六章則是針對所得、儲蓄與投資內涵進行精確定義與詳細討論，進而在第七章深入說明儲蓄與投資之間的互動關係，以及銀行信用對儲蓄與投資的影響。

　　了解組成有效需求的儲蓄與投資等兩個重要民間因素的內涵後，《一般理論》的第八章到第十章主要討論影響人們消費傾向的因素涵蓋所得、客觀與主觀因素三部分，凱因斯同時將消費函數定義為所得的函數，成為爾後總體經濟學初始設定消費函數的唯一型態僅是決定於所得。然而在《一般理論》中，凱因斯在第八章與第九章鉅細靡遺討論影響消費的各種客觀與主觀因素，卻被凱因斯學派忽略很長一段時間。從1950年代末期起，在後凱因斯經濟學（Post-Keynesian Economics）中，凱因斯學派的學者們競相針對客觀因素展開總體消費理論的個體基礎（microfoundation）分析，其中引人注意者包括資本價值意外變動（財富效果）、貼現率或利率變化引起的跨期消費變化（兩期分析）、預期兩期所得變化的影響（理性預期消費理論）等。尤其是政府執行財政政策，將透過所得重分配效果，對總體消費傾向釀成影響。至於凱因斯說明影響消費傾向的主觀因素中，則是採取負面說法，甚至可說是刺激人們儲蓄動機，足足列了八項，都是與社會文化與人們生活習性有關，也引發「相對所得理論」的探討。

　　凱因斯洋洋灑灑列舉一堆主觀與客觀影響消費因素，但又以函數型式設定消費與所得之間的關係，將其他因素全以外生固定方式處理，導致凱因斯學派設定總體模型，都是依循該項消費函數型式。接著，依據社會心理法則，人們所得增加，將不會全部用於消費，是以邊際消費傾向將小於1，進而引申出體系內投資支出增加，將會產生所得倍數增加的乘數效果現象。隨後凱因斯進一步將處理投資增加的影響運用到政府支出的效果，在此他特別強調政府支出產生的排擠效果（crowding out effect），考慮因素包括政府融通支出方式，以及就業增加與物價上漲導致周轉金需求上漲，是否會引起利率上漲而排擠民間投資；政府支出計畫影響人們信心，或續增加人們流動性偏好或降低資本邊際效率，進而妨礙其他投資；甚至在開放體系，政府支出效果將會部分透過本國進口增加，而由外國享受就業利益。換言之，凱因斯討論政府支出效果時，考慮因素極為周全，甚至邊際消費傾向也會隨之變動，是以產生的乘數效果未如想像中的大。

　　《一般理論》接續以第十一章與第十二章兩章篇幅說明投資誘因，指出資本邊際效率與長期預期狀態兩者間的關係，亦即資本邊際效率是資本資產在未來產生一系列預期收益的現值等於期供給價格的貼現率，從而形成總體理論分析中的投資理論。接著，在通膨過程中，由於貨幣價值發生波動，勢必會影響資本邊際效率，是以凱因斯提出預期變動對利率的影響，從而區分貨幣利率與實質利率的差異。另外，凱因斯也指出有兩類風險將會影響投資，一個是企業或借款者風險，來自於借款者懷疑希望獲取的預期收益是否能夠實現；另一個則是放款者

風險，來自於借款者的誠信不足引發的信用風險。

　　凱因斯指出傳統的民間投資決策大體上是不可撤銷，亦即是缺乏流動性，是以決定體系內投資的因素是資本邊際效率與利率，而前者則是取決於人們預期企業長期獲利狀態。然而隨著有組織的股票市場出現後，提供投資人可以交易的場所，從而讓投資變得具有流動性，導致廠商的所有權與管理權日益分離。傳統投資缺乏市場可以變現，人們僅能倚賴長期預期狀態，來評估投資的價值，進而決定投資與否。一旦股票市場出現提供交易場所，人們將可每天重估股票價值，從而有機會修正其投資決策。由於股票市場提供投資標的具有高度流動性，促使投資人關心平均股價預期變化，更甚於關注預期長期收益變動，從而大幅提升投機氣氛，導致投資市場劇烈波動，甚至引發景氣循環。

　　有鑑於健全的有組織股票市場能夠提供投資流動性，凱因斯指出如果企業可在股市募集龐大資金而能迅速獲利，將會產生誘因刺激人們投入相同資金，從事新投資計畫，進而刺激就業所得增加。爾後的諾貝爾經濟學獎得主托賓（James Tobin）即在此說法上，推演出投資的q比率理論。

　　依據前面所述，傳統投資取決於資本邊際效率與利率，是以凱因斯接續在《一般理論》第十三章提出自己的一般利率理論，此即是流動性偏好的利率理論，認為利率是取決於人們的流動性偏好與貨幣供給數量。在此，凱因斯提出流動性偏好概念即是貨幣需求，並將其區分為三個部分：包括所得動機與事業動機兩類的交易動機、預防動機與投機動機，從而形成貨幣需求理論的基礎。

　　《一般理論》第十四章則是描述古典大咖經濟學者對利率理論的看法，此即是總體經濟學所稱的古典實質可貸資金理論（real loanable fund theory）。依據馬夏爾的說法，「促使資本市場總需求等於總資本存量的均衡利率」，而卡賽爾則直接指出利率就是讓投資等於儲蓄的價格。凱因斯指出在體系內所得變動的狀況下，儲蓄與投資曲線將會隨時移動，此係古典利率理論無法決定均衡利率的原因。

　　延續第十三章初步描述的流動性偏好內容，第十五章再次深入討論貨幣需求動機的內涵。其中，凱因斯認為這三類動機貨幣需求的強度將取決於取得現金的成本與可靠性而定。爾後，鮑莫爾（William Baumol）與托賓基於凱因斯的說法，推演出存貨理論的交易性貨幣需求，將是取決於人們持有現金所需放棄的存款利息，或是避免支付銀行的手續費而定，而且交易與預防動機貨幣需求主要取決於一般活動與貨幣所得水準而定。凱因斯接著結合投資人預期利率變化的概念，在股票（或債券）與貨幣之間作一取捨，獨創「絕對流動性偏好」的投機動機貨幣需求。依據金融市場的「多空分析方法」（bulls-bears approach），凱因斯認為人們對於未來前景不明而採取「看空操作」，賣出股票或債券而持有貨幣，此即是投機性貨幣需求。凱因斯提出投機動機貨幣需求後，馬可維茲（Harry Max Markowitz）與托賓進行最適化推演，而為後續的資產選擇理論奠定基礎。

　　凱因斯將流動性偏好函數分為兩部分，交易性與預防性動機貨幣需求取決於所得，而投機動機貨幣需求則取決於利率。在靜態體系中，人們若對未來利率變化沒有感覺任何不確定

性，則達成均衡時，投機性貨幣需求爲零，此時貨幣數量學說將會成立。

《一般理論》的第十六章則是討論資本的性質，資本邊際效率與利率變化，對資本累積與儲蓄彼此互動的影響。第十七章則是討論人們持有貨幣與資產（或商品）的報酬率，在考慮各自的持有成本與流動性溢酬後，達成均衡時將會趨於相等，此即是貨幣利率與商品（實質）利率的關係。

第十八章則是完整討論體系達成均衡後，各種因素發生變動，對就業造成影響與引起複雜的反饋效果，進而釀成景氣衰退與復甦交互出現的狀況。接著，在第十九章則是探討貨幣工資變化產生的影響效果，探討在衰退環境下，採取減薪政策，或擴張貨幣政策來推動物價上漲，其產生結果的利弊得失。隨後，在第二十章，凱因斯將總供給函數轉換爲就業函數，深入討論體系內不同產業的就業函數型態，進而累加成體系總就業函數。然後凱因斯討論體系內有效需求變化，將以何種方式分配在各種商品，而各種商品的產業就業函數型態，以及生產期間長短，對於體系就業將會造成何種影響。

綜合上述各章討論體系內錯綜複雜因素變化對就業的影響後，《一般理論》在第二十一章討論，當央行增加貨幣數量後，將對體系釀成何種影響。凱因斯指出貨幣數量增加，將會引起有效需求增加，部分力量將耗費在增加生產成本，剩餘部分則會投入增加產出。在該章中，凱因斯鉅細靡遺深入分析體系處於各種情境下，貨幣數量增加可能造成的影響。唯有在體系達成充分就業環境，才可能出現貨幣數量與物價等比例上漲的貨幣數量學說結果。至於在一般環境下，貨幣數量變化對物

價的影響，將取決於有效需求的貨幣彈性、產出的就業彈性、薪資變動對有效需求變動的彈性，以及在現有設備上，增加雇用因素而引發報酬遞減的彈性等因素。

在完整討論經濟體系中各個市場活動發生變化的根源，以及彼此間撲朔迷離的錯綜複雜關係後，凱因斯在《一般理論》第二十二章基於前述的討論基礎，進一步檢視景氣循環發生的根源，評論不同學派的看法，以及其解決方法的錯誤之處。此外，凱恩斯也詳細描述整個循環過程中，由於資本邊際效率與利率交互變化，引發體系內各個成員的反應，產生的一連串調整過程。接著，《一般理論》在第二十三章中進入開放體系，討論長期以來有關政府是否採取保護貿易措施的爭論，而重商主義的主張顯然是當中無比重要的焦點。凱因斯在這一章檢視重商主義的思維與主張的政策，闡述以保護貿易來製造貿易順差，意圖解決失業問題，恐怕會徒勞無功。另外，凱因斯也針對古典學派主張禁止高利貸法，探討其對投資與資本邊際效率的影響。同時，凱因斯也針對貨幣具有高流動性與低持有成本特質，探討以「貼印花貨幣」來提高人們持有貨幣的成本，將有助於促進實質資本成長。最後，凱因斯在該章末尾，探討消費不足對景氣衰退的影響，從而形成所謂「節儉的矛盾性」說法。

最後，凱因斯在《一般理論》在第二十四章結論指出，在資本主義經濟體系下，總體經濟活動遠離充分就業環境，而且釀成財富與所得分配不公平，將是顯著缺陷。是以凱因斯強調政府應積極介入，運用課稅政策進行矯正。凱因斯也為政府職能擴張辯護，認為這是為避免資本主義經濟全面瓦解的唯一可

行方法，也是讓個人創業能力得以順利發揮作用的一項條件。
凱因斯認為失業與資本主義式的個人主義兩者間存在不解之緣
且難以避免，不過經由對問題正確分析，或許可能醫治該項毛
病，而且仍能保有經濟效率與個人自由。

譯者序

　　時間飛逝，二十一世紀一幌過去20餘年。在前兩個10年中，國際經濟金融局勢動盪頻傳。先是2000年的911恐怖事件來襲重挫景氣，繼起的2007年次貸危機與接踵而來的2008年金融海嘯引發百年罕見的大蕭條。2013年的歐豬五國債務危機釀成金融市場動盪，而從2020年迄今仍持續進行中的Covid-19，導致各國封城鎖國，窒礙全球經濟交流與貿易往來。持續的景氣重創導致哀鴻遍野，1930年代大蕭條的塵封往事瞬間重回世人記憶中。此時一個讓報章雜誌、學者、政客與財經名嘴琅琅上口的凱因斯，熟悉卻又迷濛的身影浮現人們眼前，宛如振興景氣的救世主重返世間。各國政府紛紛遵奉凱因斯之名，無不殫精竭慮，擴大赤字預算與執行量化寬鬆，意圖振衰起敝力挽狂瀾。

　　回溯二十世紀源自美國的大蕭條（Great Depression），罕見的持續時間最長、影響深遠與強度最大。從1929年10月24日華爾街股市下跌，到10月29日釀成股災，旋即席捲全球，世界各國無一倖免於毀滅性打擊，每人所得、政府稅收、廠商盈餘與物價全面下挫，國際貿易總額銳減50%，美國失業率飆升到25%，某些國家甚至達到33%。值此之際，凱因斯在1936年發表《就業、利息和貨幣的一般理論》，批評古典學派偏離現實的前提與假設，指出沉浸在李嘉圖的虛幻環境，理論邏輯雖然尚稱完美，但卻僅是實際經濟活動中的特例，用於

現實世界卻處處碰壁寸步難行。凱因斯在《一般理論》中鉅細靡遺剖析實際經濟脈動，批駁古典學派說法，同時援用同期間的古典異端論述，率先建立符合實際經濟脈動的完整總體理論體系。凱因斯主張深陷嚴重蕭條環境下，爲避免資本主義經濟崩盤瓦解，淪落爲以犧牲個人自由與經濟效率爲代價來紓緩失業問題的極權經濟制度，應當改弦更張擴張政府職能，主動以擴張政策來醫治蕭條與失業問題，進而確保資本主義經濟原有的效率與個人自由。

凱因斯的「長期而言，我們都已逝去」名言，扭轉傳統古典學派的虛擬環境「出世」論點，轉向踏入務實環境的「入世」理論，不僅將古典學派的斷簡殘篇散落四處的總體思維，整合建立完整體系的總體理論，更是掀起研究總體理論的革命性狂潮，從1950年代迄今，甚至成爲主導總體經濟思維與政策擬定主流的顯學。高伯瑞（John Kenneth Galbraith）因而譽爲「如同聖經與馬克思的資本論」，諾貝爾經濟學獎得主克萊恩（Lawrence Klein）更稱爲經濟思想史上極爲重要的「凱因斯革命」。

回想譯者在1973年恰爲臺大經濟系二年級學生，由於必修總體經濟學，在研讀總體理論過程中，對於古典與凱因斯兩大學派的來龍去脈充滿好奇。當時臺銀經濟研究室編印一系列經濟學名著翻譯叢書，譯者幾乎全部購買了攸關古典學派大師的論著研讀。同時，該叢書的第一本是由李蘭甫教授翻譯的《一般理論》（1964），而該書正是總體理論發軔的源頭，更吸引譯者投入研讀。然而譯者初學總體經濟學，毫無任何根基，即使來回反覆研讀該書數次，依然一頭霧水茫然無知。不

過譯者對凱因斯生平與其相關著作，依然興趣盎然。是以，在10年後，譯者正是博士班學生，在林鐘雄教授召集下，為「當代學術巨擘大系」撰寫《經濟理論的革命家——凱因斯》（1982），簡述凱因斯一生中的重要論著與貢獻。在此過程中，譯者重溫舊夢，又將《一般理論》反覆看了數次，已然對該書意涵稍有深入了解。

譯者在臺大經濟系任教期間，同時講授《總體經濟學》與《貨幣銀行學》兩門攸關總體經濟活動的課程，迄今為止已經超過40年。在漫長授課生涯中，譯者總結教學成果，大約每隔八年重新撰寫一本總體經濟學，先後寫了三本半（初始撰寫的書僅出版上冊即戛然而止），撰寫過程中對總體理論的每一細節，總是喜歡追本溯源，尋找其來源。到了2020年初，五南公司委託譯者重新翻譯《一般理論》，當時心想從未見過原書風貌，遂應允接下任務。譯者在循著原書逐頁翻譯過程中，經常難以掌握如何以中文表達原書內涵，往往深陷泥沼難以為繼。苦撐一年有餘遂暫時擱置，轉而投入修正我的新版《總體經濟學》，翻譯工作就此延宕一年有餘。斷斷續續的翻譯終於到了校稿時刻，數次逐字檢視翻譯稿件，40年來迷濛難懂的《一般理論》，似乎終於雲散天青了然於心。

我們熟悉的總體經濟學教科書，係以數學模型來釐清總體變數間的關係，極度簡化實際現象，並將眾多現象視為當然而外生固定，從而推演出確定易懂的答案。由此過程衍生的模型，基本上是預售樣品屋的藍圖性質，外貌確實是房屋，然而距離裝潢成可居的成屋仍很遙遠。《一般理論》猶如裝修完畢可以入住的豪宅，鉅細靡遺描述現實經濟活動，淋漓透澈闡述

實際的情景與當中錯綜複雜關係，進而演繹出符合實際現象的可能結論。實際現象與邏輯推理交互運用貫穿整本書，錯綜複雜情景讓讀者眼花撩亂，對於毫無現代總體經濟學基礎與昧於實際現象的讀者，閱讀此書猶如天書，難以體會該書深厚奧妙的內涵。

譯者翻譯《一般理論》獲益良多，從中讓人驚嘆凱因斯觀察現況入微，處理錯綜複雜現象井然有序，建構理論充分符合現狀。然而《一般理論》猶如可居住的成屋，讀者若想研讀，最好先具備基本總體經濟學的基礎，然後依據教科書章節，逐一對照《一般理論》的內容，將經濟模型隱含的簡化經濟環境，藉由凱因斯描述的真實場景來補實。基於極度簡化實際環境而推演的總體模型，提供人們容易解讀經濟活動運作的直接可能結果，但在運用於擬訂政策時，《一般理論》卻是提供在複雜真實環境運作下所有考慮的細膩細節。簡化教科書僅能提供可能預估結果，而決策當局擬定政策過程，或許可從《一般理論》的字裡行間中，尋獲必須補強與大幅修正的考慮因素。

最後，值此檢視《一般理論》譯稿之際，譯者頗為心虛，唯恐錯誤解讀甚至錯譯《一般理論》的原意。是以對於本書翻譯未盡完美與瑕疵之處，仍請讀者不吝賜正。同時，我願將此書獻給離世3年的父親與母親，沒有他們兩位的生養，則無今日的本書誕生，感恩與懷念我的雙親。

臺大經濟系教授

謝德宗
2022年11月30日

原　序

　　本書主要是爲經濟學同行而寫，期盼別人也看得懂。本書主要處理一些理論上的困惑，而如何應用於實際則在其次。如果正統經濟學錯誤，其瑕疵不會在上層建築，而在於前提隱晦且不夠普遍，然而上層建築在邏輯上通常很難非議。爲使經濟學者以詬病態度重新思考某些基本假設，我不得不藉由抽象的論據配合許多爭執，但寧願後者可以少一些。我覺得不僅必須陳述自己的觀點，還得指出哪些不符合現行理論。我預期那些與「古典理論」唇齒相依者，或將認爲我漏洞百出了無新意。是是非非只能由他人判斷，而下列爭辯目的就在提供一些資料，讓他人判斷有所憑藉。爲使各種理論儼然有別，我的爭辯不免流於犀利，若有這種情事請多諒解。我也曾經篤信現在抨擊的理論多年，故不至於忽視其優點。

　　有關爭論事宜的重要性可稱嘆爲觀止，但我的解釋若是正確，則須先說服經濟學同行而非普羅大眾。現階段的論爭只能歡迎人們旁聽，聽取參加論爭的一方，明白提出經濟學者彼此間的意見分歧點。這種意見分歧讓經濟理論在目前幾乎喪失實際重要性，而且一日不去，實際重要性就難以恢復。

　　本書與我五年前的《貨幣理論》（*Treatise on Money*）有何關係，或許本人要比別人理解些。在我看來，這些只是歷年思索的自然演化；但從讀者來看，也許會覺得是觀點改變，迷茫無所適從。這種困難不因更換名詞而紓解，名詞非改不可之

處將在下文中指出。兩書間的關係可以簡述如下：當我投入撰寫《貨幣理論》時，還是依循傳統思維，將貨幣視為供需理論以外的一種力量。隨著該書完成後，我已有若干進步，傾向於將貨幣理論推展為體系總產出理論。不過當時先人之見已深而不易跳脫，並未充分討論產出變動引發的後果。現在看來，這是該書理論部分（即第三、第四兩篇）的顯著缺陷，其「基本公式」是假設產出固定下而獲得的剎那圖，那些公式在該假設下意圖指出：「何以會有若干力量造成利潤失衡，促使產出非變不可？至於動態發展而異於剎那圖，反倒不完全且非常模糊」。本書則是關注何種力量引發總產出與總就業改變；至於貨幣雖然在經濟活動中占有重要特殊地位，本書卻略而不談其技術細節。在經濟體系中，貨幣經濟特徵是人們改變未來看法，不僅影響就業方向，甚至還改變就業量。當前經濟活動雖然深受人們對未來看法的影響，而且看法又經常在變，但是分析當前經濟活動的方法，仍不外乎供需交互反應。如此一來，我們的分析方法將與價值理論銜接，從而形成一般理論，而素來熟悉的古典學派則只是這個一般理論的特例而已。

　　撰寫這本書，作者須自闢蹊徑。事屬草創，為避免錯誤不致於過多，作者亟需倚賴他人批評與討論。人們若單獨構思太久，即使頗為可笑，但也會暫時深信不疑。各種社會科學皆然，經濟學尤其如此。我們不能以一己思維，以邏輯或實驗方法作決定性試驗。本書得力於卡恩（R. F. Kahn）建議與批評，較之《貨幣理論》或猶過之，書中許多地方都是依其建議修訂。再者，本書也承蒙羅賓遜（Joan Robinson）夫人、郝特雷（R. G. Hawtrey）及哈樂德（R. F. Harrod）校閱

而獲益甚多。書末索引則由劍橋國王學院（King's College, Cambridge）班舒珊—布特（D. H. Ben-susan-Butt）編排。

　　作者撰寫本書深陷長期掙扎，尋求跳脫傳統思維與說法。若作者努力不虛，則大部分讀者閱讀此書，想必會有同感。書中涵蓋思維表達方式雖然甚為複雜，實則異常簡單，應當為人所共知。我們大多數是歷經舊理論薰陶，而舊理論早已深植人心。是以困難不在新理論本身，而是在擺脫舊理論。

凱因斯
1935年12月13日

目　次

第一篇

導　論

第一章

正　名

　　本書名爲《就業、利息和貨幣的一般理論》，焦點就在「一般」。命名用意是將我的想法和結論，與古典學派①針對同類問題的想法與結論作一對比。無論是理論或政策，古典學派主導統治階層和學術界的經濟思維長達百餘年，而我自己也是在此傳統薰陶下長成。在下文中，我將說明古典學派的前提僅適用於特例，而非適用於一般情境。古典學派設想的環境是各種可能均衡位置的極限點，這種特例隱含的屬性卻非實際經濟現象所有，結果形成理論與事實不符，運用起來異常糟糕。

---

① 古典經濟學者（Classical economists）是馬克思（Marx）創造的名詞，涵蓋李嘉圖（Ricardo）、詹姆斯·彌爾（James Mill）以及之前的經濟學者。古典經濟學是由李嘉圖集大成的經濟學，但我使用古典學派一詞，亦包括李嘉圖的後繼者，即那些接受李嘉圖經濟學（Ricardian economics）而發揚光大的人，如約翰·史都華·彌爾（J. S. Mill）、馬夏爾（Marshall）、艾其渥斯（Edgeworth）以及庇古，此種用法或許犯了文法錯誤。

第二章

古典學派的前提

　　大部分攸關價值與生產的理論，主要討論兩個問題：(1)如何將固定資源分配於各種用途；(2)如果雇用資源正好是該數量，則如何決定各資源相對報酬與產品相對價值。①

　　就業人數多寡、自然財富豐瘠與資本設備規模等可用資源數量，向來只用敘述方式說明。至於可用數量中的實際就業究竟為何，係由何種力量決定，則鮮少嚴謹理論給予詮釋。若說針對這種理論全無探究當然過分，然而討論就業變動者甚多，但討論就業變動則不免涉及這種理論。我並非說這個問題被人忽略，而是指攸關這個問題的基本理論，向來被認為太簡單容易，頂多稍微提一下就夠了。②

---

① 這是李嘉圖遺留的傳統，此係他頗有自知之明，對國民所得數量不同於所得分配的問題毫無興趣。但其後繼者不察，卻以古典理論來討論財富本源問題。李嘉圖於1820年10月9日致馬爾薩斯（Malthus）的信件有如下一段話：「閣下以為經濟學是研究財富性質與本源之學，我的想法卻是：經濟學只研究體系各階層合作生產的商品，將依何種法則分配給各階層，至於數量實在無法則可言，但攸關分配比例倒可以找出一個相當正確的法則。我愈來愈覺得，追求前者將是徒勞無功，後者才是經濟科學的真正對象。」

② 庇古在《福利經濟學》（*Economics of Welfare*）（第四版127頁）中指出（重點是我加的）：「在整個討論中，除非明白聲明其非如此，否則我們將忽略下列事實：即使有些資源願意而實際上並未就業，這並不影響論證的實質，但可簡化其說法。」兩相對照，李嘉圖明白放棄任何企圖討論國民所得數量的問題，而庇古則在討論國民所得專著中，反而認為不論非意願性失業是否存在，同一理論都能適用。

I

　　古典學派就業理論表面簡單明白，實則基於兩大基本前提，且幾乎未曾深究這兩者。兩個前提分別為：

一、工資等於勞動邊際產量

　　就業者工資將等於因就業減少而引起淨價值的損失，此即因產出減少而扣除其他可避免成本的部分。在不完全競爭市場，工資不等於勞動邊際產量，但在此種情形下仍有原則可循。

二、在就業不變下，工資效用恰等於該就業的邊際負效用

　　每一就業者估計的實質工資，適足以讓該實際就業人數繼續工作。恰如第一前提因不完全競爭而出現例外，同樣的，若是集結所有就業者，該前提未必適用於每一勞工。此處的負效用是指凡是讓人們或團體寧可失業，也不願接受比某種最低效用更低的工資。

　　第二前提與「摩擦性失業」（frictional unemployment）並無衝突。此係將該前提應用於實際生活，總要顧及適應未能臻於完美，從而不會有連續的充分就業。如因估計錯誤或需求時斷時續，導致專業化資源的相對數量暫時失調；或因若干未預期變化釀成時間間隔，或轉業過程須歷經若干時日，導致在動態體系中，總有部分資源在轉業過程中淪落失業，凡此都可能引發失業。除「摩擦性」失業外，尚有「自願性」失業亦與第二前提不衝突。所謂「自願性失業」（voluntary unemployment）係指因立法、社會習俗、集體議價、適應遲緩、冥頑固執等現象，勞工拒絕或難以接受相當於其邊際生產力的商品價值為其工資，從而釀成失業，是以「摩擦性」與「自願性」兩種範疇概括一切失業。在古典學派前提下，不可能再有第三範疇——即下文的「非自願性」失業存在。

古典學派基於這兩個前提來決定資源就業量，而其例外與修正之處則已如上所述。第一前提產生就業需求，第二前提產生就業供給；就業水準則決定於邊際產量效用等於邊際就業負效用的點上。

由此推論，只有四種方法可以增加就業人數：

⑴改善機構增加遠見，藉以減少「摩擦性」失業。

⑵降低勞工邊際負效用以減少「自願性」失業，前者可用增雇一人所須提供的實質工資表示。

⑶增加工資財（wage-goods）產業中以實物衡量的勞動邊際生產力。工資財是庇古創造的名詞，應用起來相當方便，貨幣工資效用即視工資財價格而定。

⑷促使非工資財價格漲幅超過工資財價格漲幅，再加上誘使非工資財產業勞工，將對工資財支出移轉到非工資財。

據我了解，上述是庇古發表《失業理論》（*The Theory of Unemployment*）的精髓，是古典學派就業理論現存的唯一詳細說明。③

---

③ 針對庇古的《失業理論》將在本書第十九章附錄中有較詳細討論。

II

　　有關古典學派的兩種失業範疇，能夠囊括所有失業現象嗎？事實上，總有部分人們願意接受現行工資，卻陷入失業。一般而言，只要有此需求，在現行工資下的工作人數可以增加。④然而古典學派認為這與第二前提並不衝突，此係在現行貨幣工資下，勞動供給固然可能大於勞動需求，但出現這種情形卻是勞工間有公開協定或默契，不願接受較低工資而就業；只要勞工願意接受減薪，就業自會增加。此種失業乍看是「自願性」，實則並非如此，應當列入由於集體議價等原因而引起的「非自願性失業」（involuntary unemployment）範疇。這就引起我的兩點觀察：第一點涉及勞工對實質工資與貨幣工資的實際態度，理論上並不重要，但第二點則非常重要。

　　讓我們假設勞工未曾考慮為接受較低薪資而工作，是以削減現行薪資確實會引起罷工現象，導致部分在職者退出勞動市場。但是我們能否由此推論：現行實質工資確實能夠精準衡量勞工的負效用嗎？未必。此係降低現行薪資，固然引起部分勞工退出勞動市場；但若工資財價格上漲，導致現行貨幣工資所能購買的工資財較往昔減少，則未必產生同一現象。換言之，在某種範圍內，勞工也許要求底限的貨幣工資，而非最低實質工資。古典學派向來隱含假設這點與其理論沒有多大關聯，但是實則不然。如果勞動供給函數非以實質工資為唯一自變數，

---

④　參閱本章第6頁附注②引庇古語。

則其論證勢必完全崩潰，實際就業將非常不確定。[5]古典學派似乎未曾發覺，除非勞動供給只是實質工資的函數，否則勞動供給曲線將隨物價變動而移動。是以他們的方法和特殊假設牽扯難分，無法用於處理一般情況。

日常經驗確切告訴我們：在某種情境下，勞工要求的是貨幣工資而非實質工資，這種情形遠非僅是一種可能性而是正常狀況。勞工雖然經常抗拒減薪，但並非每次工資財價格上漲，他們就不肯工作。人們有時說，如果勞工只抗拒減薪而非實質工資下降，實在是不合邏輯。我們將在本章第三節舉出理由，說明這乍看不像那樣不合邏輯，而且也虧得是如此。不過不論是否合乎邏輯，經驗指出勞工的實際行為確實是如此。

此外，將景氣衰退下的失業現象，歸咎於是因勞工拒絕減薪所引起，也未能清楚獲得事實支持。如果將1932年的美國失業歸咎於勞工堅拒減薪，或堅持要求超過廠商生產力所能負擔的實質工資，這也令人難以置信。就業有時變動甚大，然而勞工生產力或勞工最低實質工資要求卻無顯著變動。在衰退期間，勞工亦不比繁榮時期更為頑強，而且其實質生產力也未必變小。從這些經驗得來的事實，足以構成讓人質疑古典學派分析是否合適的初步理由。

貨幣工資與實質工資兩者變動間的實際關係究竟為何，統計研究結果想必饒有趣味。如果變動僅限於特定產業，實質工資大概與貨幣工資呈現同向變動。若變動涉及一般工資水準，

---

⑤ 關於這點，在本書第十九章附錄將有詳細討論。

則將出現貨幣工資與實質工資變動方向不僅不同，而且幾乎永遠逆向：貨幣工資上漲，將會出現實質工資滑落；貨幣工資下降，實質工資上漲。這是在短期，貨幣工資下降與實質工資上漲，各自基於獨立理由而與就業減少有關。當就業下降時，各個勞工似乎較願意接受減薪；而在既定資本設備下，當產出減少，面對邊際報酬遞增的環境，實質工資提高勢將難以避免。

如果現行實質工資確實最低，一旦低於這個水準，願意就業人數都不會超過目前的實際就業人數，除摩擦性失業外，體系內不會存在非自願性失業。不過若說事實上一定如此，亦不近情理。此係即使工資財價格上漲導致實質工資滑落，但願意接受現行貨幣工資而就業者，往往還超過現在實際就業人數。如果這是真的，那麼現行貨幣工資能夠購買的工資財，將無法精確衡量勞工的邊際負效用，第二前提因而不會成立。

不過還有一個更基本的異議。古典學派第二前提立基於下列觀念：實質工資取決於勞資雙方的工資議價。當然他們承認實際是以貨幣工資議價，勞工願意接受的實質工資與當時對應發生的貨幣工資並非全然無關。不過他們認為勞資雙方議價是決定貨幣工資，而貨幣工資決定實質工資，是以只要勞工接受減薪，實質工資亦隨之降低。「實質工資經常與勞工的邊際負效用趨於相等」這句話，顯然是明確假設，勞工可以接受而願意工作的實質工資，儘管無法決定在此工資下的就業量。

總之，傳統理論認為勞資雙方議價決定實質工資。如果企業間自由競爭，勞工間沒有組織工會，只要勞工願意這樣做，將可讓實質工資等於企業在此工資下提供就業量的邊際負效用。若不然，沒有任何理由預期實質工資與勞工的邊際負效用

將趨於相等。

我們必須注意，古典學派意圖將此結論推廣至全體勞工身上，意謂著只要人們願意接受同伴拒絕的減薪，就可獲得就業。他們又認爲該結論同樣適用於封閉或開放體系，而其適用於開放體系亦不是因其有若干特徵，或因減薪將影響對外貿易，這些問題均不在本書討論範圍。他們的結論既非基於總工資支出削減，將對銀行體系與信用狀況釀成某種反應，從而引發若干間接效果，這些將於第十九章詳加討論；而是基於下列信念：在封閉體系中，一般薪資水準下降短期內將引起實質工資下降，但未必呈同比例變化。這也許有例外，但例外並不重要。

「一般實質工資取決於勞資雙方議價的貨幣工資」，這種假設明顯未必爲真，但歷來卻鮮少有人證明或否定它，委實令人詫異。這種假設與古典學派的一般論調也格格不入，它曾傳授我們相信：價格是由以貨幣表示的邊際主要成本（marginal prime cost）掌控，而貨幣工資又構成大部分的邊際主要成本。假設貨幣工資變動，人們預期古典學派將會說：價格幾乎會呈同比例變動，而實質工資與失業水準實際上與先前一樣。如果對勞工造成些微得失，將是以未變動邊際成本的其他因素蒙受損失或獲利的結果。[6]古典學派未曾循此思維追究下去，部分是根深蒂固認爲勞工能夠決定實質工資；部分或許是先入

---

[6] 我以爲這種說法含有很多眞理成分在內。雖然貨幣工資變動的全部後果較此更爲複雜，參閱本書第十九章。

爲主認爲物價取決於貨幣數量。一旦採取勞工能夠永遠決定實質工資的看法，命題混淆：勞工永遠能夠決定對應充分就業的實質工資，此即在特定實質工資下所能兼容的最大就業量。

　　總結來說，古典學派第二前提將存在兩點爭議。第一點攸關勞工實際行爲。在薪資不變下，物價上漲導致實質工資下降，一般說來，現行貨幣工資下的可用勞動供給，不會低於物價未漲前的實際就業量。若說一定會較低無疑是假設：在現行薪資下願意工作而未就業，只要生活成本稍微提高，將會撤回他們的工時。然而這種古怪假設明顯充斥於庇古的《失業理論》中，[⑦]並爲全體正統學派所默認。

　　第二點基本爭議將於往後數章再行發揮。這點爭議發生在我們難以苟同古典學派假設：工資議價決定實質工資。古典學派做此假設實犯重大錯誤，此係全體勞工可能無法讓貨幣工資的工資財等值與目前就業量的邊際負效用相等。我們的論點是，全體勞工可能缺乏管道，藉由與企業進行修正貨幣議價來調整貨幣工資，進而降低實質工資。我們將指出，決定實質工資水準主要是其他力量，而弄清楚這個問題將是本書主題之一。我們將說明，人們生存的經濟體系在這方面如何實際運作，向來被誤解甚深。

III

　　個人或團體之間攸關貨幣工資的爭執，通常視爲是決定

---

⑦　參閱本書第十九章附錄。

實質工資，事實上，其關心的是不同目標。由於勞工不完全移動，在不同職業中，工資不會趨向於正好相等的淨利益。是以任何個人或團體同意相對他人減低貨幣工資，將會蒙受實質工資相對下降的損失，從而構成他們抗拒前者的充分理由。另一方面，貨幣購買力變動將會影響全體勞工，但要針對每次由此引發抗議實質工資下降，顯然不大可能。事實上，除非由此引發實質工資下降到極端程度，否則通常不會抗拒，而且勞工這種局部抗拒態度（適用於一些產業的減薪），對附加阻礙增加總就業量的嚴重性，遠不如抗拒每次實質工資減低那樣激烈。

換句話說，攸關貨幣工資的爭執，主要取決於如何將實質工資總額分配於不同勞工團體，而非決定每一就業的平均實質工資，我們稍後將可看到後者係取決於另一組力量。部分勞工團體組合的效果只是保障其相對實質工資，一般實質工資則取決於經濟體系的其他力量。

因此即使勞工自己是不知不覺，但幸運的是，其本能上是較古典學派更為理性的經濟學者，此係他們反對減薪，即使這種減少極其微小或從來不是全面性削減，甚至這些薪資的實質等值還超過目前就業量的邊際負效用。反之，隨著總就業增加與維持相對薪資不變，除非實質工資降幅過大，使其低於目前就業的邊際負效用，否則勞工不會抗拒實質工資減低。是以工會對於減薪，不管降幅如何微小，都會群起反對，但不會在每次生活成本稍微上漲即進行罷工，不會像古典學派指責那樣，阻礙任何總就業增加。

IV

我們接著定義第三類失業或嚴格意義的「非自願性失業」，而古典學派是不承認其存在的可能性。明顯的，非自願性失業並非意謂著無工作能力，如：人們每天有工作10小時的能力，但不能因每日工作8小時就視爲失業。如果一群勞工不願接受低於某種限度的實質報酬，寧可賦閒在家，這也不視爲非自願性失業。爲方便起見，摩擦性失業不列爲非自願性失業，可定義如下：當工資財價格相對薪資些微上漲，在現行貨幣工資下願意工作的勞動總供給與勞動總需求，將會大於現在的就業量。下章將提出另一定義，不過兩者是殊途同歸（參閱本書第三章第一節末段）。

依此定義，古典學派第二前提所稱，實質工資等於就業的邊際負效用，以現實的話語解釋爲：沒有非自願性失業的狀況稱爲充分就業。摩擦性與自願性失業都與「充分就業」不悖。這種解釋頗和古典學派的其他特徵吻合，亦即最好視爲充分就業下的分配理論。只要古典學派兩大前提能夠成立，上述的非自願性失業將無從發生。體系內失業明顯的必須源自於：(a)轉業過程中短暫賦閒；(b)對高度專業化資源的間歇性需求；(c)工會對自由勞工（free labor）就業採取排外的效果。

由於古典學派忽略其理論背後的特殊假設，必然會達到下列邏輯結論：除上述例外，追根究底，一切失業還是源自於失業者不願接受與其邊際生產力相對應的工資。當勞工拒絕減薪時，古典學派學者可以同情他們，也承認爲應付暫時局面而減薪，或許是不智之舉。然而科學的嚴整性迫使他不得不說失業

的病根，還是在於勞工拒絕降低貨幣工資。

　　顯然地，如果古典學派只適用於充分就業情境，則將其應用於非自願性失業問題上，自然錯誤百出，但是誰又能否認這個問題存在呢？古典學派學者就如同歐氏幾何學者生活在非歐世界裡，當他們發現在日常經驗中，兩條看來平行的直線會相交，將會抱怨為何直線不直走。在他們看來，直線直走乃是避免兩線不幸衝撞的唯一辦法。然而除放棄平行公理，另行創造非歐幾何外，實在別無補救藥方。今日的經濟學也需做類似改造，我們要丟棄古典學派第二前提，設計出在嚴格意義下，存在非自願性失業可能性的體系行為規則。

V

　　我們一方面強調迥異古典體系之處，卻又無法忽視一個重要協議點：依然接受他們的第一個前提，但對此前提附加修正，亦即對古典學派附加的修正。在此，我們必須稍微暫停片刻，來考慮這個前提涉及的問題。

　　這個前提是：在組織、設備與技術既定下，實質工資與產出之間（從而與就業之間）是唯一相關的。一般而言，就業增加僅能伴隨著實質工資遞減。這是古典學派學者認為不可或缺的重要事實，作者亦表同意。在組織、設備與技術狀態已知下，一單位勞工獲取的實質工資，將會與就業量呈現唯一反向關係。一般而言，短期內就業增加，一單位勞工獲取以工資

財計算的報酬必須降低，而利潤則是增加。⑧其實這不過是眾所周知的另一命題之反面：在短期內，假設設備固定，產業營運通常會受報酬遞減掌控，就業增加必然造成工資財產業的邊際產量遞減，而後者決定實質工資，故實質工資下降。只要這個命題成立，任何增加就業的方法，必須同時導致邊際產量遞減。若以此產品衡量工資，則工資也將減低。

古典學派第二前提遭到丟棄後，當就業減少，儘管必然與勞工收到較大工資財數量的工資有關，卻未必是勞工要求大量工資財所引起。即使勞工願意接受較低薪資，也未必是解決失業的對策，這裡涉及工資與就業之間關係的理論，將留待第十九章及其附錄再詳加說明。

VI

自賽伊（Say）與李嘉圖以來，古典經濟學家都說：供給創造本身的需求（supply creates its own demand），這句話大概是說，生產成本必然全部直接或間接用於購買該產品，卻未清楚定義到底是什麼意思。不過約翰・史都華・彌爾在《政

⑧ 理由如下（以農業為例）：若就業量為n，第n個人增加的產量為每日1斗，則每日工資的購買力亦為1斗。若第（$n+1$）人增加的產量為每日9升，除非穀價相對工資提高，促使每日工資購買力只有9升，否則就業無法增加至（$n+1$）人。工資總額先前為n斗，現在則為$\frac{3}{10}$（$n+1$）斗。是以每增加一人就業，必然促使已就業者的部分所得移轉於企業。

治經濟學原理》（*Principles of Political Economy*）中，將這
學說描述得很清楚：

> 「構成商品的支付工具只是商品，每人支付他人
> 生產的工具就是他自己擁有的產品。就字面來
> 說，所有賣方必然是買方。是以一國生產力驟增
> 一倍，則每一市場商品供給亦增加一倍，購買力
> 亦以同樣方式增加一倍。每人的供給與需求都倍
> 於往昔，每人購買量可以增加一倍，此係每人提
> 供交換的東西也增加一倍。」⑨

作為同一學說的必然結果是：古典學派又假設說，任何人
放棄消費的行為，必將導致的結果，將讓勞動與商品從供給消
費釋出，等額轉入投資於生產資本財。下列引文係從馬夏爾的
《國內價值純理論》（*Pure Theory of Domestic Values*）中選
出，⑩可以說明傳統看法：

> 「人們將部分所得花費在勞務與商品，剩餘部分
> 則用於儲蓄，這的確是普遍的說法；但這是人們
> 熟悉的經濟學公理：人們儲蓄部分所得，也將用
> 於購買勞務與商品，就像他說的那樣用於支出。
> 當他購買勞務與商品，尋求目前享受將稱為支

---

⑨ 《政治經濟學原理》第三編第十四章第二節。

⑩ 第34頁。

出。當他購買勞務與商品投入生產財富，預期由
此衍生未來享受的方式，則稱爲儲蓄。」

　　從馬夏爾後期著作[11]，或艾其渥斯、庇古著作中，眞的很
難找出類似文句。這種理論在今日不再以如此簡陋形式出現，
但依然是古典學派的骨幹，古典學派沒有它就要崩潰。當代經
濟學者也許猶豫不決能否同意穆勒，但卻毫不遲疑接受以穆勒
理論爲前提的許多結論。以庇古爲例，在其絕大部分著作中，
相信除引起若干摩擦外，有無貨幣並無實質差異；正如穆勒一
樣，生產理論與就業理論是可以在基於「實物交易」進行推
演，然後再敷衍塞責引入貨幣，此即古典傳統的現代觀點。當
代經濟思維仍然深深地沉澱在一個觀念，亦即人們如未在某方
面支出，則將在另一層面花錢。事實上，[12]戰後經濟學者甚少

──────────

[11] 霍布森（J. A. Hobson）在《產業生理學》（*The Physiology of Industry*）（第102頁）先引上述約翰・史都華・彌爾說法，然後指出馬夏爾在《產業經濟學》（*Economics of Industry*）第154頁即已做下列按語：「人們雖然有購買能力，卻未必使用」。霍布森接著說：「馬夏爾沒有了解此事之重要性。他似乎以爲這種情形，只有在恐慌時期才會發生。」從馬夏爾後期著作看來，這始終是一句公正評語。

[12] 參閱馬夏爾夫婦所著《產業經濟學》第17頁：「以不耐穿的材料做衣服，將不利於商業。人們若不將錢用於購買新衣服，他們將有別種用法而可以讓勞工就業。」讀者請注意，我在引用早期馬夏爾撰寫《經濟學原理》時，已經有點懷疑這種說法，是以行文謹慎而語多遁辭，不過他從未將這種舊觀念由其基本思維中剔除。

始終如一抱持這個觀點，一來是受相反思維影響，他方面則是經驗和事實明顯與舊理論不符。[13]不過他們還不敢充分接受由此產生的後果，從而未修正其基本理論。

在無交換活動的魯賓遜・克盧梭（Robinson Crusoe）體系，人們從生產活動結果中消費或保留所得，實際上完全就是由該活動產生的產品。古典學派將魯賓遜・克盧梭體系錯誤類比搬到現實體系，這是由謬誤而起的第一個實例。此外，產出成本永遠可由需求產生的銷售收益來全部涵蓋，這個命題具有很好的合理性，是另外一個外表類似而不容質疑的命題，兩者極難分辨。後者是體系內各成員在生產活動中獲取的所得，其總數恰等於產出價值。

相類似的，如果人們的行為可讓自己致富，而且明顯地未從他人取走任何東西，則必然會讓社會全體致富，這又是很自然的想法（見上引馬夏爾文句），是以人們的儲蓄行為，不可避免將導致平行的投資行為。對此，再次出現另一不容質疑的命題是：人們財富淨增加總和，必須正好等於累加體系財富淨增量。

然而持此想法者都是蒙受錯視欺騙，將兩種異質活動混為一談。他們誤認決定現在放棄消費與決定提供未來消費之間有一種聯繫；而事實上，決定後者與前者的動機，無法以任何簡單方式連結。類似於幾何學之「平行公理」，在古典學派中

---

[13] 羅賓斯（Robbins）倒是卓爾不群，幾乎只有他始終堅持前後一致的思想體系，故其實際建議是和其理論相符。

即是：總產出需求價格恰等於其供給價格。承認這點，其他理論，如節儉理論（認為節儉為美德澤及社會）、利率理論、失業理論、貨幣數量學說、自由放任主義的利益無限、國際貿易理論則隨之而來，這些我們往後都將提出質疑。

VII

在本章各節，我們指出古典學派依存於陸續出現的假設：

⑴ 實質工資等於現行就業的邊際負效用。

⑵ 嚴格意義的非自願性失業並不存在。

⑶ 供給創造本身的需求，其涵義為針對所有產出與就業水準，總需求價格等於總供給價格。

以上三個假設實際是一而三、三而一，三者共存亡，任何一個在邏輯上必然蘊含另外兩個。

第三章

有效需求原則

I

　　我們將從幾個術語開始，並在稍後精確定義。在技術、資源與成本三者已知條件下，企業雇用特定數量勞工的支出將包括兩類：第一類是支付生產因素（不包括其他企業）的當前勞務，此即該就業的因素成本（factor cost）；其次是支付購買其他企業產品，以及使用機器設備不讓其閒置而蒙受的損失，此即該就業的使用者成本（user cost）。[①]由此產生的產出價值超過因素成本與使用者成本之和的部分，則是利潤或稱企業所得。因素成本係從企業立場而言，當然，從生產因素來看，相同的事情就被視為所得。因素成本與企業利潤兩者係企業雇用勞工而產生的總所得。企業決定提供就業量，將以追求利潤極大為決策準繩。為求方便起見，從企業觀點，我們將由某既定就業量產生的總所得（即要素成本加利潤）稱為該就業的收益（proceeds）。另一方面，既定就業量的總產出供給價格（aggregate supply price）[②]將是促使企業給予就業的預期收益。[③]

---

① 使用者成本的精確定義，見本書第六章。

② 不可與通常所謂一單位產品的供給價格相混淆。

③ 讀者會注意到，我用某特定產出的收益與總供給價格二詞，並未包括使用者成本在內，而購買者支付總額當然包括該項成本在內。如此用法為何比較方便，將在第六章說明。重要之處在於：總收益與總供給價格不包括使用者成本在內，則此二名詞可以有確切毫不含混的定義。反之，由於使用者成本顯然與產業整合程度（degree of

　　由此，在技術、資源與每單位就業的因素成本已知下，每一廠商與產業，以及全體產業的就業量，都是取決於企業預期從相應產出所能獲得的收益。[4]企業將設法讓就業達到某一水準，此時其預期收益超過因素成本將達到最大。

　　Z是雇用N人生產的產品總供給價格，Z與N的關係可表爲$Z = \Phi(N)$，稱爲總供給函數（aggregate supply function）。[5]同樣的，D是企業預期從N人就業所獲取的收益，D與N之關係可表爲$D = f(N)$，稱爲總需求函數（aggregate demand

---

integration）、企業相互間的購買有關，故不能離開這兩個因素。定義包括使用者成本在內的買方支付總額，即在規定廠商供給價格——亦即所謂供給價格含義時，已有類似困難；涉及總產出的供給價格，則有重複計算之嫌。歷來對此困難，卻不常設法解決。如果一定要將使用者成本包括在總產出供給價格內，那麼要克服重複計算之弊，只能對產業界整合程度作特別假設，依消費財或資本財性質將產業分類。不過這種辦法本身很複雜、不清楚，也與事實不符。但如總供給價格不包括使用者成本在內，這些困難便不會發生。讀者還是等到第六章及其附錄，再看較詳細討論。

④ 當企業決定生產規模時，對某特定產出售價，並非只有一個確切預期，而是有好幾個設想預期，每個的或然性與確定性不同。我稱企業預期售價，即此種預期若無不確定性在內，則由此產生的行爲恰與企業在實際預期情形，即在一堆空泛、程度不同的可能性下所做決策完全相同，後者在企業做成決定時，實際上形成其預期狀態（state of expectation）。

⑤ 第二十章有一個與此關係非常密切的函數，將稱爲就業函數（employment function）。

function）。在 N 值已知下，如果預期收益大於總供給價格，即 $D > Z$，則企業將有誘因增雇勞工超過 N，必要時不惜抬高成本，與其他廠商競爭生產因素直至 N 值，促使 $Z = D$ 後為止。是以就業量取決於總需求與總供給函數的相交點，此時企業預期利潤達到最大，而總需求與總供給函數相交點的 D 值稱為有效需求（effective demand），此即就業的一般理論要旨。以下各章大部分在探討何種因素決定此二函數。

另一方面，古典學派所指的「供給創造本身需求」，依然是該學派的理論基礎，而這句籠統話語實際是對此二函數間的關係做了特殊假設。此係「供給創造本身需求」，意味著針對所有產出與就業水準，所有的 N 值必定讓 $f(N)$ 與 $\Phi(N)$ 相等。當 N 增加帶動 $Z = \Phi(N)$ 增加，$D = f(N)$ 必然與 Z 等量增加。換句話說，古典學派假設總需求價格或收益總是適應自己於總供給價格，不論 N 值為何，收益 D 常與對應 N 的總供給價格 Z 相等。這就是說，有效需求不是只有唯一均衡值，而是存在無限的價值範圍，一切都同樣可以接受。是以除勞工的邊際負效用設定就業的上限外，就業量變成不確定。

如果這是正確，則企業間相互競爭，總會導致就業擴張到一點，此時總產出供給不再具有彈性，亦即有效需求進一步增加時，產出將不會跟著增加，顯然這就是充分就業。在上一章，我們從勞工行為賦予充分就業定義，而在此刻得到另外一種等值的衡量充分就業標準，亦即有效需求增加，總就業對其將是落入毫無反應的情境。是以賽伊法則（Say's law）指出對所有產出數量而言，體系產出的總需求價格恆等於總供給價格，體系達成充分就業將無障礙的命題。不過假設這個不是攸

關總供需函數的眞正定律，則經濟學仍有至關重要的一章留待撰寫。沒有這章，所有攸關總就業量的討論徒屬虛言。

II

將往後各章預擬詳細說明的就業理論先做簡略摘要，即使不容易完全了解，但現階段也許對讀者有所助益，所用名詞以後都要詳加定義。在本摘要中，假設雇用每單位勞工的薪資及其他因素成本不變。這些簡化只爲方便此處說明，以後可以取消。不論貨幣工資是否可變，論證本質是完全相同。

我們的理論大綱如下：就業增加引起總實質所得增加，但是社會心理往往如斯：實質所得增加引起消費增加，但增幅不如所得增加。是以體系就業增加都未致力於滿足消費需求增加，則企業將蒙受損失。爲維持既定就業量，當前投資必須足以吸收在該就業量下，總產出超過體系消費的部分。除非有這麼多投資，否則企業的收入將低於引誘彼等提供該就業量。由此，在體系內消費傾向（propensity to consume）已知下，均衡就業取於當前投資支出，此即在該水準，企業缺乏擴張或緊縮雇用員工誘因。當前投資支出決定於投資誘因，而投資誘因又取決於資本邊際效率，以及由期限與風險共同決定放款利率間的關係。

在消費傾向與新投資已知下，只有一個就業水準與均衡值相符，此係其他水準將導致總產出供給價格與總需求價格不等。這個水準不可能超越充分就業，亦即實質工資不可能小於勞工的邊際負效用。但是一般而言，沒有理由預期其等於充分

就業。與充分就業吻合的有效需求只是特例，只有消費傾向與投資誘因彼此間存在特殊關係方能實現，而此種特殊關係相當於古典學派的假設。在某種意義上，這可以說是最適關係，但只有在偶然巧合或有意設計下，目前投資支出提供需求數量，恰等於充分就業總產出供給價格超過體系內用於消費的差額，這種關係才會存在。

這個理論可以歸納爲下列命題：

⑴若技術、資源與成本狀態已知，所得（貨幣所得與實質所得）取決於就業量N。

⑵體系所得與預期可用於消費D_1間的關係取決於社會的心理特徵，可稱爲消費傾向。換言之，除非消費傾向有一些變動外，消費將取決於總所得，進而決定於就業水準N。

⑶企業決定雇用勞工數量N，取決於預期消費支出D_1，以及預期新投資D_2兩種數量之和，$D = D_1 + D_2$即是有效需求。

⑷$D_1 + D_2 = D = \Phi(N)$，Φ是總供給函數，而D_1又是N的函數$\chi(N)$，χ取決於消費傾向，是以$\Phi(N) - \chi(N) = D_2$。

⑸均衡就業取決於總供給函數Φ、消費傾向χ與投資D_2，此即一般就業理論的精髓。

⑹對每一N值而言，工資財產業就有一個對應的勞動邊際生產力，從而決定實質工資。當實質工資降低至與勞工的邊際負效用相等，N不能夠超越該值。此即意謂著並非所有D的變動會與貨幣工資暫時固定相容，是以欲知我們的理論全貌，必須放棄這一假設。

⑺就古典學派而言，對所有N值，$D = \Phi(N)$，而所有N值在中立均衡（neutral equilibrium）的就業量將小於其最大

值。企業間競爭的力量將被預期推動N達到此最大值，而就古典學派來看，只有這點才是穩定均衡。

⑻ 就業增加帶動D_1增加，但不若D增加之多，此係所得增加，人們將增加消費，但未增加如此多，而實際問題關鍵就在心理法則。此係它來自於就業愈大，相應產出的總供給價格Z與企業預期從消費者支出收回的缺口愈大。若消費傾向不變，除非D_2在同一期間逐漸遞增，以彌補Z與D_1間日益擴大的缺口，否則就業無法增加。除非像古典學派的特殊假設，當就業增加總會有些力量操作促使D_2增加，足以彌補Z與D_1間逐漸擴大的缺口，否則N可能尚未到達充分就業，體系就已處於穩定均衡，N水準落在總需求與總供給函數相交點。

由此可知，以實質工資衡量勞工的邊際負效用無法決定就業量，除非在既定實質工資下，可用勞動供給已經設定最高就業水準。消費傾向與新投資兩者決定就業量，以及在既定實質工資又與就業量有著獨一無二的關聯性，而這並非經由其他方式來達成。若消費傾向與新投資產生的有效需求不足，實際就業將小於現行實質工資下的潛在勞動供給，而均衡實質工資將大於均衡就業的邊際負效用。

這種分析提供我們解釋在「富裕中的貧窮」（poverty in the midst of plenty）矛盾現象。有效需求不足往往讓體系邁向充分就業前，就業增加就停滯不前。儘管事實上勞動邊際產量仍然超過就業的邊際負效用，但是有效需求不足經常阻礙生產過程。

此外，體系愈富裕將使實際與潛在產出的缺口愈大，體系的缺陷就愈明顯與愈離譜。貧窮社會往往消費大部分產出，只

需一個非常適度的投資就足以提供充分就業。反之，在富庶社會中，要讓富人儲蓄傾向與較窮成員的就業機會相容，則須發掘遠較貧窮社會爲多的投資機會。在潛在性富裕社會中，投資誘因疲弱，而在有效需求原理運作下，將迫使實際產出減少，直至該體系淪落如此貧窮，以致於其未消費的剩餘部分減少到與投資誘因不足程度相當時爲止。但更糟之事還有甚於此者。富裕社會不僅是邊際消費傾向⑥較低，且因資本累積較大，除非利率迅速下降，否則進一步投資機會將缺乏吸引力。這裡將涉及利率理論，以及利率何以無法自動降至適宜水準，這些將留待第四篇討論。

消費傾向分析、資本邊際效率定義以及利率理論是我們現有知識中的三個主要缺口，必須彌補。做到這步，我們發現價格理論將回到正常位置，並成爲我們一般理論的分支。在利率理論中，我們發現貨幣將發揮重要作用，同時將設法弄清楚，貨幣異於其他事物的特徵何在。

III

總需求函數可以略而不談，這是李嘉圖經濟學的基本觀念。百餘年以來，我們接受的經濟學教育都是以此觀念爲基礎。李嘉圖認爲有效需求不會不足，馬爾薩斯則是確實加以激烈反對，卻未發揮作用，此係後者只能訴諸於日常觀察的事實，無法清楚說明有效需求爲何與如何不足或過剩，難以提供

---

⑥ 定義見本書第十章。

替代說法。李嘉圖完全征服了英國，恰如神聖的宗教裁判所
（Holy Inquisition）征服西班牙一樣。他的理論不僅爲商業
界、政界與學術界接受，而且爭辯從此終止，其他觀點完全銷
聲匿跡，不再有人討論。馬爾薩斯斟酌有效需求的巨大疑團，
從此於經濟論述中消失無蹤。在馬夏爾、艾其渥斯以及庇古等
古典學派的集大成著作中，人們無從尋得攸關有效需求的隻言
片語。有效需求概念只能偷偷地潛伏在卡爾·馬克思、西爾
維·蓋賽爾（Silvio Gesell）或道格拉斯少校（Douglas）的
地下世界中。

　　李嘉圖能夠全面性獲勝，始終有點神祕難解，必然是由
於這個理論適用其設想描述的環境。這個理論的結論往往與一
般未受教育者的預期不同，我想這一點也增加其學術威望。
這個理論付諸實施時，往往嚴苛而苦口難嚥，卻是讓人誤信爲
良藥。以此理論爲基礎，可以建立起廣大且邏輯上無懈可擊的
上層結構，從而賦予美麗的外觀。它能夠將體系內諸多不公平
與殘酷，解釋爲在進步計畫中無可避免的意外事件，而且整體
來說，試圖改變這樣的事情是弊多於利，從而讓它深受當局歡
迎。它對於個別資本家的自由活動給予某種程度的認可，從而
讓其權威獲得社會力量的有力支持。

　　直迄晚近，正統經濟學家還不曾質疑這個理論，但它在科
學預測方面卻異常失敗，日久極大地削弱其實踐者的聲望。從
馬爾薩斯迄今，職業經濟學者顯然未因理論結果與觀察事實缺
乏對應而有所動搖。然而這種差異連一般人也可看出，愈來愈
不願意像對待其他科學家那樣尊重經濟學者，此係其他科學理
論在實際應用時，經常可用觀察證實，但是經濟學則不然。

傳統經濟理論素以樂觀聞名於世，導致經濟學者被視爲甘迪德（Candide）一流人物，脫離現實世界而去墾殖他們的樂土，然後告訴人們說：只要聽其自然，一切都會達到可能的最好至善至美境界。我認爲這種樂觀態度之由來，是他們忽視有效需求不足將會妨礙景氣繁榮。如果體系運行確如古典學派設想那樣，則資源就業自然會有邁向最適水準趨勢。古典學派也許代表我們冀望於體系的運行，但若體系確實如此運行，則無異於意味著我們的困難都已消失了。

第二篇

定義與觀念

第四章

單位的選擇

I

　　在本章及稍後三章中，我們試圖釐清某些困惑的觀念，這對想要探討的問題並無特殊或專有的關係。是以這幾章只能算是題外之文，暫時打斷主要思維。我在此處提出這些疑難討論，只因別人的處理方法，並不適合我自己研究的討論需要。撰寫本書有三點困惑最妨礙我的進展，在未設法解決前，將難以順暢表達自己的意見。這些觀念是：⑴選擇適當單位處理攸關經濟體系的諸多問題；⑵確定預期因素在經濟分析中的地位；⑶所得的定義。

II

　　經濟學者據以討論的數量單位，通常可用國民所得、實質資本存量與一般物價水準來說明其何以不能令人滿意：

　　⑴ 國民所得（national dividend）：依據馬夏爾及庇古定義，[1]此係衡量本期產出數量或實質所得，而非產出價值或貨幣所得。[2]此外，在某種意義上，國民所得是淨額概念，必須從本期商品扣除期初實質資本存量在本期的耗損，兩者差額才是國民所得，即是社會資源淨增量，可用於消費或留作為資本。在這個基礎上，經濟學者試圖建立一個量化科學。不過為

――――――――――

① 請讀庇古《福利經濟學》，尤其是第一編第三章。

② 國民所得應當包括一切實質所得，但為實際方便起見，只包括可用貨幣購買的商品與勞務。

此目的而做此項定義，將會面臨嚴重非難。體系生產的商品與勞務是異質複合體（non-homogeneous complex），除非在某些特例下，嚴格來說是無法衡量，如一個產出的所有項目都以相同比例包含在另一產出。

(2) 為了計算淨產出，我們嘗試衡量資本設備淨增量，其困難甚至比上面所說的更大。此係必須找出一些量化比較基礎，才能比較新生產資本與本期耗損舊資本的數量。為計算淨國民所得，庇古③扣除可視為正常的「陳舊」（obsolescence）等因素，至於稱為「正常」則看這些耗損是否經常可以預見，若無法詳細預料，至少也要能約略估算。但是該扣除項並非以貨幣型式扣除，是以即使沒有任何實體變化，但已隱含假設實體數量可能發生變化，並且暗中引進價值變動概念。此外，由於技術變動，新資本設備異於舊設備，庇古也想不出任何滿意方法④來評估新舊設備價值。我相信庇古追求的概念，是正確且適合經濟分析，但未採用令人滿意的單位之前，想要精確定義此概念實為不可能的任務。比較某實質產出與另一實質產出，再用新生產設備來抵銷舊設備的損耗，以計算淨產出，這實在是個難題，而且確信沒有解決方法。

(3) 眾所周知，一般物價水準概念的含義空泛且難以精準，故不適宜用於理應精確的因果分析（causal analysis）。

---

③ 《福利經濟學》第一編第四章論「何謂維持資本完整」，以及他在《經濟學雜誌》（*Economic Journal*）1935年6月號一文中所加修正。

④ 參閱海耶克（Hayek）批評，載《經濟》（*Economica*），1935年8月號，第247頁。

　　不過這些困難也只是理論上的難題而已！企業擬定決策從未加以考慮，且與經濟事件的因果程序也無關聯。概念雖然模糊，但經濟事件的因果程序卻是明確。是以我們斷言，這些概念不僅缺乏精確性且非必要。顯然，我們的量化分析不能使用任何量化模糊詞彙來表達，事實上，一旦人們做出此種嘗試，將如我希望說明的一樣，事情就會變得很明顯，沒有這些數量模糊的概念，人們反能獲得更大成就。

　　兩組在數量上無法比較的東西，固然不能當作量化分析材料，但這一事實不妨礙我們做若干約略、統計的比較。後者無須精確計算，只須大致無誤，故在某種限度內，統計比較倒是健全而有意義。淨實質產出與一般物價這些東西，最好是留在歷史的、統計的敘述裡，用於滿足歷史的或社會的好奇心。為此目的，絕對精確既不普通又無必要。不論我們對收關實際產出值知道得是否完全精準，但是因果分析必須絕對精確。話說今日的淨產出超越十年或一年以前，但物價水準較低，這句話與另一句話的性質類似：「以女王論，維多利亞女王（Queen Victoria）比伊莉莎白女王（Queen Elizabeth）好；就女人而言，則未必比她快樂」，這句話並非沒有意義也非無趣，卻不適合作為微積分的材料。如果我們嘗試以如此空泛且非量化概念作為量化分析基礎，則精確性將成為虛幻的精確性。

III

　　在每一特定場合，讓我們記住企業關注的決策是：在某固定資本設備上，以何種規模營運。當我們說，預期需求增加即

總需求提高，將導致總產出增加，實際上意味著擁有資本設備的廠商，將被引導至連結較大的勞工就業量。如果個別廠商或產業只生產單一同質產品，則我們說產出增減確有正當性。然而一旦累加所有廠商生產活動，則除適用於特定設備的就業量外，無從準確說產出到底是增或減。在這方面，總產出物價的概念在這裡用不著，因為我們不需要目前總產出的絕對值，以便能夠比較其數量與結合不同資本設備、不同就業下的產出數量。但為敘述方便或做約略比較起見，我們希望提及產出增加時，必須倚賴這樣的假設：既定資本設備結合的就業量，可以衡量由此生產產出的令人滿意指數。換句話說，就業與產出兩者被假設同時增減，但未必以確定比例同時增減。

　　在討論就業理論時，我建議僅使用兩種基本數量單位，即貨幣價值數量（quantities of money-value）及就業量。前者是絕對同質，後者則可變為同質。此係只要在不同階層，各種勞工與受薪階級的勞務享有或多或少固定的相對報酬，則為計算就業起見，我們可以選取每小時普通勞工的就業為單位，而每小時特殊勞工就業則以其所得報酬大小加權，如特殊勞工的每小時報酬若為普通勞工兩倍，則每小時特殊勞工報酬即以二工資單位計。我們將衡量就業量的單位稱為勞動單位（labour-unit）工資，而一勞動單位的貨幣工資稱為工資單位（wage-unit）。[5]假設 E 為工資與薪資，W 為工資單位，N 為就業量，則 $E = N \cdot W$。

　　個別勞工的專業技術及對不同職業適應性顯然大不相

---

[5] 如果 X 係以貨幣計算的數量，則同一數量以工資單位表示可寫為 X_W。

同，這一事實不足以推翻勞動供給同質性的假設。此係如果勞工的報酬與其效率成比例，則因計算勞動供給亦依其報酬加權，此種效率差異已經計算在內。同時，如果產出增加，廠商增雇勞工對該廠業務漸不適應，支付一工資單位所獲的工作效率逐漸遞減。這是當廠商雇用勞工遞增，導致以產出表示的來自資本設備報酬遞減的眾多因素之一。換言之，我們將相等報酬勞工單位的異質性內含在資本設備中，當做是資本設備的性能。是以當產出增加，我們不認為是勞工逐漸不適合於利用一個同質資本設備，而是該資本設備逐漸不適合於雇用勞工。由此，若專業或熟練勞工並無剩餘，進而必須使用較不適合的勞工，勢必提高每單位產出的勞動成本，此即表示隨著就業增加而發生的資本設備報酬遞減，相較於有此類剩餘勞工更為快速。⑥甚至在極端情況下，當不同勞動單位是如此高度專業化，以致於即使在極端情況下，勞工間彼此毫無替代性，這也沒什麼難以解釋之處。此係意味著，當所有專業勞工都已就業，來自特殊型態資本設備的產出供給彈性快速降至零。⑦除

---

⑥ 這是主要理由，何以當需求增加時，即使現用資本設備仍有閒置，但產品供給價格亦會上漲？假設失業勞工都群居一處，所有企業皆有同等機會由此取得；又假設產業雇用勞工支付的報酬至少有部分並不嚴格依據其在該產業之效率，而只依據他們的工時（實際情形大抵如此），則我們得一明例：當產出增加時，即使無內部不經濟（internal diseconomies），但由於所雇勞工效率逐漸遞減，亦可促使供給價格上漲。

⑦ 我不知道通常的供給曲線如何處理上述困難，此係使用此曲線者並不

非不同勞動單位的相對報酬非常不穩定，否則假設勞動單位同
質並無困難。但是如果相對報酬非常不穩定，透過假設勞動供
給與總供給函數的型態都會急速變動，該項困難也能夠處理。

　　在我的信念中，如果嚴格限制處理經濟行為，只用貨幣與
勞工兩個單位，將可避免許多不必要的困惑；但在單獨分析廠
商或產業的產出場合時，則保留特殊產出與設備的單位使用。
至於作為體系產出數量、資本設備數量與一般物價等模糊概
念，則留待我們意圖進行一些歷史比較的場合使用，此係歷史

說明其他假設。他們大概假設：產業支付勞工的所得，通常嚴格依其
在該產業的效率，但這與事實不符。我將勞工效率差異視為屬於資
本設備的性能，主要理由也許就是當產出增加時，盈餘亦增加：但
此盈餘增加事實上大部分歸屬於設備所有人，而非歸屬於較高效率
的勞工，雖然後者或許也得些好處，如不易被辭退、升遷機會較快。
這就是說，效率不同的勞工從事同一工作，所獲工資很少與其效率成
比例。不過，如果高效率勞工的確獲得較高工資，則我的方法已經將
這件事實計算在內，此係在計算就業時，每個勞工是依其所獲報酬加
權。在我的假設下，討論產業供給曲線必有複雜的情況發生，此係產
業供給曲線形狀須視其他方面，對此可用勞工需求情況而定。忽視此
等複雜情況，當然與事實不符。不過當我們討論總就業時，如果對應
某特定有效需求，只有一種方式將該有效需求分配於各產業，則可以
不必考慮這些複雜情況。這個假設或許未必正確：有效需求分配也許
須看其改變的原因而定。如果同量有效需求增加，一者由於消費傾向
擴大，或是投資誘因加強，則兩者面臨的總供給函數也許不同。不過
這些都是將我提出的一般觀念，做詳細分析所發生的問題，此處不擬
再加深究。

比較在某種相當寬廣的範圍內是不大精確，僅僅是近似而已。

　　由此，我們往後將依據在現有資本設備上，企業僱用的工時爲準（不管是滿足消費或生產新資本財），來衡量當前產出變動，而技工的工時則依其報酬的比例加權。我們無須將這個產出，與由另一組勞工及不同資本設備生產的另一產出進行數量比較。若企業持有特定設備，則當總需求函數變動，他們將作何種反應？欲對此預測，我們無須知道：由此生產的產出數量、生活水準以及一般物價，與不同時間或另一國的產出、生活水準以及一般物價作何比較。

IV

　　不論我們關心的是特定廠商、產業或整體經濟活動，將無須考慮產出數量，只要憑藉總供給函數與選定的兩個單位來表示供給曲線，以及連結產出與物價的供給彈性。對既定廠商，以及既定產業或整體產業的總供給函數亦類似，可表爲：

$$Z_r = \Phi_r(N_r)$$

Z_r爲扣除使用者成本的預期收益，可能誘發N_r就業水準。如果就業與產出的關係爲$O_r = \psi_r(N_r)$，亦即就業N_r將導致產出爲O_r，而$O_r = \psi_r(N_r)$，普通供給曲線如下：

$$P = \frac{Z_r}{O_r} = \frac{\Phi_r(N_r)}{\psi_r(N_r)}$$

　　對於同質商品而言，$O_r = \psi_r(N_r)$通常有其明確意義，此時我們能以一般方式估計$Z_r = \Phi_r(N_r)$的數值，但是無法以加總N_r的方式，來加總各個O_r的數值，此係ΣO_r並非是一個可用數字表示的數量。此外，我們假設在既定環境中，既定總就業量將以單一方式分配於各產業之間，則N_r為N之函數，將可能進一步簡化問題。

第五章

預期與就業

I

所有生產的最終目的都為滿足消費者。不過在生產者以消費者為對象支付成本，以及消費者最終向其購買產品之間，往往歷經很長時間。在這個期間中，等到企業（包括生產者與投資人兩類）準備供給產品給消費者時，只能盡己所能形成消費者準備支付何種價格的最佳預期。[1]假設廠商從事生產必須耗費甚長時間，則除以此預期為依據外，別無選擇。

這些企業決策依據的預期可分為兩類。某些個人或廠商專注於建構第一類預期，其他人則專注於形成第二類。第一類是對價格預期，即生產者展開生產過程，可以預期製成產品的價格。從生產者立場來看，人們使用商品或出售給他人時，該商品即已製成。第二類是企業購買或製造「製成品」來增加資本設備，希望能從這些新增設備獲取未來報酬。前者稱為短期預期（short-term expectation），後者稱為長期預期（long-term expectation）。

個別廠商決定每日[2]產出行為，將取決於短期預期，即預期在各種可能規模下的產出成本，以及該產出的預期銷售與收益。不過在資本設備增加，甚至是對經銷商（distributors）的銷售，這些短期預期大部分取決於其他群體的長期或中期預

[1] 如何將許多售價預期化成一個而作用相同，請參閱前面第25頁附注④。

[2] 一日最短期間係指過此期間後，廠商先前雇用勞工的決策又可重行修改。換句話說，一日係指經濟生活中最小有效的時間單位。

期，從而決定廠商提供的就業。至於實際產品生產與銷售結果，只有在對後續預期進行修正時，才會與就業相關。另一方面，當廠商決定次日產出時，雖然當時之資本設備、半製品以及未完工原料等存量係依先前預期而配備，但先前預期亦與第二日就業無關。由此，廠商在每次決策時，固然須參酌當時的設備與存貨，但係依據當時對未來成本與銷售收益預期而做成決策。

　　一般而言，不論長期或短期預期發生變化，僅會經過相當長期間才對就業發揮全面性影響。是以即使預期未再進一步變動，但是預期變化導致第二日就業變化將與第一日不同，第三日與第二日不同等。就短期預期而言，作為一個法則，由於預期變化不至於太強烈或太急劇，當預期變得更糟，足以讓廠商放棄所有生產過程，雖然依據修正後的預期，展開這些生產過程是錯誤的。當短期預期好轉時，必須先經過若干準備時間，而在預期可以迅速修正下，將能讓就業達到可能有的水準。再就長期預期而言，有些設備在未損壞被更新前，將持續提供就業。當長期預期變化好轉，初始達到的就業水準，相較於資本設備已經適應新環境後所達到的就業為高。

　　如果某一預期狀態持續甚久，足以充分發揮對就業的影響，因而廣泛來說，就業將不會再有什麼變動（在新預期狀態下，此種情形是不會發生），則由此達到的穩定就業水準，可稱為相應此預期狀態的長期就業水準。③由此，即使預期變化

---

③ 長期就業水準未必是常數，即長期狀況未必是靜態，如預期財富及人

頻繁，導致實際就業根本就沒有時間達到與現行預期狀態對應的長期就業水準，然而每一預期狀態仍然有其確定對應的長期就業水準。

　　讓我們首先考慮由於預期變動且不再因進一步變化而混淆或中斷，體系就業如何過渡到長期狀態的過程。假設預期變化足以讓新長期就業超越原先水準，在這種情況下，初期只有投入才會受到很大影響。換句話說，受影響的只有新生產程序的初期工作量，至於消費財產量以及預期改變前已經投入生產的就業量，仍將大致維持與先前相同。當然，如果初始已經儲存半製品，上述結論也許須略作修改，雖然初期就業可能溫和增加，但可能仍是正確的。隨著時間經過，就業將逐漸增加，而且不難想像在某階段上，就業遞增可能超越新長期就業水準。為符合新預期而建立資本的過程中，就業與當前消費均可能超過長期水準。是以預期改變促使就業逐漸攀升，達到高峰後再滑落至新長期水準。即使新長期水準與原先相同，但只要變化係代表消費方向改變，讓若干現有生產程序及資本設備都淪為不合時宜，則相同情形仍然會發生。新長期就業水準或者低於先前水準，但在過渡時期，就業可能一度低於將要出現的新長期水準，而在其運作過程中，僅是預期變化就能產生與循環變動相同的振盪。我在《貨幣理論》中討論由於預期變化導致營運資本及流動資本存量增加或消耗，正是這種類型的波動。

　　口增加速度不變亦是預期不變之一。預期不變的唯一條件是現有預期狀態在很早以前即已先見及之。

即使如上所述，一個連續達到新長期狀態的過渡過程，在細節上可能很複雜，但實際事件的過程則更加複雜。此係預期可能持續變化，在初始變化尚未充分發揮作用前，新預期早就疊加上來了。是以，在任何期間，體系內機器都在從事重疊活動，而其存在即是源自於往昔許多不同預期狀態所形成。

II

此舉讓我們想到這個討論與當前目的關聯性。從上述可以明顯看出，在某種意義上，任何期間的就業不僅取決於現在預期，還決定於過去某段期間存在的預期。雖然如此，過去預期尚未充分發揮影響，但是已然內含於今日的資本設備中，成為企業擬定今日決策的參考。至於過去預期只有體現於今日的資本設備中，始能影響決策。是以，正確來說，今日的就業係由今日預期與資本設備共同主導。

對於當前的長期預期甚少能夠避而不提，但忽略提及短期預期，通常不致於發生什麼毛病。此係在實務上，修正短期預期是一個漸進而連續的過程，大部分是依據已實現結果去修正，促使預期與實際結果的影響經常彼此碰撞重疊。雖然產出與就業取決於生產者的短期預期而非過去結果，但最近結果通常對決定短期預期居於主導地位。如果每次展開生產過程都得重做預期，則未免太麻煩且浪費時間，此係在大部分環境中，日復一日通常是不起漣漪。除非有明確理由預期將發生變化，否則生產者將預期立基於最近實現的結果，仍將持續下去，實在是明智之舉。實務上，最近生產所實現的收益，與目前投入

在未來的預期收益，兩者對就業影響存在巨大重疊，而且生產者預期通常是依據實際結果逐漸修正，甚過於依據未來有何變化來修正預期。④

　　雖然如此，我們不要忘記在耐久財的狀況，生產者的短期預期是基於投資人當前的長期預期，而長期預期的特性是，不能時時刻刻依據實際結果校正。不僅如此，長期預期會驟然修改，這點將在第十二章較詳細討論長期預期時再提及。是以對於當前長期預期因素不能略而不談，也不能以實際結果來替代。

---

④ 這裡強調企業決定生產所作預期，我想這一點可以答覆郝特雷氏的論點。他認為，在價格尚未降低或預期與事實不符，尚未反映為實際損失（相對預期而言）前，就業與投入將受存貨增加影響。是以若存貨增加或訂貨減少，這正表示前期產品售價已不能貿然應用於下期，故將促使投入減少。

第六章

所得、儲蓄及投資的定義

I 所得

在任何期間，企業出售製成品給消費者或其他企業所獲的金額A，同時也將向其他企業購買製成品金額A_1。在本期終了時，他擁有資本設備包括半製成品或營運資本存量，以及製成品存量等的價值為G。在$A+G-A_1$中，部分並非本期生產活動的結果，而是企業在期初就已經有的資本設備。為求得本期所得，必須從$A+G-A_1$中扣除前期留下來的資本設備價值。一旦我們找出滿意的方法計算這個扣除額，則所得的定義問題即可迎刃而解。

有兩種原則可用來計算這個扣除額，每一種都有一定的重要性；一個與生產有關，另一則與消費有關。以下依次論之。

(1) 在本期結束時，資本設備實際價值G係企業在本期從事兩種活動的淨結果：向其他企業購買或自己加工，以維護並改善資本設備；由於資本設備用於生產商品，將會產生耗損或折舊。如果企業決定不用於生產，改良資本設備仍須支付某一最適金額為B'；在支出這筆費用後，資本設備的期末價值為G'。這就是說，如果企業不用於生產A，$G'-B'$可能是從前期保留的最大淨值。這個資本設備的潛在價值超過$G-A_1$部分：

$$(G'-B')-(G-A_1)$$

上述係衡量因生產A而犧牲的價值，可稱為A的使用者成本

（user cost）U。①企業支付其他生產因素以交換其勞務，可稱為A的因素成本；若從因素立場來看，即為其所得F。使用者成本U與因素成本F之和，稱為產出A的主要主要成本（prime cost）。

由此，我們定義企業的所得②為在該段期間銷售製成品價值減去主要成本。換句話說，企業的所得即普通意義的毛利潤（gross profit），取決於生產規模，亦即企業努力實現極大化的數量。這個定義與常識相符，又因體系內其他成員的所得即為企業的因素成本，是以體系的總所得為$(A-U)$。

經此定義後，所得將是毫不含混的數量。此外，企業決定雇用生產因素，係因預期這個數量超過支付生產因素成本的部分能夠極大化，這將對就業量具有重要意義。

當然，有時想像$G-A_1$可能超過$G'-B'$，導致使用成本為負值，例如：我們選取期間恰是投入持續遞增期間，而增加生產尚未達到製成品及出售階段，此時就可能發生這種狀況。同時，如果產業整合程度甚高，企業自製大部分資本設備，只要投資支出為正數，也會發生此種情況。只有企業使用自身勞工增加資本設備，使用者成本才會成為負數。在經濟體系內，製造與使用資本設備的廠商大部分不同，是以使用者成本通常是正數。再者，我們很難想像邊際使用者成本（即$\dfrac{dU}{dA}$）將隨著A增加而遞增，除了是正數外，還能是何種東西？

---

① 在本章附錄中，還有關於使用者成本的幾點觀察。

② 不是淨所得；淨所得另有定義，見後文。

　　此處不妨稍微提及本章的後半部分，我們在此將事先提出一些概念。就經濟體系而言，本期總消費（C）等於 $\Sigma(A-A_1)$，總投資（I）等於 $\Sigma(A_1-U)$。此外，不包括向其他企業購買東西，U 是個別企業對自己設備的負投資，（−U）是他的投資。是以，在完全整合體系中，$A_1=0$，消費是 A，投資是 −U，亦即等於 $G-(G'-B')$。透過引入 A_1 促使上述稍微複雜化，我們目的僅在提供非整合生產體系的一般性解釋。

　　更進一步說，有效需求只是企業預期從其決定當前就業量所收取的總所得或收益，包括支付其他因素所得在內。總需求函數是連結各種就業量與對應產出所能獲得收入的關係。有效需求是總需求函數上的一點，這點之所以有效，是因為與供給條件一起使用，將對應讓企業預期利潤極大的就業水準。

　　正如有些經濟學者所說那樣，藉由忽略使用者成本或假設為零，促使供給價格③等於邊際因素成本。這組定義具有一個好處，亦即衍生邊際收益（或所得）等於邊際因素成本，進而連結到邊際收益與邊際因素成本的相同命題。④

---

③ 如果忽視使用者成本的定義問題，則供給價格一詞亦定義不全。這些在本章附錄中將再討論。我將在本章附錄說明：在討論總供給價格時，有時固然可將使用者成本排斥於供給價格之外，但在討論廠商產品供給價格時，這是不行的。

④ 例如：總供給函數為 $Z_w=\Phi(N)$ 或 $Z=W\cdot\Phi(N)$，W 為工資單位，$W\cdot Z_w=Z$，在總供給曲線上每一點，邊際產量之收益等於邊際因素成本，故有

$$\Delta N=\Sigma\Delta A_w-\Sigma\Delta U_w=\Delta Z_w=\Delta\Phi(N),$$

　　⑵我們接著討論上述提及的第二個原則。迄今為止，我們討論的期初與期末資本設備價值不同，這種價值改變是企業追求利潤極大化所做決策的結果。此外，資本設備價值可能蒙受一些非自願性損失，這種損失非企業所能控制，也非目前決策所能改變，發生原因是市場價值改變、折舊、過時的浪費、時間流逝或災難造成的破壞，如戰爭、地震等，導致資本設備蒙受非自願增值或貶值。這些非自願損失部分固然不可避免，但大體上來說，並非不可預期。如不論使用與否，隨著時間流逝而發生的損失，以及正常的過時，後者如庇古所說：「如果沒有細節，至少大體上將有足夠規則可以預見，包括我們可以補充說，對經濟體系而言，這些損失是足夠規律，通常視為可保險的風險（insurable risks）。」讓我們暫時忽略預期損失取決於何時形成預期的這件事實，並將非自願但非不可預期的設備折舊，即預期折舊超過使用者成本部分稱為補充成本（supplementary cost）V。在此，我們或許無須指出此處的補充成本定義與馬夏爾定義不同，但在處理未進入主要成本的預期折舊的基本概念是相似的。

　　在計算企業淨所得及淨利潤時，通常須預估從其所得及毛利潤（定義見上）扣除補充成本的數量。此係企業考慮何者可

此即表示 $\Phi'(N)=1$，以上是假設因素成本與工資成本呈固定比例，又假設全部廠商總供給函數（廠商家數不變）不受其他產業雇用人數影響，故上述公式之各項適用於每一企業，將其累加則適用於全體產業。這就是說，若工資不變，其他因素成本又與總工資支出呈固定比率，則總供給函數為一直線，其斜率即為貨幣工資。

以自由支出與儲蓄時，補充成本對其心理影響，幾乎與毛利潤相同。當他以生產者身分決定是否使用此設備時，主要成本及毛利潤將是重要概念。但作為消費者，補充成本在其心中運作猶如主要成本的一部分。如果在闡釋淨所得總額時，我們減去補充成本與使用者成本，促使淨所得等於$(A-U-V)$，將不僅最接近通俗用法，也會得到一個與消費數量相關的概念。

資本設備價值若因未預期市場價值變化，或異常的過時或天災破壞所致，則將存在設備價值變動問題。這種價值改變既非自願，也無法預料，因而將這個項目的實際損失稱為意外損失（windfall loss）。對於這種損失，甚至在計算淨所得與資本帳支出時，我們也都略而不計。

淨所得的重要性，在於V對當前消費造成心理影響，此係淨所得是人們決定當前消費所計算的可用所得（available income）。當然，人們決定消費，淨所得並非唯一考慮因素。舉例來說，人們在資本帳的意外所得或損失，也將造成很大不同。不過補充成本與意外損失有一點差異在於，前者變動對其影響，恰如毛利潤變動釀成的影響，此係與企業消費有關的，是當前產出的收益超過主要成本及補充成本之和的部分。反之，即使意外損益也進入他的決策，但是進入的規模不同，既定意外損失與同額補充成本產生的影響並不相同。

再回歸到補充成本與意外損失之間的分野，亦即那些不可避免的損失應當記入所得帳借方，而合理計算為意外損失或利益則記入資本帳，這個分界線部分是慣例或心理的，將取決於一般接受的估計補充成本的標準為何而定。估計補充成本並無單一原則可循，其數量取決於我們選擇的會計方法而定。當設

備剛生產出來時，預期補充成本是一個確定數量，但在往後重估時，將因我們的預期出現變化，該設備在剩餘年限的補充成本也可能發生變動。依據原先預期將有一連串未來的 $U+V$，而修正預期後又有一連串新的未來 $U+V$，兩者差額的現值即為意外資本損失。這項英國稅務機關同意且獲廣泛認可的商業會計原則，即在取得資本設備的生命年限內應當維持不變下，不管爾後預期有無變化，即應為補充成本與使用者成本之和確定一個數字。在這種情形下，任何期間的補充成本，必然是該預定數字超過實際使用者成本的差額。這個方法有一優點，在設備生命年限中，將可確保意外損益為零。但在某種情境下，每經過一特定會計期間（如一年），以當前市價與預期基礎重新計算補充成本也是合理。事實上，企業採取的方法各有不同，當設備剛購置時，補充成本的期初預期值可稱為基本補充成本，以後依據當前價值，以及當前預期對相同數值重新估算的結果稱為當前補充成本。

補充成本定義問題只能到此為止，無法再有更精確的方法。補充成本是企業宣布分配紅利（公司狀況）或決定目前消費規模（個人狀況）前，計算淨所得應該扣除的項目。由於我們並未剔除資本帳的意外損益，是以遇到可疑之處，最好將該項目列入資本帳，而明顯屬於補充成本項目，則應納入補充成本。此係如果資本帳所記太多，可藉由對當前消費產生更大影響力來校正。

讀者將可看到我們的淨所得定義非常接近馬夏爾的所得定義，後者採取所得稅委員們（Income Tax Commissioners）使用的慣例，並將依據他們經驗認定為所得者，都認定是所得。

此係委員們在此方面所做決定，可視為是經過廣泛審慎調查的結果。我們的淨所得定義也相當於庇古最近定義國民紅利的貨幣價值。⑤

雖然如此，由於淨所得概念立基於模棱兩可的標準，不同人可能有不同的解釋，因而不是很明確。海耶克（Hayek）曾經說過，資本財擁有者也許追求維持從資本財獲取的所得不變，是以無論出自何種原因，當其投資所得出現下降趨勢時，將會覺得無法自由將所得用於消費，直至他的儲蓄足以抵銷這種下降趨勢時為止。⑥我很懷疑有這種人存在，但很明顯也無法提出理論上的反對意見。當海耶克由此推論儲蓄及投資兩個概念，彼此都含混不清時，如果他指的是淨儲蓄及淨投資，這才是正確。此係和就業理論相關的儲蓄與投資，兩種概念並沒有這種缺陷，而且如上所述可以有客觀定義。

因此，將全部焦點放在淨所得係屬錯誤，淨所得只與消費決策有關，且與其他影響消費的因素相去也極為有限。是以我們忽略所得本身的概念（以往一直如此）也是錯誤，這個概念與當前生產決策有關，而且它的意義非常明確。

上述對所得及淨所得的定義，儘可能符合一般習慣。是以我必須提醒讀者，在《貨幣理論》定義的所得是具有特殊意義。在有關總所得歸屬於企業的部分，其特殊性是既未採取從企業當前營運實際獲取的利潤（不論是毛利或淨利），也不是

---

⑤ 《經濟學雜誌》，1935年，6月號，第235頁。

⑥ 《資本的維護》（*The Maintenance of Capital*），載《經濟》，1935年8月號，第241頁以下。

他們決定從事當前營運的預期利潤，而是在某種意義上的正常或均衡利潤。現在回想起來，如果允許生產規模發生變化，這種定義仍未充分，結果在這定義下，儲蓄超過投資的數量，即是正常利潤超過實際利潤的部分。我擔心該名詞的這種用法，業已造成相當程度的混淆，尤其是攸關儲蓄這一名詞的使用。此係有許多結論（尤其是關於儲蓄超過投資），只有依我的特殊意義來解釋相關術語才能成立。但流俗不察往往援用我的結論，好像這些術語就是以常人熟悉的意義來解釋一樣。基於這個理由，再加上我不再需要以過去的術語來精確表達我的想法，是以決定從此棄而不用。對於它們引發的許多混亂，我覺得深感抱歉。

II 儲蓄與投資

在各種術語用法非常分歧的局面中，能有一固定點作為標準倒是讓人同意的。據我所知，大家都同意儲蓄意味著所得扣除消費支出的部分。是以任何質疑儲蓄意義，必然是來自於對所得或消費的意義有所疑慮。我們先前已經定義所得，任何期間的消費支出必然是指該期間內銷售給消費者的商品價值，這又讓我們回到這個問題：消費者購買者（consumer-purchaser）的意義為何？任何區分消費者購買者與投資者購買者（investor-purchaser）之間區分的合理定義，只要前後一致，都同樣適合於我們的目的。舉例來說，將購買汽車視為消費者支出，購買住宅視為投資者支出，這是否正確常常有人討論，而我也沒有什麼材料可以添加到討論中。但是區別的標

準，顯然必須符合係以何種標準來區分企業與消費者。因此，我們定義A_1為某企業向另一企業購買商品的價值，無形中解決了這問題。是以消費支出可以毫不含混地定義為$\Sigma(A-A_1)$，A為當期總銷售額，A_1為某企業對另一企業的銷售總額。為方便起見，A是各種銷售總額，A_1是某企業銷售另一企業的總額，U是總使用者成本。

定義過所得與消費後，儲蓄是所得超過消費的部分，定義自然而然產生。由於所得等於$A-U$，消費等於$A-A_1$，是以儲蓄等於A_1-U。同樣，淨儲蓄為淨所得超過消費的部分，故等於A_1-U-V。

從我們的所得定義，也立刻得出本期投資的定義。此係意味著本期投資等於由本期生產活動引起本期資本設備增加的價值，這顯然等於剛剛定義的儲蓄，此即本期所得未用於消費的部分。我們先前說過，任何期間生產活動的結果，將以企業在期末已經出售製成品價值A結束，而原有資本設備蒙受損失U，或獲得$-U$值的資本改善，$U<0$，其中自然要先扣除向其他企業購買的A_1值。在同一期間，流入消費的產品價值為$(A-A_1)$，$(A-U)$與$(A-A_1)$之差即(A_1-U)，係資本設備因本期生產活動而增加的價值，此即該期的投資。同理，(A_1-U-V)係本期淨投資，即是資本設備淨增加值，除了資本設備價值發生意外變化外，業已扣除正常且不因使用而引起的資本耗損。

儲蓄雖然是個別消費者集體行為的結果，投資是個別企業集體行為的結果，但兩者必然相等，此係每個數額都等於所得超過消費的部分。此外，這個結論完全無須倚賴我們定義所得

時，附加任何微妙或特殊解釋。只要大家同意所得等於本期產
出價值，本期投資等於本期產出未被消費的部分，而儲蓄等於
所得超過消費的部分，所有這些都符合普通常識與絕大多數經
濟學者的傳統用法，則投資與儲蓄相等必然隨之而來。總之，

$$所得＝產出價值＝消費＋投資$$
$$儲蓄＝所得－消費$$
$$故　儲蓄＝投資$$

　　因此，任何一組滿足上述條件的定義，都會得到相同結
論。只有當我們否認上述條件之一的有效性時，才能避免推演
出上述結論。

　　儲蓄與投資相等，係生產者與消費者（或資本設備購買
者）間出現交易的雙重性質使然。前面說過，生產者銷售產品
價值超過使用者成本部分稱爲所得，但產品必然是明顯地售予
消費者或其他企業；每一企業的本期投資，又等於向其他企業
購買之設備，超過其使用者成本部分。因此，從總量來說，所
得超過消費部分（即儲蓄），無法不同於我們稱爲投資的資本
設備價值增加，淨儲蓄與純投資關係亦復如此。事實上，儲蓄
僅是一個剩餘，人們從事投資決策與消費決策共同決定所得。
如果投資決策得以落實，則執行這類決策就須削減消費，要不
然就是擴大所得。是以投資活動促使我們稱爲儲蓄的剩餘或差
額等量增加。

　　當然，人們各自決定投資與儲蓄可能過於異常，從而缺乏
均衡價格讓交易得以發生。在這種情形下，由於產品不再具有

明確的市場價值，價格在零與無窮大之間浮動不定，導致我們的術語將不再適用。不過經驗告訴我們，事實並非如此，而且有種種心理反應習慣容許價格達成均衡，促使願買願賣數量相等。產出的市場價值是讓貨幣所得具有確定價值的必要條件，也是讓儲蓄者決定儲蓄等於與投資人決定投資的充分條件。

或許，透過從消費決策（或抑制消費）而非儲蓄決策方面思索，在這個問題上才會有清楚概念，此係決定消費與否的確是在人們控制範圍內。不論消費及投資與否，總所得與總儲蓄都是人們自由選擇的結果。然而無論消費與投資決策為何，總所得或總儲蓄都無法另行依據一組決策而產生獨立數值。依據這個原則，我們在下面將以消費傾向概念來替代儲蓄傾向。

附錄：論使用者成本

I

我覺得使用者成本在古典學派價值理論的重要性，向來被人們忽略。有關使用者成本還有更多相關或適當的說法，但是作為題外話，本附錄將進一步研討使用者成本。

依據定義，企業的使用者成本為：

$$A_1 + (G' - B') - G$$

A_1是該企業向其他企業購買商品的價值，G是期末實際資本設

備價值。如果企業未使用此資本設備，並且支付最適維護改良
費用B'，則期末的可能價值是G'。$G-(G'-B')$是企業的資本
設備超過承接前期淨值的增加價值，此即企業在本期對自己
的資本設備所做的投資I，是以他的銷售周轉量A的使用者成本
U等於A_1-I。只要稍為反思一下，就會表明這不過是常識而
已：某企業對其他企業的支出，部分將被對自己設備的本期投
資所抵銷，剩餘部分意味著他出售的產出，必須負擔超過支付
生產因素成本的犧牲。如果讀者想以其他方法表達本處陳述的
觀念，將會知道我們表達方法的好處，係在避免許多難以解決
且非必須的會計問題。我想沒有其他方法，可以毫不含混地分
析本期生產的收益。如果產業完全整合，或企業未向外購買商
品，則$A_1=0$，使用者成本僅是等於使用設備所涉及的本期負
投資。但是我們仍有一個好處，即是在任何期間內，都無須分
析將因素成本分配於銷售商品與保留作爲設備之間。因此，無
論是整合或個別的，廠商提供的就業將取決於單一的合併決
策，正好符合本期總生產與銷售產品之間的實際連鎖性質。

此外，使用者成本概念讓我們對廠商可銷售產品的短期供
給價格，做一個比一般採用的更爲清楚的定義，亦即短期供給
價格是邊際因素成本與邊際使用者成本之和。

現代價值理論通常都將邊際因素成本看做只等於短期供給
價格。很顯然，只有邊際使用者成本等於零，或特別定義供給
價格爲扣除邊際使用者成本在內，這個方法才正確，正如同我
先前定義「銷售收益」及「總供給價格」是未涵蓋總使用者成
本在內。然而在處理總產出時，扣除使用者成本偶爾可能會比
較方便，但如果習慣性默認應用於單一產業或廠商的產出，則

將因該商品供給價格與其在任何意義上的價格脫離關係，會讓我們的分析喪失眞實性，而且由此可能產生一些混淆。經濟學似乎一向認爲，「供給價格」應用到某一廠商可銷售產品的單位時，將具有明顯意義而毋庸討論。然而某廠商向其他廠商購買商品，以及其資本設備因生產邊際產出而蒙受損失，就會涉及所得定義中附隨的一堆困惑。爲求得該廠商的供給價格，即使假設廠商爲增加出售一單位產出，而向其他廠商購買商品，其中涉及的邊際成本必須從每單位銷售收入中扣除，但我們仍須顧及廠商生產此邊際產出而發生的資本設備邊際負投資。即使所有生產是完全由整合的廠商執行，假設邊際使用者成本爲零仍然不合邏輯，亦即廠商生產邊際產出導致自身設備的邊際負投資，不可忽略不計。

使用者成本及補充成本概念又可在長期與短期供給價格間，建立更爲明確的關係。長期成本顯然必須包括基本補充成本以及預期主要成本，兩者將適當地平均分攤於設備的年限。這就是說，長期產出成本將等於預期主要成本與補充成本之和，而且爲產生正常利潤，長期供給價格必須超過由此計算出來的長期成本，超過之數則由具有相同期限與風險的當期放款利率來決定，並以其在設備成本所占比率來表示。如果我們偏好以「純利率」（pure rate of interest）爲標準，則長期成本必須納入風險成本（risk cost），來補償實際報酬不同於預期報酬的各種不確定性。是以長期供給價格等於主要成本、補充成本、風險成本與利息成本之和。另一方面，短期供給價格等於邊際主要成本。當企業購買或建造資本設備時，預期主要成本的邊際值必須超過平均值的差額，足以彌補補充成本、風險

成本與利息成本。換言之，在長期均衡下，邊際主要成本超過平均主要成本部分，正好等於補充成本、風險成本與利息成本之和。⑦

　　當邊際主要成本恰好等於平均主要成本及補充成本之和，此時的產出具有特殊重要性，企業交易帳戶在此點達成收支平衡。換言之，此點的淨利潤為零，而產出小於此點，企業交易帳戶將會陷入淨虧損。除了主要成本將因設備類型不同而差異很大外，究竟必須提供多少補充成本，以下是二種極端情形：

　　⑴部分設備維持費必然與使用設備行為同時發生，如機器加油。除向外界購買外，這種支出應涵蓋在因素成本之內。如果出於物質的理由，本期折舊必須以此方式來因應，除向外界購買外，使用者成本等於補充成本，而且符號相反。同時，

---

⑦ 以上說法實際基於一個假設：不論產出如何變動，邊際主要成本曲線具有連續性。事實上，這個假設往往不符事實，該曲線可能有一處或多處不連續點，尤其當產出達到一種水準，相當於資本設備達到可能的技術性充分產能（technical full capacity）時，更容易產生不連續點。此時，邊際分析會局部崩潰，邊際主要成本須用產出些微變動時，總主要成本減少多少來計算，故短期供給價格可以超過邊際主要成本。同樣，當產出低於某點，也經常發生不連續點。當我們討論長期均衡的短期供給價格時，這一點很重要。此係對於任何不連續的情形（相當於技術性充分產能很可能存在，這在前面已經提到了，我們必須假設它在發生作用）。是以長期均衡中的短期供給價格，也許必須超過邊際主要成本（後者就產出些微減少時的情形計算）。

在長期均衡中,邊際因素成本超過平均因素成本的金額,將等於風險成本與利息成本之和。

(2) 企業使用設備時,其部分價值將會遭到損耗。這一成本係由使用者成本支付,此係它若未隨著使用設備而同時獲得清償,則將被計入使用者成本。如果設備價值損失只能以這種方式發生,則補充成本將會等於零。或許這裡有一點值得指出,企業不會僅因使用者成本最低,一開始就使用最老最差的設備,此係低使用者成本可能無法抵銷它的相對無效率,亦即無法抵銷它的高因素成本。企業考慮使用設備時,將優先選用該設備的每單位產出的使用者成本與因素成本之和最低的部分。[8]因此,對於所討論產品的任何既定產出數量,都對應一個使用者成本,[9]不過這項總使用者成本與邊際使用者成本之間並無一致關係,此即後者是產出增加而導致使用者成本增加的數量。

II

使用者成本是現在與未來之間許多連繫的一環。企業決

---

[8] 使用者成本將隨人們預期未來工資水準而變,假設人們預期當前工資單位下降只是暫時,則因素成本與使用者成本變動程度不同,因而影響所用設備種類,或許更影響有效需求水準,此係使用者成本與因素成本在決定有效需求的影響也許不同。

[9] 最初使用資本設備的使用者成本未必與總產出無關(參閱後文),亦即在使用者成本曲線上,使用者成本也許隨總產出變動而變。

定生產規模，必須在目前使用或保留稍後再使用設備兩者間做選擇。如果目前使用將涉及犧牲未來利益，從而決定使用者成本，同時，這個犧牲的邊際產量、邊際因素成本以及預期邊際收益三者又決定企業生產規模。然而企業如何計算一項生產活動的使用者成本呢？

我們已經定義使用者成本爲，考慮維護與改善成本，再扣除向其他企業購買的設備後，相較於未使用設備前，使用設備後所降低的價值。是以爲求得使用者成本，必須估算保留設備稍後使用，可能獲取額外預期收益的貼現值。該貼現值至少必須等於，因不使用設備而延遲設備重置機會的現值，而且可能更多。[10]

若無過剩庫存，每年將會生產更多單位的同樣設備，作爲擴張或重置設備之用，則很明顯，邊際使用者成本可以參照此設備的生命年限或效率縮減數，以及本期重置成本來估算。然而如果資本設備閒置，則使用者成本還要看利率高低，以及在閒置設備未因消耗等原因而消失前，重估後的本期補充成本大小而定。由此，利息成本及本期補充成本就成爲間接估算使用者成本的因素。

當因素成本爲零，此種計算方法將顯得非常簡單，而且也容易了解。正如我在《貨幣理論》第二卷第二十九章列舉原料銅存量過多的情形爲例，進而來看銅在未來各個日期的預期價

---

[10] 大於此數，如果企業預期未來某時，收入可以超過正常值，但此種情況又不能維持長久，故不值得或沒有時間生產新的資本設備。將每一可能的未來預期收入折爲現值，其中最大者即是本期的使用者成本。

值，其間變化將受吸收閒置存貨速度而定，並且逐漸趨近於估計的正常成本為止。是以一噸剩餘銅的現值或使用者成本，將等於任何日期估計一噸銅的未來價值，扣除在該日期與現在之間發生的利息成本與本期補充成本後，所能獲得的極大值。同樣，當船隻、工廠或機器等設備閒置時，其使用者成本就等於在閒置現象消失前，其估計的重置成本依其利率，以及本期補充成本的百分率折現後所得的數值。

我們在上述假設設備在適當時間內將以原物替換，如果有問題設備磨損而非以相同方式更新，則以新設備使用成本的某一比例來計算，而該比例則由它的比較效率來決定。

III

讀者應當注意到，當設備並非過時而只是暫時閒置，則實際使用者成本與其正常價值（設備未閒置的價值）之差額，將隨設備充分使用前所需時間長短而異。是以如果設備類型涵蓋各種年限並非彼此一致，每年都有相當比例屆滿生命年限，除非閒置設備異常過多，否則邊際使用者成本不會劇跌。在景氣衰退下，邊際使用者成本將取決於企業預期景氣持續衰退多久而定。當景氣情況好轉，推動供給價格上升，部分原因可能是企業修正預期，導致邊際使用者成本急劇遞增所致。

人們有時提出與企業相反的意見，指出除非安排有序的報廢設備計畫適用到整個體系，否則不會達到提高預期價格效果。但是使用者成本這一概念，業已顯示如果將閒置設備報廢一半，也許會有立即提高價格效果。此係這種政策可以縮短充

分使用設備期間，促使邊際使用者成本上升，從而提高當前供給價格。企業的腦海中似乎隱含存在使用者成本觀念，雖然並未明確說出這個觀念。

如果補充成本很高，則在閒置設備存在下，邊際使用者成本就會很低。此外，當設備閒置時，邊際使用者成本及因素成本似乎不太可能超越各自的平均值過多。如果上述兩個條件皆能滿足，閒置設備存在很容易讓企業發生淨損失，或許是很大的淨損失。事實上，並非閒置設備消化後，淨損失狀態即可一躍轉換為正常利潤狀態。隨著閒置設備日益消失，使用者成本將逐漸遞增，邊際因素成本與使用者成本超過各自平均值的差額，也可能逐漸遞增。

IV

馬夏爾在《經濟學原理》[11]（第六版，第360頁）中，將部分使用者成本以「額外設備折舊」名義包含在主要成本內，但並未指出如何計算，以及其重要性又如何？庇古在《失業理論》中明確假設：一般而言，邊際產出引起設備負投資可以略去不計。他說（第42頁）：「設備蒙受磨損量與非體力勞工雇用成本的差異，將與產出不同有關，此係這些差異通常都被視為是次要而可略去不計」。[12]實際上，在生產的邊際上，設

---

[11] 編註：《經濟學原理》，阿弗瑞德・馬夏爾（Alfred Marshall）著，葉淑貞譯（2021），臺北：五南圖書出版公司。

[12] 郝特雷指出，庇古所謂供給價格實即邊際勞工成本，見《經濟》1934年5月號，第145頁。郝特雷認為這點對於庇古論證頗為不利。

備負投資爲零的概念大量貫穿了最新的經濟理論。然而一旦需要解釋個別廠商供給價格究竟爲何時，整個問題就會立即浮現出來。

基於上述理由，閒置設備存在可能經常降低邊際使用者成本，尤其是在預期景氣衰退將持續很久時。雖然很低的邊際使用者成本並非短期特徵，而是特殊情況與特殊設備類型下的一項特徵，此時維護閒置設備成本甚高。由於該短期處於非均衡狀態，資本設備非常迅速趨於陳舊或閒置甚多，尤其是大部分設備相當新，更加劇閒置的嚴重性。

就原材料的情況而言，我們必須考慮使用者成本，將是顯而易見。如果今日用完一噸銅，明日就無法再用，則該噸銅留待明日使用的可能價值，必須計算在邊際成本內。但是人們往往忽略一項事實，亦即銅的情形只是將資本設備用於生產，所發生事件的一個極端案例而已。嚴格劃分原料與固定資本，必須考慮使用原料引起的負投資，但使用後者引起的負投資可忽略不計，這個假設與事實不符。尤其是在正常情形下，每年都需要重置設備，而且使用設備讓其更接近於必須重置日期。

使用者成本與補充成本概念有一個優點，即兩者同樣適用於營運資本、流動資本與固定資本。原料與固定資本的本質差異，並不在於有無使用者及補充成本，事實上，流動資本報酬只有一期而已。至於在固定資本的情況下，它具有耐久性且逐漸用掉，其報酬是由在連續期間獲取的一系列使用者成本與利潤所構成。

第七章

再論儲蓄與投資的意義

I

前一章已經定義儲蓄與投資必然相等，從經濟體系來看，這僅是一體之兩面。但是幾位當代學者（包括作者的《貨幣理論》）卻對這些名詞給予特殊定義，導致兩者未必相等。其他學者假設它們可能不等，但在討論之前根本未做任何定義。將目前對這兩個名詞的各種用法分類，以便聯繫上述內容與他人討論之間的關係，將是一件有益的事。據我所知，人們都同意儲蓄是所得超過消費的部分。但如果它的意義不是如此，肯定會非常不方便，而且容易引發誤解。對於消費支出的意義為何，人們並無任何重大歧見。是以名詞用法差異是源自於投資或所得的定義不同。

II

我們首先討論投資。在通俗用法中，投資往往是指人們或公司購買新或舊資產。投資偶爾可能專指在證券市場購買資產，但也同樣常常提及投資房子、機器、製成品或半製品，而且廣泛來說，新投資（有別於再投資）是指從所得中買進任何型態的資本資產（capital asset）。如果將出售一項投資看做負投資，則我的定義將符合通俗用法，此係舊投資交易必然互相抵銷。實際上，我們必須顧及債務的產生與清償（包括信用或貨幣數量變動），但從經濟體系而言，債權部位增減永遠等於債務部位增減，一旦討論總投資時，這個債務上的複雜因素也互相抵銷。由此，如果通俗意義的所得對應我所說的淨所

得，則通俗意義的總投資正好符合我定義的淨投資，此即在計算淨所得時，各種資本設備淨增加，業已扣除舊資本設備價值變動。

投資的定義包括資本設備增加，不論是否由固定資本、營運資本或流動資本組成，除投資與淨投資的區別外，投資定義出現重大歧見，係由於人們從這一概念中剔除這三類資本的一類或兩類所致。舉例來說，郝特雷對流動資本變動，即非常重視未出售商品存量未預期增加或減少，他曾建議將這種變動排除於投資之外。在這種情形下，儲蓄超過投資將等同於未出售商品存量的非預期增加，亦即是流動資本增加。然而郝特雷並未說服我，這是應該著重的因素，此係它將所有重點放在矯正最初無法預見的變化，這些變化與那些不論是正確或錯誤的事先預期變化不同。郝特雷認為企業對其產出規模所做的每日決策異於前一日，此係他們將參考未出售商品存量的變化。當然，消費財在其決策中扮演重要角色，但我看不出他排斥那些影響企業決策因素的用意何在。是以我寧願強調總體有效需求變化，而非僅著重於有效需求局部變化，亦即反映前期存貨增減的部分。此外，在固定資本狀況，閒置產能增減對生產決策影響效果與未出售存貨增減的影響相當。我看不出郝特雷如何處理這至少是同樣重要的因素。

奧地利學派（Austrian school）學者使用資本形成與資本消耗概念，與我們定義的投資與負投資，或淨投資與淨負投資的概念不同。特別是他們認為資本消耗在上述定義的資本設備並未發生淨減少下也會存在。然而我尚未發現在其論述中，曾經明白解釋這些名詞意義。舉例來說，生產期間延長就會發生

資本形成，這類說法並未讓問題獲得太大進展。

III

　　由於所得的特殊定義，以及隨之而來的所得超過消費部分，我們接著檢視儲蓄與投資發生分歧的問題。我在《貨幣理論》對這些名詞用法，亦即這些特殊定義的一個例子，已經在先前（第六章第一節末段）解釋過了。《貨幣理論》採取的所得定義與現在定義的所得不同，此係在計算前者時，我並不以實際利潤作爲企業所得，而係以某種意義的「正常利潤」作爲其所得。是以儲蓄超過投資是指：在當前產出規模下，企業從資本設備獲取的利潤，將會小於正常利潤；而儲蓄超過投資遞增，則是指實際利潤正在下降，企業有緊縮產出的動機。

　　我覺得企業尋求現在及未來利潤極大，將決定就業以及由此而來的總產出與實質所得，亦即在設備使用年限中追求報酬極大，而使用者成本即是取決於這個看法。至於能夠讓企業利潤極大化的就業量則是取決於總需求函數，而後者又取決於在各種假設下，預期從消費及投資兩者可以取得的總收益而定。在《貨幣理論》中，有關投資超過儲蓄（兩者依上述定義）差額變動的概念，是我用來處理利潤變動的方式，不過並未明白區分預期與實際的結果。[1]當時我認爲投資超過儲蓄差額的變動，是控制產出變化的動力，而現在的說法雖然自認爲比較精確、較有啓發性，但本質上只是舊見解的演進。如果以《貨幣

---

[1] 我在該書認爲企業對利潤的當前預期，係決定於當前的實際利潤。

理論》使用的語言表達，則我的新理論將是這樣的：在就業與產出已知下，預期投資超過儲蓄差額增加，將誘使企業增加就業與產出。我的舊理論與新理論都意圖指出，就業量取決於企業預估的有效需求，而《貨幣理論》所指的預期投資相對儲蓄增加，即是有效需求增加的標準。但是依據這裡敘述的進一步發展來看，我在《貨幣理論》中的論述自然顯得令人困惑與不完整。

羅伯森（D. H. Robertson）定義，今日所得等於昨日消費加昨日投資，他心目中的今日儲蓄等於昨日投資，再加上昨日消費超過今日消費的差額。依據這個定義，在我看來儲蓄超過投資，即是昨日所得超過今日所得。是以當羅伯森說儲蓄超過投資，與我所稱所得正在下降的意義完全一樣，他指的儲蓄過多正好等於我說的所得降低。如果目前預期真的取決於昨日實際結果，則今日的有效需求將等於昨日的所得。是以羅伯森的方法可以視為我嘗試的替代方案，其目的也與我相同，嘗試透過在有效需求與所得之間的對比，來區別投資與儲蓄，[2]這對因果分析至關重要。

IV

我們接著討論強迫儲蓄（forced saving）涉及那些更為模

---

[2] 參閱羅伯森：《儲蓄和窖藏》（*Saving and Hoarding*），載《經濟學雜誌》，1993年9月號，第399頁；以及羅伯森、郝特雷及我三人之間之討論，載《經濟學雜誌》。1933年12月號，第658頁。

糊的概念，從這些概念可以發現任何明確的意義嗎？我在《貨幣理論》（第一卷第171頁註）曾經指出這個慣用語的初期用法，與我當時提及投資與「儲蓄」之間的差異有若干相似之處。然而現在我已不再確言兩者事實上有無當時設想的那麼多相似之處。無論如何，我確定「強迫儲蓄」以及近人（如海耶克或羅伯森）所用類似名詞，和我在《貨幣理論》中指出的投資與儲蓄之間的差異並無一定關係。雖然這些作者沒有精確解釋其所用名詞的意義，不過他們心目中的「強迫儲蓄」，顯然是直接來自於貨幣數量或銀行信用變動所產生的現象，可用兩者數量變化來衡量。

很明顯，產出及就業量變動將引起以工資單位衡量的所得變動，而工資單位變動將誘發債務人與債權人間的所得重分配，以及釀成以貨幣衡量的總所得變動，並且在任何情況下，儲蓄將會或可能會變動。由於貨幣數量變動「透過對利率影響，進而改變所得數量與分配（以後將再說明），這些變化可能間接改變儲蓄。不過此種儲蓄變動，相較因其他環境變化引起的儲蓄變化，將可視為強迫儲蓄」。除非我們以某種條件下的儲蓄作為規範或標準，否則無法區別強迫儲蓄與非強迫儲蓄。不僅如此，正如稍後將看到，既定貨幣數量變化誘使總儲蓄變化將是高度變異，而且取決於許多其他因素。

在我們確立儲蓄的標準前，「強迫儲蓄」並無意義。如果以充分就業狀態的儲蓄為標準（這似乎是合理標準），則上述定義將成為：「強迫儲蓄是指實際儲蓄超過長期均衡充分就業下所產生的儲蓄部分。」這個定義似乎很有道理，但在某種意義上，強迫儲蓄過度將是罕見且極不穩定的現象，強迫儲蓄不

足倒是常態。

　　海耶克在《強迫儲蓄理論的發展》[3]中，指出事實上這正是這個名詞的原始意義。「強迫儲蓄」或「強迫節儉」（forced frugality）初始是邊沁（J. Bentham）的概念，他曾明確表示在「人們都已就業且以最有利方式雇用」的情況下，他對貨幣數量相對可出售商品數量增加，心目中將會產生何種的後果已有想法。[4]在這種情形下，邊沁指出在實質所得不變下，此時增加投資將涉及「犧牲國家安逸（national comfort）與國家正義（national justice）」的強迫節約。所有十九世紀學者討論此問題，心中都有抱持同樣想法，但是意圖將這個非常清楚的概念，推廣至非充分就業狀態，則將涉及若干困難。當然，在資本設備固定下，由於就業增加引起報酬遞減的事實，促使任何就業增加都將使那些已就業者的實質所得減少。但是意圖將這種損失，歸諸於伴隨就業增加而增加的投資，恐怕不太可能有多大結果。無論如何，我還不知道近代有誰對「強迫儲蓄」發生興趣，曾想將此概念推廣至就業漸增的情況。一般而言，他們似乎忽略這一事實：要將邊沁的強迫節約概念推廣至非充分就業環境，必須先對這個概念進行若干說明或限制。

---

[3]　《經濟學季刊》（*Quarterly Journal of Economics*），1932年11月號，第123頁。

[4]　同上，第125頁。

V

開門見山來看，人們認為儲蓄與投資可能彼此不同，我想可能源自於一種錯覺：存款者與銀行的關係實際是雙方面交易，但卻誤認為是一種單方面交易。人們通常假設存款者與銀行經由執行某種方法，儲蓄因而從銀行體系中消失，而與投資間毫無關聯；或者相反的，銀行體系可讓投資發生，而無相對應的儲蓄。不過我們應當知道人們儲蓄勢必取得資產，不論這資產是現金、債權或資本財；而且除非他新生產等值的資產，否則無人可以取得先前沒有的資產；或者另外有人將以前擁有的等值資產脫手。在前一方式中，有儲蓄即有新投資與之相應；後一方式中，必然另有他人做等額的反儲蓄。此係他喪失其財富，必然是消費超過所得，而非因資本資產價值變動而讓資本帳蒙受損失。由於問題不在於他先前的資產價值蒙受損失，而是他適時地收到其資產的目前價值，且未以任何型態的財富保有這個價值，亦即他將資產花費在目前消費超過目前所得的部分上。不僅如此，如果銀行體系拋售資產，必然有人脫手現金。由此可知，初始的那個人與他人的儲蓄總和，必然等於本期新投資。

銀行體系創造信用產生投資，無須要有相應的「真正儲蓄」即可產生投資，這種說法只不過是將新增銀行信用產生的後果之一獨立討論，而排除其他因素產生的後果棄置不顧的結果。如果銀行體系授予企業額外信用，讓其增加本期不會發生的投資，則所得必然增加，而其增加通常會超過新增的投資。不僅如此，除在充分就業環境外，實質所得與貨幣所得都

會增加。人們可以透過「自由選擇」，決定將增加的所得分配於儲蓄與消費；而且企業舉債增加投資的意圖，不可能超越人們決定增加儲蓄的速度，除非是替代其他企業所要做的投資。此外，由此決策產生的儲蓄，正與其他任何儲蓄一樣，也是眞正的儲蓄。除非人們偏好持有更多貨幣，而非持有其他形式的財富，否則無人能夠被迫持有對應新銀行信用的額外貨幣。然而就業、所得及物價將會發生變化，以致於在變動後的新環境下，有人確實選擇持有新增的貨幣。誠然，如果某一特殊方向的未預期投資增加，則總儲蓄與總投資可能發生不規則變化，但若能事先充分預見，此類現象將無從發生。我們也確認，銀行信用增加將引發三種趨勢：⑴產出增加、⑵以工資單位衡量的邊際產出價值增加（在邊際報酬遞減下，必須伴隨產出增加），以及⑶以貨幣衡量的工資單位上漲，此係就業改善後經常發生的事，這些趨勢或許可能影響不同族群間的實質所得分配。不過這些趨勢是產出增加下的一項特色，除了銀行信用增加外，即使產出增加是由其他因素引起，這些趨勢仍會發生。唯有避免任何足以增加就業的行動，才能避免它們的發生。然而上述大部分內容是對討論結果的預期，尚未獲得討論的結果。

由此可知，舊理論認爲儲蓄總是涉及投資，雖然不完全且易引起誤解，但相較新理論，認爲可以有儲蓄而無投資，或有投資而無「眞正的」儲蓄，在形式上更爲健全。舊理論的錯誤在於由此推論人們增加儲蓄，必然等量增加投資。確實，人們儲蓄可以增加自己的財富，但也可以增加總財富的結論，則是忽視一種可能性：即人們的儲蓄行爲可能對他人儲蓄造成反作

用，從而對他人的財富發生負面影響。

一方面是儲蓄與投資的一致性，另一方面則是人們明顯具有「自由意志」進行儲蓄，無須顧及自己或他人的可能投資，兩者的調和主要取決於儲蓄或如支出一樣，是一個雙面的事情。雖然他的儲蓄不會對本人所得有任何重大影響，但其消費對他人所得的反作用，促使所有人無法同時儲蓄任何金額。如果人們都想減少消費以便增加儲蓄，將因影響他人所得，反而讓這種意圖必然招致失敗。同樣，體系內儲蓄也不能少於本期投資，此係減少儲蓄的意圖必然提升所得到某一水準，使得人們選擇儲蓄的累加數額恰等於投資。

上述內容與協調自由的主張非常相似，亦即人們可以隨時改變選擇持有的貨幣數量，而累加個人持有貨幣餘額必然等於銀行體系創造的存款數量。在後者情況下，其所以必然相等，是因為人們願意持有貨幣數量與其所得有關，或與其想要購買的商品（主要是證券）價格有關，購買商品是自然替代貨幣的方式。是以所得與物價必然調整到新水準，直至人們願意持有貨幣的累加總額，恰等於銀行體系創造的貨幣數量，這一點可說是貨幣理論的基本命題。

這兩個命題都是依據一個事實推演出來：即有買方必有賣方，或有賣方必有買方。個人交易量在相關市場甚為微小，無妨忽視「需求不是單方面交易的事實」，但在討論總需求時，如果也忽略此一事實，將是毫無意義可言。此係總體理論與個體理論兩者間的重大差異，就在後者的行為中，我們假設個人需求變化並不影響其所得。

第三篇

消費傾向

第八章

消費傾向：㈠客觀因素

I

我們在第一篇末尾，因處理某些方法與定義的一般性問題而中斷，現在回歸主題。我們分析的終極目標，係在發現何者決定就業，迄今爲止只獲得初步結論：就業量取決於總供給與總需求函數的交點。然而總供給函數主要視攸關供給的物質條件而定，涉及某些人們尚未熟悉的考慮因素，函數形式也許有點生疏，但其各項潛在因素並不新鮮。我將在第二十章再回歸總供給函數，並針對其反函數或稱就業函數進行討論。不過大體上，總需求函數扮演的角色向來被忽視了，是以本書將以第三與第四兩篇專論總需求函數。

總需求函數是連結既定就業與由此就業水準預期實現的「銷售收入」之間關係的函數，而銷售收入是由兩種數量組成，人們在既定就業水準下的消費以及投資，而影響兩者的因素卻有很大差異。本篇將專論前者，亦即在就業已知下，何種因素決定消費。第四篇則將討論決定投資的因素爲何。

我們在此將關心在某一就業水準時，決定消費的金額爲何。嚴格來說，我們討論的函數應當將消費支出（C）與就業（N）連繫起來。但爲方便起見，不妨以稍微不同的函數關係來說明，亦即將以工資單位衡量的消費支出C_w與在N就業水準的所得Y_w連結的函數關係。然而該方法遭受質疑，亦即Y_w並非是N的唯一函數，此係在所有情況不變下，Y_w與N之間的關係可能取決於就業的精確性質，雖然這種程度極爲輕微。換言之，如果將既定總就業以兩種不同方式分配於各項就業之間，則因個別就業函數的形狀不同（將在第二十章討論）而導致

Y_w值不同。在可以想像的情況下，我們可能必須特別考慮此因素。不過一般而言，將Y_w視爲由N唯一決定的數量，將是一個很好的近似值。是以我們定義：消費傾向是以工資單位衡量的所得Y_w，與所得用於消費部分C_w之間的函數關係χ：

$$C_W = \chi(Y_W) \quad \text{或} \quad C = W \cdot \chi(Y_W)$$

體系內消費支出明顯取決於下列因素：(i)所得的部分金額、(ii)其他附隨的客觀環境、(iii)構成體系內人們的主觀需求、心理傾向與習慣，以及在人們之間的所得分配方式，將隨產出增加而可能遭受修改。各種消費動機互相影響，試圖分類將流於錯誤分割的危險。然而爲了釐清我們的思維，將分爲主觀與客觀兩大因素討論。主觀因素包括人性心理特徵、社會習慣與制度，雖然並非不可改變，但除非發生異常或大變革的狀況，短期內不太會有重大變化。在作歷史研究或比較兩種不同經濟制度時，則須考慮這些主觀因素變化對消費傾向的影響。但是一般而言，我們在下文中將假設主觀因素不變，而消費傾向將隨客觀因素變化而變。

II

影響消費傾向的客觀因素主要如下：

⑴**工資單位變動**

在某種意義上，消費支出（C）是實質所得的函數，顯然遠甚於是貨幣所得的函數。在技術、嗜好與決定所得分配的社

會條件等狀態已知下，人們的實質所得將隨其掌控的勞動單位數量增減，亦即隨著以工資單位衡量的所得同時增減。當總產出變化時，由於報酬遞減的作用，人們的實質所得增加，將少於以工資單位衡量所得的增加比率。作爲初步近似的說法，我們可以合理假設對應既定就業水準的消費支出，工資單位變化也將與物價呈同比例變動。雖然在某些情況下，我們必須考慮由於工資單位變化，既定實質所得在企業與收租金者之間的分配亦將發生變化，進而對總消費形成反作用。此外，我們以工資單位衡量的所得來定義消費傾向，已經顧及工資單位變化，此係消費傾向是以所得表示，而所得則是以工資單位衡量。

(2)**所得與淨所得差額的變化**

我們在上述已經指出，與其說消費支出取決於所得，毋寧說是取決於淨所得。依據定義，人們決定消費規模，心中想的主要是淨所得。在一定的情況下，兩者間的關係可能存在某種穩定性，從某種意義上來說，將有一個函數唯一地連繫不同所得與對應的淨所得水準。然而如果情況並非如此，任何所得變動未反映在淨所得變化上，由於對消費沒有影響，故都必須略去不計。同理，淨所得變化雖未反映於所得變化，則亦須計及。但是除了在特殊情況下，我懷疑這個因素還會有什麼實際的重要性。在本章第四節中，我們將再度詳細討論所得與淨所得差異對消費的影響。

(3)**計算淨所得並未納入資本價值意外變動**

這些意外變動對修正消費傾向更重要，此係這些意外變動與所得間沒有穩定或規則性的關係。擁有財富階層的消費支出，可能極易受這些財富的貨幣價值未預期變化的影響，這應

列為可以引起消費傾向短期變化的主要因素之一。

⑷時間貼現率或現在與未來商品交換比例的變化

　　時間貼現率與利率並不完全一樣，此係它考慮未來貨幣購買力變化，只要這些變化能夠事先預期。此外，它還須承擔各種風險，如來不及享受未來商品或高到近於沒收地步的賦稅。然而作為近似值，我們可將利率視為時間貼現率。

　　這個因素對人們消費支出占所得比率的影響，實在令人質疑。古典學派利率理論是基於利率是讓儲蓄供需達成均衡的因素，①合宜假設是在其他情況不變下，消費支出對利率變動呈現負面反應，利率上升將顯著減少消費支出。然而多時以來，人們都已知道，利率變動對目前消費意願的影響是複雜且不確定，係取決於彼此衝突的傾向而定。此係如果利率上升，某些傾向更容易滿足儲蓄的主觀因素，但將削弱其他主觀因素。在長期，利率大幅變動可能改變社會習慣，進而影響主觀的支出傾向。不過除非有實際經驗，我們很難斷定它將朝何種方向變動。至於短期利率變動，無論如何通常都會對消費產生太大的直接影響。如果人們的所得仍與先前相同，大概很少人會因利率從5%降至4%，就改變其生活方式。在間接方面，可能會有更多影響，但並非全部都朝同一方向。或許利率變化透過影響證券及其他資產價格，才是對人們自既定所得中從事支出的意願，所能造成的最重要影響。如果某人正在享受資產價值意外增加，自然會增強目前支出動機，即使以所得表示其資本價值

---

① 參閱本書第十四章。

並未較過去增加。如果他蒙受資本損失，自然會弱化目前支出動機，然而這種間接影響已經涵蓋在先前所說的第(3)項之中。此外，我認爲經驗提示的主要結論是：利率對既定所得中個人支出的短期影響是次要且相對不重要，除非利率變化劇烈，如當利率降至極低，某筆金額可購得之年金與由該金額收取的年息間的比率增加，這將鼓勵人們購買年金作爲養老之用，而成爲負儲蓄的重要來源。

人們有時對未來可能發展抱持極端質疑心理，導致消費傾向受到嚴重影響，這種反常狀態亦應列入本類。

⑸ **財政政策變動**

就誘導人們儲蓄取決於預期未來報酬而言，這很清楚地不僅取決於利率，而且也要視政府的財政政策而定。所得稅（尤其是對「不勞而獲」所得的差別稅率）、資本利得稅、遺產稅以及類似的租稅，都和利率一樣，將與儲蓄很有關係，而且在人們預期中，財政政策可能變化範圍，遠大於利率的變動範圍。如果政府有意以財政政策作爲平均所得分配的工具，則其對增加消費傾向影響當然更大。②

我們還須考慮從一般稅收提撥政府償債基金（sinking fund）用於清償債務，將對總消費傾向產生影響。此係這類基金代表一種企業儲蓄，在特定環境中，大量提撥償債基金政策，將被視爲足以降低消費傾向。因爲這個理由，從政府舉債政策轉爲設置償債基金政策（或由後者轉爲前者），將可能導

---

② 財政政策對財富增加到底有何影響，許多人不免有重大誤解；但在未達到第四篇利率理論之前，我們對此將不做充分討論。

致有效需求劇烈縮減（或顯著增加）。

⑹預期目前與未來所得之間關係的變化

為求完備起見，我們必須列出這個因素。這類預期變動雖然可能重大影響某些人的消費傾向，但就經濟體系而言，它的影響很可能會平均化。此外，這類預期涵蓋太多的不確定因素，通常不致於發揮很大影響力。

我們從上面可以得到一個結論：在特定情況下，如果已經消除以貨幣衡量的工資單位變動，則消費傾向將可視為是相當穩定的函數。資本價值意外變動將會改變消費傾向，利率與財政政策巨幅變動，也可能讓消費傾向有所不同；至於其他可能影響消費傾向的客觀因素雖然不容忽視，但在一般情況下，不太可能會發揮重要影響力。

在一般經濟環境下，以工資單位衡量的消費支出主要取決於產出與就業量，基於這個事實，我們可用籠統的「消費傾向」函數涵蓋其他因素。由於其他因素將會發生變化（這點不能忘記），但大體上，以工資單位衡量的總所得，才是總需求函數中決定消費支出的主要變數。

III

一般而言，消費傾向是比較穩定的函數，總消費主要取決於總所得（兩者皆以工資單位衡量），消費傾向本身變動僅具有次要影響。在這種情形下，這一函數的正常形狀究竟為何？

無論是從人性的先驗知識，或經驗中的具體事實來看，有一個基本心理法則可讓我們確信不疑。這項法則指出，就平

均而言，人們所得增加將傾向於增加消費，但不如所得增加之多。這就是說，C_w是消費，Y_w是所得（兩者皆以工資單位衡量），ΔC_w與ΔY_w同號，但數量小於ΔY_w。換句話說，$1 > \dfrac{dC_w}{dY_w} > 0$。

我們觀察短期現象，就像是處於循環性就業波動情況，而有別於其他更具永久性的心理傾向，人們的習慣尚無足夠時間適應客觀環境變化，這一法則尤其適用。由於人們習慣的生活標準對其所得有優先請求權，傾向於將實際所得超過習慣標準所需支出的差額儲蓄下來。如果他隨所得變動調整支出，那麼在短期內也不會臻於完美。是以所得增加通常引來儲蓄增加，所得下降也讓儲蓄減少，而且初始的增減規模會比後來為大。

除了短期所得變動外，絕對所得愈大，顯然也會擴大所得與消費之間的缺口。由於人們與其家庭的即時基本需求動機，通常比儲蓄動機更強烈，而後者只有在達到舒適餘裕後，才能有效發揮作用。基於上述所說的理由，大體上會隨實質所得遞增，儲蓄部分也會擴大。但不論儲蓄比例是否更大，我們將其視為現代社會的基本心理法則：體系內實質所得遞增，除非其他因素同時發生異常變化，否則消費不會以同額的絕對數量增加。我們隨後將指出，[3]經濟體系穩定性主要取決於這一法則實際上是否發揮作用而定。這意味著如果就業與由此而來的所得增加，我們無須將所有就業增加都用於滿足消費需求增加。

另一方面，就業水準下降而讓所得下降，如果降幅十分可

---

③ 參閱本書第十八章第三節。

觀，則不僅某些人或機構，就連政府消費也會超過所得；前者可能耗盡他們在繁榮時累積的財務準備（financial reserves）來因應，而後者不管是否願意，都將陷入預算赤字，或舉債借入資金融通救濟失業。是以當就業降至極低水準，由於人們的習慣性行為與政府的因應政策，導致消費遞減低於實質所得滑落。這可以解釋為何新均衡位置，通常能夠在些微變動範圍內即可達成，否則就業與所得下降一經發動，可能會持續相當長時間。

我們將會看到這個簡單原則所獲得的結論，將與前面相同：除非消費傾向改變，否則就業只能與投資同時增加。此係就業增加，消費支出將小於總供給增加，除非增加投資來補足這個缺口，否則增加就業將證明是無利可圖。

IV

我們切不可低估前面提及事實的重要性：就業雖然是預期消費與預期投資的函數，但在其他條件不變下，消費是淨所得的函數，亦即是淨投資的函數（淨所得等於消費加淨投資）。換句話說，在計算淨所得時，如果必須提存的財政撥款（financial provision）愈多，則既定投資對消費與就業的有利程度將愈小。

當這種財政撥款或補充成本事實上在本期已經用於維護現有的資本設備，這一點不容忽視。但是當財政撥款超過本期維護的實際支出，其實際影響就業的後果，就未必受到重視。此係這個超過部分既不直接引發本期投資，又未能用於本期消

費，故必須由新投資來平衡。由於新投資發生又與本期舊設備損耗幾乎毫無關聯，而財政撥款係爲後者而設，結果是：可用於創造本期所得的新投資相應減少，故欲達成特定就業水準，必須要有更強烈的投資需求。此外，只要設備損耗實際上未獲彌補，則同樣考慮也可適用於使用者成本中所涵蓋的損耗準備。

設想某房屋在拆除或廢棄前，屋主將繼續居住使用。如果房主從每年租金提撥部分沖銷一定的價值，但未用於修繕房屋，也不視爲淨所得用於消費，則這種準備不論是屬於 U 或 V，在此房屋的生命年限中，將對就業構成障礙。直到房屋必須重建時，才會突然將所有損耗彌補完。

在靜止經濟中，所有這些都可能不值得一提，此係每年舊屋折舊金額，正好被替換屆滿生命年限舊屋的本期新建房屋抵銷。但在非靜止經濟中，尤其是接續在耐久資本投資高潮後的期間，這些因素可能變得很嚴重。此係在此種情境下，極大部分新投資可能被企業針對現有資本設備提存較大財務準備所吸收，雖然這些資本設備會隨時間推移而損耗，但其修補與更新尚未屆臨需要以全部財務準備因應的時刻，結果是：所得無從上升到能與低淨投資總額對應的低水準之上。是以遠在舊設備需要重置（提存折舊目的即在此）前，類似償債基金的折舊便從消費者手中撤離支出能力。換句話說，折舊將會降低當前有效需求，只有在舊設備真正需要重置之年，才會增加有效需求。此外，如果再配合「財務審愼」（financial prudence）政策，更會加劇這種影響，亦即報廢期初成本速度遠超過該設備的實際損耗，則其累積結果的確可能非常嚴重。

　　以美國為例，在1929年，由於過去五年資本急劇擴張，業已累積龐大的償債基金及折舊基金，然而當時的設備還無須重置，必須從事鉅額的新投資才能吸收這些財務準備。但是當時幾乎沒有機會發掘更多新投資，用於為充分就業富裕體系的新儲蓄謀求出路，僅此因素恐怕就會引發需求與物價崩跌。不僅如此，在不景氣期間，大公司依然持續執行財務審慎政策，更對早日復甦形成嚴重障礙。

　　再以1935年的英國情形為例，戰後大量住宅建築與其他新投資，促使累積的償債基金遠超過當前實際修繕與重置支出的需求。隨著地方政府與公共機關從事投資，採取「健全財政」（sound finance）原則，要求在實際重置屆臨前，即將初始成本全部沖銷，釀成此種趨勢益形加劇，結果是：即使人們願意完全支出淨所得，然而官方或半官方機構同時依法提存大量償債基金，並且不涉及相應的新投資，導致恢復充分就業遙不可及。依我看來，地方政府每年的償債基金④目前已經超過全部新事業支出金額的半數。⑤但是衛生部（Ministry of Health）堅持地方政府必須提存嚴峻的償債基金，是否知道此種政策會惡化失業問題？再就建築協會（Building Societies）融通個人建築房屋的狀況來說，由於屋主想在房屋實際不堪使用前，儘速清償債務，是以將較平常儲蓄為多。不過這個因素

---

④　實際數字被認為無關宏旨，故在兩年或兩年以後始行發表。

⑤　從1929年4月至1930年3月這一年中，地方政府的資本支出87,000,000鎊，其中償債基金占了3,700萬英鎊。1932年4月至1933年3月這一年中，其相應數字為8,100萬英鎊及4,600萬英鎊。

或許應當被視為是直接減少消費傾向，而非透過影響淨所得而減少消費傾向。就實際數字來看，建築協會提供不動產抵押貸款，在1925年清償金額為2,400萬鎊，到了1933年擴增為6,800萬鎊，而1933年新借款則為13,000萬英鎊，今日償還墊款的金額可能還會更高。從產出統計顯現的是投資而非淨投資，這一點在柯林·克拉克（Colin Clark）的《國民所得1924-1931》（*National Income, 1924-1931*）中獲得強有力的背書，並且指出折舊通常在投資價值中占極大比率。舉例來說，他估計英國在1928～1931年間的投資與淨投資如下所示，[6] 其毛投資或許包括部分使用者成本，可能較我所說的投資為大；又他所說的淨投資與我對淨投資的定義到底相符合到何種程度，也不十分清楚。

年分	毛投資 （單位：百萬英鎊）	舊資本折舊	淨投資
1928	791	433	358
1929	731	435	296
1930	620	437	183
1931	482	439	43

庫茲耐（Kuznets）編製美國1919～1933年的資本毛額形成（gross capital formation）（即我稱的投資），也大體得到相同結論。從產出統計對應的有形事實，必然是毛投資而非淨

---

[6] 參閱所引書第117頁及第138頁。

投資。庫茲耐也發現從毛投資轉向淨投資的各種困難，他說：
「從毛資本形成變爲淨資本形成，亦即在矯正既存耐久財每年
的耗損，困難之處不僅是缺乏資料，而且持續多年的耐久財每
年消耗數量本身即是含混不清的概念」。[⑦]是以他只能假設：
「廠商財報記錄的折舊與耗損金額，都能正確描述廠商現在使
用完成的耐久財消耗額」。另一方面，他根本沒有針對人們持
有的房屋與耐久財扣除其消耗額。他對美國非常有趣的研究結
果可以歸納如下（單位百萬美元）：

年分	毛資本形成 （考慮商業存貨 淨變動在內）	企業之加工、 修理、維護、 折舊與耗損	淨資本形成 （庫茲耐定義）
1925	30,706	7,685	23,021
1926	33,571	8,288	25,283
1927	31,157	8,223	22,934
1928	33,934	8,481	25,453
1929	34,491	9,010	25,481
1930	27,538	8,502	19,036
1931	18,721	7,623	11,098
1932	7,780	6,543	1,237
1933	14,879	8,204	6,675

⑦　錄自國家經濟研究局（National Bureau of Economic Research）《公報》
　　（第52號），該公報將庫茲涅耐即將出版之書中內容擇要預先揭露。

　　上表清楚浮現出許多事實：在1925～1929五年間，淨資本形成非常穩定，即使在景氣繁榮後期，也不過增加10%。企業維修、維護、折舊與耗損等減數，即使在景氣衰退谷底依然維持在高檔。不過庫茲耐使用的方法，必然會過於低估每年折舊增加數，此係他估計後者每年不到新淨資本形成的1.5%。最重要的是，自1929年後，淨資本形成一落千丈，相較1925～1929這五年平均值，1932年降低95%以上。

　　在某種程度上，上述所提多少有點離題，然而重要的在於強調，在我們達到通常用於消費的淨所得前，須從體系內已經擁有大量資本的所得中扣除的數量將是如何巨大。如果我們忽視這一扣除額，即使人們預擬消費淨所得的比例極大，就可能低估其對消費傾向的重大牽制作用。

　　消費是所有經濟活動的唯一目的與對象，此是顯而易見的重大事實。就業機會須受總需求限制，而總需求只能來自於目前消費，或對未來消費所作的準備。我們可以預先為其提供準備的消費，卻難以無限期將其推向未來。就體系來看，我們不能透過財務權宜之計來提供未來消費，只能以本期實質產出來提供。只要社會與企業組織仍然區分未來財務準備與未來實質準備金，但為前者所做的努力，未必就能帶來後者，財務審慎將有可能減少總需求，從而損害福祉，案例甚多不勝枚舉。此外，我們事先為消費所做的準備愈大，更難進一步提供事先準備，從而就愈倚賴目前消費作為需求的來源。然而不幸地，所得愈大，所得與消費之間的缺口也會愈大。若無某種新穎策略，這個謎根本難以解決，此時必然釀成足以讓體系變得如此窮困的失業，導致消費所得的部分，不會超過對未來消費所做

的實質準備，而這項實質準備在目前已經是值得生產了。

　　或者可從這樣來看，部分消費可用本期產出滿足，部分則可用過去生產的商品滿足，而後者即是負投資。在某種程度上，消費若由後者滿足，本期需求將因此而縮減，此係部分本期支出將難以回籠為淨所得的一部分。反之，本期產出若在滿足日後消費時，則本期需求將因此而擴張。由於所有資本投資遲早要變成資本負投資，如何讓新資本投資永遠超過資本負投資，以彌補淨所得與消費之間的缺口，這個問題將隨資本增加而愈發難以解決。只有當人們預期未來消費支出增加，新資本投資才會超過本期資本負投資。我們每次以增加投資來取得今日的均衡，同時也在惡化明日均衡的困難。今日出現的消費傾向遞減，唯有當人們預期某日的消費傾向遞增，才可能促使其符合公共利益。我們不禁想到《蜜蜂的寓言》（*The Fable of Bees*）——明日的歡樂是今日甘於受苦的絕對不可或缺因素。

　　有件很奇怪事情值得一提，只有在討論有關道路建設與房屋建築等情況而涉及公共投資時，人們心目中才會意識到這一終極的困惑。人們普遍反對由政府主導，透過投資來增加就業的計畫，此係它正在為未來製造麻煩。他們常常會問：「如果你們預期到未來靜止人口的需要，並將住宅、道路、市政廳、水電廠等都建造好時，這時你們還做什麼呢？」不過一般人卻不大容易了解，民間投資與產業擴張也有同樣困難。尤其是特別適用於後者，對於吸收資金有限的新廠房設備需求，早期滿足的相較於住宅需求容易。

在這些例子中，將與許多攸關資本的學術討論大致相同，亦即妨礙理解的是，人們未能充分認知除消費外，資本並非是自我存在的實體。反之，消費傾向認為是恆常性習慣，每一次的弱化不僅削弱消費需求，同時也會削減資本需求。

第九章

消費傾向：㈡主觀因素

I

　　除前章所述外，在以工資單位衡量的總所得，以及相關客觀因素不變下，尚有第二類因素影響消費數量，亦即那些主觀與社會誘因決定支出多寡。然而分析這些因素並無新奇之處，是以我們給出更為重要的清單，而無須再詳加說明。一般而言，有八種主觀的重要動機或目的，導致人們不將所得用於支出。

　　⑴ 留作準備金以因應未預期突發事件。

　　⑵ 個人或家庭預期未來所得與需求間的關係，因而預作準備，舉例來說，有關老年照護、子女教育或親屬撫養的準備。

　　⑶ 享受利息及資本增值，人們寧願在往後日子享受較多實質消費，而不願在目前享受較少消費。

　　⑷ 享受逐漸遞增的支出，此將滿足一種共同的本能，期待逐漸提升而非轉劣的生活水準，即使享受能力可能逐漸減低。

　　⑸ 儘管沒有明確想法或確切行動意圖，但要享有獨立感與有權去做一些事情。

　　⑹ 獲得從事投機或商業計畫的營運資金。

　　⑺ 為遺贈一筆財產。

　　⑻ 滿足純粹吝嗇慾，亦即對這種不合理支出行為堅持不懈的抑制。

　　這八種動機可稱為謹慎、遠慮、計算、改善、獨立、企業、自豪與貪婪，我們也可列舉對應消費動機的名單為享受、

短見、慷慨、失算、炫耀與奢侈。除人們累積的儲蓄外，還有大量所得由中央與地方政府、各種機構及公司儲蓄起來。在英美現代工業社會中，其儲蓄額約達總儲蓄的 $\frac{1}{3}\sim\frac{2}{3}$，而動機則與人們儲蓄動機大部分相似但未必雷同，主要有四種：

⑴**事業動機**：取得資源以融通資本投資，而無須在市場舉債募集更多資金。

⑵**流動性動機**：取得流動性資源以因應緊急狀況、困難與蕭條。

⑶**改善動機**：確保所得逐步增加，還能讓管理當局免受批評，此係甚少有人將累積增加的所得，與因效率增加的所得做一區分。

⑷**財務審慎動機**：提存超過使用者成本與補充成本的財務準備，以便在實際耗損與陳舊發生前，清償債務沖銷資產的成本。這個動機強弱主要取決於資本設備數量與品質，以及技術變動速度而定。

上述是一些支持保留部分所得而未消費的動機，另外有些動機則會導致消費超過所得。上述列舉人們儲蓄的動機中，有些是為因應日後將要發生的負儲蓄。舉例來說，為因應家庭需求與老年所做的儲蓄，而舉債融通失業救濟金則被視為負儲蓄。

這些動機強弱將依我們設想的經濟社會制度與組織，隨著種族、教育、成規、宗教及流行道德觀念，目前希望與過去經驗、資本設備規模與技術、以及目前財富分配、已經確立的生活標準等不同，而發生重大差異。然而在本書的論證中，除

偶爾離題外，不會涉及深遠社會變革產生的後果，或緩慢影響長期進步。這就是說，在主觀儲蓄與消費動機的主要背景已知下，只要財富分配或多或少取決於恆常性的社會結構而定，則因其僅受緩慢變化與經歷長期因素的影響，財富分配將可視為已知的因素。

II

由於主觀與社會誘因的主要背景變化緩慢，而利率與其他客觀因素變動的短期影響通常是次要，是以我們留下的結論是：短期消費變動主要取決於以工資單位衡量的所得變動，而非源自於既定所得下的消費傾向變化。

但是我們必須慎防誤解，上述意味著利率溫和變動對消費傾向影響通常很小，但並非對實際儲蓄與實際消費僅有些微影響。相反的，利率變動對實際儲蓄影響至關重要，但影響方向卻與一般人設想的相反。此係較高利率讓人們獲取較大未來所得，的確有降低消費傾向效果，但我們可以確定的是：利率上漲將會減少實際儲蓄。由於總儲蓄受總投資支配，利率提高將減少投資，除非相對應的投資需求變動抵銷利率上漲的影響。是以利率上漲必然降低所得到一個水準，在此水準下儲蓄將與投資等額減少。由於所得減少大於投資減少，是以利率上漲的確會降低消費，但不意味著儲蓄將有擴大餘地；恰恰相反，儲蓄與消費兩者都將減少。

因此，即使利率上漲促使體系內將既定所得儲蓄更多，然而我們仍可確定，如果投資需求未有利多變化，利率上漲將減

少實際總儲蓄。在其他情形不變下，同樣論點甚至可以指出，利率上漲多少才會減少所得。在既有消費傾向下，所得下降或重分配引起儲蓄減少，將與在現行資本邊際效率下，利率上漲引起投資減少，兩者必須相等。下一章將詳細討論這方面的問題。

如果體系內所得不變，利率上漲可能誘使儲蓄攀升。然而高利率妨礙投資，則所得將會改變且必然下降，直到儲蓄能力下降，充分抵銷高利率對儲蓄的刺激為止。是以人們愈有美德，愈發決心儲蓄；國家與個人財務愈堅持正統，則當利率相對資本邊際效率上漲，體系內所得勢必下降。冥頑不靈只會帶來懲罰而無獎賞，這個結果勢將無從避免。

總之，實際儲蓄與消費未必取決於謹慎、遠見、計算、改善、獨立、企業、自豪及貪婪等動機，而且美德與罪惡不起作用。在考慮資本邊際效率後，這一切都取決於利率對投資有利到何種程度，[①]但又不免過甚其詞。如果我們能夠管制利率，讓其得以持續維持充分就業，則美德勢將恢復其影響力，資本累積將取決於消費傾向的虛弱程度而定。是以我們要再三指出，古典經濟學者如此頌揚節儉是美德，此係在他們心目中，利率永遠能夠如此管制。

---

① 本節有若干段已經預先利用本書第四篇所述若干觀念。

第十章

邊際消費傾向與乘數

　　我們在第八章已經確立一點：除非消費傾向變動，否則就業只能隨投資增加而遞增，接著再將這一思維推進一步。在特定情況下，可以在所得與投資之間建立一個稱為乘數（multiplier）的比率關係，而且經過某些簡化後，又可在總就業量與投資所直接雇用的就業量或稱為初次就業（primary employment）間建立一個比例關係。這個深一層步驟是我們就業理論的主要部分，此係在消費傾向不變下，可在總就業量、所得與投資間建立一個精確關係。卡恩率先在《國內投資與失業之關係》（*The Relation of Home Investment to Unemployment*）（載於《經濟學雜誌》1931年6月號）中，將乘數概念引進經濟理論，其論文焦點取決於下列基本觀念：在設想的環境下，消費傾向連同某些其他條件不變，如果央行或政府機構採取刺激或阻礙投資措施，則就業量變動將是投資淨變動的函數。該文目的在建立一般性原則，用於估計投資淨增加與由此引起總就業增加之間的實際數量關係。但在討論乘數前，最好先引入邊際消費傾向的概念。

I

　　本書考慮的實質所得變動，係指針對既定資本設備，運用不同就業量或勞動單位所產生的實質所得變動，是以實質所得將隨勞動單位雇用數量增減。一般而言，在特定資本設備上增雇勞動單位數量，將會發生報酬遞減現象，則以工資單位衡量的所得增加，將超過就業增加的比例，而後者又大於以產出衡量（假設這是可能的話）的實質所得增加比例。然而在短期

內，資本設備變動微不足道，以產品衡量的實質所得與以工資單位衡量的所得將同步增加或減少。由於以產出衡量實質所得可能無法精確衡量，因此通常以工資單位衡量實質所得 Y_w，作爲評估實質所得變動的實用指標。在某些情況下，我們不可忽視 Y_w 增減比例通常大於實質所得變動；但在其他狀況下，兩者總是同步增減的事實，讓其幾乎可以互換。

我們先前提及的心理法則是，體系內實質所得增減，消費也將隨之增減，但未如前者之大，由此可以轉化爲下列命題（這種轉化未必絕對正確，需經若干修正，但修正點非常明顯），可用完整形式說明：ΔC_w 與 ΔY_w 的符號相同，但 $\Delta Y_w < \Delta C_w$，ΔC_w 是以工資單位衡量的消費。這只是將第三章第二節建立的命題重複一遍而已，$\dfrac{dC_w}{dY_w}$ 稱爲邊際消費傾向而相當重要，此係它指出下次產出增加，將如何分配於消費與投資。由於 $\Delta Y_w = \Delta C_w + \Delta I_w$，$\Delta C_w$ 是消費增量，ΔI_w 是投資增量，因而可寫爲 $\Delta Y_w = k \Delta I_w$，$1 - \dfrac{1}{k}$ 即爲邊際消費傾向。我們稱 k 爲投資乘數（investment multiplier），此係投資增加，所得增量將是投資增量的 k 倍。

II

卡恩的乘數與此稍微不同，我們將 k' 稱爲就業乘數（employment multiplier），此係衡量隨著投資產業某一既定初次就業增加，而引起總就業增加的比例。這就是說，若投資增加 ΔI_w，導致投資產業的初次就業增加 ΔN_2，則總就業將增

加 $\Delta N = k' \Delta N_2$。

一般而言，我們沒有理由假設 $k = k'$，此係沒必要假設不同產業的總供給函數的相關部分形狀，就是某類產業就業增加引發就業增加的需求增量比例，將與其他類產業的比率相同。[1]我們很容易設想一些情境，舉例來說，如果邊際消費傾向與平均消費傾向差異很大，我們將有理由認為 $\dfrac{\Delta Y_W}{\Delta N}$ 與 $\dfrac{\Delta I_W}{\Delta N_2}$ 之間存在某種不等關係，此係消費財與資本財需求有著極為分歧的比例變化。如果我們考慮兩類產業的總供給函數，各自相關部分的形狀可能不同，則將下列論證重寫成更一般化形式也不困難。但要闡明其中涉及的想法，還是以 $k=k'$ 的簡化情況為討論的出發點比較方便。

由上可知，如果體系內消費心理係選擇消費所得增量的 0.9，[2]則乘數 $k = 10$。在其他方面的投資持平下，政府增加公

---

[1] 更精確一些，令 e_e 為全體產業的就業彈性，e'_e 為資本財產業的就業彈性，N 為全體產業的就業，N_2 為資本財產業的就業，則有：

$$\Delta Y_W = \frac{Y_W}{e_e N} \Delta N$$

又　$\Delta I_W = \dfrac{I_W}{e'_e N_2} \Delta N_2$

故　$\Delta N = \dfrac{e_e}{e'_e} \dfrac{I_W}{N_2} \dfrac{N}{Y_W} k \cdot \Delta N_2$

即　$k' = \dfrac{I_W}{e'_e N_2} \cdot \dfrac{e_e N}{Y_W} \cdot k$

假設全體產業的總供給函數，與資本財的總供給函數並無重大不同，

故　$\dfrac{I_W}{e'_e \cdot N_2} = \dfrac{Y_W}{e_e \cdot N}$，則 $\dfrac{\Delta Y_W}{\Delta N} = \dfrac{\Delta I_W}{\Delta N_2}$，故 $k = k'$

[2] 以下所用數量皆以工資單位衡量。

共投資引起就業增加，將十倍於公共投資本身提供的初次就業。人們只有在就業增加引起實質所得增加，仍然維持消費不變，才能讓就業增加僅限於公共投資提供的初次就業。另一方面，如果人們將所得增加全部消費，物價將無限上漲而無穩定點。是以在正常心理假設下，就業遞增將會引起消費增加，只有當消費傾向同時變化，就業增加可能會導致消費減少。舉例來說，在戰時主張制人們消費，結果將造成消費下降；而且在這種情況下，投資方面引起的就業增加，才會對生產消費財產業的就業，產生不利影響。

迄今爲止，讀者應該明瞭這一切僅是總結在一個公式而已。除非人們願意增加以工資單位衡量的儲蓄，否則以工資單位衡量的投資就不致於增加。一般來說，除非以工資單位衡量的所得增加，否則人們不會增加儲蓄。是以人們將增加所得的部分用於消費，將會刺激生產，直到新所得水準與新分配足以提供對應新增投資的儲蓄爲止。乘數告訴我們，人們就業須增加若干，方可增加實質所得，讓其足以誘使人們進行必要的額外儲蓄，是以乘數爲人們心理傾向的函數。③如果儲蓄是藥丸，消費是果醬，則額外果醬必須與新增藥丸的大小相稱。除非人們的心理傾向迥異於我們的設想，否則在此業已確立一個法則：用於投資產業的就業增加，必然會刺激消費財生產，從而導致總就業增加，其增加量是投資本身所需初級就業的倍數。

③ 如更進一步推論，乘數也是資本財產業與消費財產業生產情況的函數。

上述顯示，邊際消費傾向若與1相去不遠，則投資小額變化將導致就業劇烈變動；但在相同期間，相對較小的投資增加，將會達成充分就業。另一方面，邊際消費傾向若趨近於零，則小幅投資波動僅會導致相應的就業微幅波動，同時可能需要大量增加投資，才能達成充分就業。在前者情境下，非意願性失業若是任其發展，雖然很麻煩，但卻是一個容易挽救的病症。至於在後者情況下，就業可能較少變異，卻容易停留在低水準，除非採取激烈措施，否則將是回天乏術。事實上，邊際消費傾向似乎落在兩個極端之間，但更接近1而不是零，結果在某種意義上，將是兼具兩者的弊病：就業波動相當劇烈，為達成充分就業所需增加的投資也相當龐大，從而不易處理。不幸的是，這種波動足以讓弊病的性質不易為人理解，面對病症的嚴重性，政府必須先了解其性質，才能進行紓解。

一旦體系達到充分就業後，不論消費傾向為何，任何意圖進一步擴張投資，都會促使物價無限上漲，亦即已經踏入真正通貨膨脹的狀態。[4]但在達到這點前，總實質所得將隨物價上漲而遞增。

III

迄今為止，我們一直在處理投資淨增加部分，若想毫無保留地將上述討論應用於探討公共投資增加的影響，則須假設此種效果未因其他方向投資減少而被抵銷，而且體系內消費傾向

---

④ 參閱本書第二十一章第五節。

也須維持不變。上引卡恩論文關心的問題，主要就在於應該考慮那些重要抵銷因素，以及建議如何量化估計。此係實際上，除某些特定投資增加外，還有其他因素也參與最終結果的決定。舉例來說，政府在公共投資上增雇10萬人，而乘數為4，此時若認為總就業將增加40萬人，將是不太靠譜，此係這個新政策對其他方面投資可能釀成不利影響。

依據卡恩的說法，在現代社會中，下列因素似乎是最重要且不容忽視（在未讀完本書第四篇前，第一與第二因素也許不容易完全了解）。

⑴融通公共工程政策的方法，以及就業增加與相關物價上漲導致所需周轉金（working cash）增加，除非央行採取相反步驟，否則可能提高利率，進而妨礙對其他方面投資。此外，資本財成本上升，將降低民間部門的資本邊際效率，這將需要降低實際利率來抵銷它。

⑵迷茫心理往往占上風，政府計畫影響人們「信心」，或許增加人們的流動性偏好（liquidity preference）或降低資本邊際效率。除非採取抵銷措施，否則將可能妨礙其他投資。

⑶在開放體系中，投資增加的部分乘數將由外國享受就業利益，此係部分增加的消費，將會削減對本國有利的貿易餘額。是以若僅考慮對本國就業的影響，而有別於世界就業，乘數的全額數字必須降低。另一方面，外國擴張經濟活動，將對本國產生有利影響，從而可能讓本國經濟活動的漏損（leakage）獲得部分補償。

此外，如果我們考慮較大金額變動，則因隨著邊際位置逐漸移動，還須顧及邊際消費傾向累進變化，乘數也因而跟著

變動。針對就業水準而言，邊際消費傾向並非一成不變，而是可能隨著就業增加而出現遞減趨勢。換句話說，當實質所得增加，體系內願意將所得增加部分用於消費的比例遞減。

除上述一般性法則的運作外，還有其他因素也可能改變邊際消費傾向，進而改變乘數。大體上，這些其他因素似乎是強化上述一股性法則的趨勢，而非抵銷它。首先，由於短期內存在報酬遞減效果，就業增加往往促使所得中的企業所得比例增加，而後者的邊際消費傾向很可能低於經濟體系的平均值。其次，失業可能與民間或政府部門的負儲蓄有關，失業者可能倚賴本人或親友的儲蓄過活，或倚賴政府舉債的公共救濟渡日，一旦失業者再就業，將逐漸減少這些負儲蓄行為。是以邊際消費傾向降低的速度，遠超過在不同環境下，體系內實質所得等額增加，從而造成邊際消費傾向遞減的結果。

無論如何，小額投資淨增加產生的乘數值，很可能較大量淨投資增加的數值為大，是以我們觀察的數值變動甚大時，必須以該項變動範圍內的邊際消費傾向平均值為標準。在某些特殊案例下，卡恩檢視這些因素的可能量化結果，但是很清楚，這種研究很難有一般化結論。舉例來說，在封閉體系中，失業者消費是移轉由他人消費來支付，是以在扣除抵銷因素後，乘數值應該不會小於5，則該體系內消費大概不會少於實質所得增加部分的80%。然而某國對外貿易占消費的20%，失業者領取政府舉債的救濟金，約占其在職時正常消費的50%，則乘數可能降低至某新投資可提供就業量的2或3倍。是以在國際貿易占很大比重的國家，其失業救濟金若是來自大規模舉債（如1931年的英國），則其投資波動引起就業量波動，將會遠小

於這些因素並不那麼重要的國家（如1932年美國）。⑤不過爲了解釋只占國民所得較小比例的投資波動，卻能促使總就業與所得產生波動，且其幅度遠大於本身變動，我們將需藉助乘數的一般原理。

IV

迄今爲止，上述討論立基於消費財產業已事先充分預期總投資變動，從而引起資本財與消費財兩個產業同步變動。除了產出遞增引起報酬遞減，進而對消費財價格釀成干擾外，並無其他變動。但是一般而言，我們也須考慮，這一來自資本財產業的產出增加未被充分預期。類似此種主動力量，顯然只有在經歷一段期間後，始能對就業發揮全面性影響。不過我發現討論這樣一件明顯事實，在任何期間持續適用而無時間落後的乘數邏輯理論，以及資本財產業擴張，必須經過一段期間始能逐漸發揮較果且有時間落後，兩者間會產生一些混淆。

這兩者間的關係可以透過下面說明而獲得澄清：首先，未預期或預期不全的資本財產業擴張，不會對投資總額產生等額的立即效果，而僅是引起後者逐漸增加；其次，它可能導致邊際消費傾向暫時偏離正常值，然後再逐漸回歸正常值。

是以在一段期間內，資本財產業擴張引發一系列投資遞增，進而引起接續發生的邊際消費傾向變化。這些數值將異於事先預期投資擴充，或體系已經穩定在新的總投資水準時，這

---

⑤ 參閱本章第五節中美國方面之估計。

兩種狀況下應有的數值。乘數理論在任何期間都適用，亦即在這個意義上，總需求增加將等於總投資增加與由邊際消費傾向決定的乘數之乘積。

針對這兩組事實的解釋，透過極端狀況可以看得非常清楚。當資本財產業未完全預期就業擴張，消費財產出初始毫無增加。在此種情形下，資本財產業的新就業者消費部分新增所得，將會促使消費財價格上漲，直到供需之間暫時取得均衡為止：此種均衡的產生部分是經由高物價導致消費暫時延遲；部分則因高物價增加利潤，造成所得重分配而有利於儲蓄階層；再有部分是高物價導致存貨出清。如果恢復均衡係因延緩消費，邊際消費傾向及乘數必然暫時降低；如果發生存貨遞減，則目前總投資增加，必然小於資本財產業的投資增加。然而隨著時間推移，消費財產業逐漸適應新需求而調整本身的產出，是以當延緩的消費獲得滿足，邊際消費傾向會暫時攀升超越正常水準，以彌補先前滑落低於正常水準的減少程度，而最終回歸正常水準。另一方面，由於存貨恢復到先前水準，導致投資增加暫時大於資本財產業投資增加。對應較大產出的營運資本增加，也會暫時有相同效果。

未預期變動只有經歷一段期間後，始能對就業發揮全部影響，這個事實在某些論述中是很重要，尤其是在分析景氣循環將會發揮作用（如同我在《貨幣理論》中依循的思維那樣）。但它無法以任何方式影響本章所述的乘數理論，也不會讓其無法作為一項指標，用於說明資本財產業擴張，對預期就業所將產生的總利益。此外，除非消費財產業產能幾乎已經滿載，此時產出擴充不僅需要密集利用現有廠房，而且需要擴建廠房，

是以沒有理由認為必須經過相當長時間，才能讓消費財與資本財兩產業的就業齊頭並進，並讓乘數趨近於正常值。

V

上面分析指出，邊際消費傾向愈大，乘數愈大，而且對應既定投資變動，干擾就業亦愈大。這似乎將導致矛盾的結論：貧窮社會的儲蓄僅占所得一個極小比例，相較於富裕社會的儲蓄是占所得較大比例，導致乘數因而較小，將更容易蒙受強烈波動衝擊。然而這個結論忽略區分邊際消費傾向與平均消費傾向的影響，此係高邊際消費傾向涉及來自既定投資變動的較大比例效果，但若平均消費傾向也高，則其絕對效果就會小。這可由下列數字為例來說明。

假設體系內消費傾向如下：當體系內實質所得少於現有資本設備雇用500萬人所生產的產出時，將會消費其全部所得；當就業量增加10萬人，體系將消費新增產出99%；其次每再增加10萬人就業，體系將消費新增產出的98%、97%依序遞減。當體系雇用1,000萬人時，即達到充分就業。由此得出結論是，當 $5,000,000 + n \times 100,000$ 人就業，在邊際上的乘數值為 $\dfrac{100}{n}$，而國民所得用於投資的比例則為 $\dfrac{n(n+1)}{2 \cdot (50+n)}$。

當就業為520萬人時，乘數非常大即是50，但投資占本期所得比例微不足道即是0.06%；結果即使投資比例降低甚大，如減低 $\dfrac{2}{3}$，但就業約減低2%而成為510萬人。另一方面，當就

業爲900萬人，邊際乘數相對較小而爲$2\frac{1}{2}$，但是本期投資占所得比例很大爲9%。一旦投資降低$\frac{2}{3}$，就業將減少至698萬人而降低23%。就極端情況而言，投資降爲零，就業在前一案例降低至4%，在後者則爲44%。⑥

在上述例子中，比較兩個體系，其中較貧窮者係因就業不足所致。如果貧窮係因技能、技術或設備拙劣，同樣的推理只要稍爲修正亦可適用。因此，貧窮體系的乘數雖然較大，但富裕體系的本期投資占本期產出比例遠超過貧窮體系，則投資波動影響就業也會較大。⑦

從上述也可明顯看出，在體系處於嚴重失業時，公共工程雇用一定數量的勞工，相較於趨近於充分就業時，其影響總就業要大得多。在前例中，若就業已降至520萬人，如果公共工程增雇10萬人，總就業將上升到640萬人。但若就業已達900萬人，公共工程增雇10萬人，總就業只能增至920萬人。是以

---

⑥ 以上的投資係以資本財產業的就業衡量，就業增加將引起勞工報酬遞減，若以勞工計算，投資增加一倍，以商品（假設可以的話）計算，將不到一倍。

⑦ 更一般化來說，總需求比例變動與投資比例變動所成的比例爲

$$\frac{\Delta Y}{Y}\bigg/\frac{\Delta I}{I}=\frac{\Delta Y}{Y}\quad\frac{Y-C}{\Delta Y-\Delta C}=\frac{1-\dfrac{C}{Y}}{1-\dfrac{dC}{dY}}$$

所得增加時，$\dfrac{dC}{dY}$ 減低，但 $\dfrac{C}{Y}$ 也減低，故此彈性可增可減，須視消費增減比例小於或大於所得增減比例。

即使公共工程效果有待質疑，但在嚴重失業期間，將因救濟支出下降而獲得補償，所得中被儲蓄的部分必然較小。一旦體系逐漸逼近充分就業，公共工程是否值得推動將成爲令人質疑的命題。更進一步說，「隨著充分就業逼近，邊際消費傾向將會持續滑落」，如果這種說法正確，則持續再增加投資以確保就業增加，將會愈來愈困難。

　　如果我們擁有連續日期的所得及投資資料，將能編製每一景氣循環階段的邊際消費傾向圖表。然而在目前，我們的統計不夠精確，或是編製時未顧及這項特定目的，從而無法推斷出較近似值更爲精確的數值。就我所知，庫茲耐估計的美國數字是這方面的最好數字（第八章第四節已經提及），但是這些數字也非常不穩定。將這些數字與國民所得估計值相結合，投資乘數均較我預期爲低但卻穩定。如果將各年單獨來看，結果看來相當混亂；但若將各年配對，則乘數似乎小於3，而徘徊於2.5左右，這表明邊際消費傾向不會超過60%～70%。這個數字在繁榮時期非常合理，但在衰退時期，我判斷這是不可思議的低，可能的解釋是在不景氣時期，美國企業採取極端財務保守主義。換句話說，當企業未能進行維修與替換，而讓投資嚴重下降時，但仍爲這類損耗照常提存財務準備，結果必然會阻止邊際消費傾向上升。我猜測這個因素在加劇近期美國景氣衰退程度上，可能發揮顯著影響力。在另一方面，統計資料可能過於浮誇投資衰退程度，1932年投資較1929年縮減75%以上，而「淨資本形成」則減少95%以上。這些估計值只要稍微變動，就能對乘數產生實質性差異。

VI

體系存在非意願性失業，勞工的邊際負效用一定小於邊際產出效用，實際上可能小很多。對長期失業者而言，某一程度的工作或許還有正效用而不涉及負效用。如果這點成立，上述推理表明，浪費性的舉債支出如何能讓體系富裕。[8]如果政治家接受古典經濟學訓練，而阻礙任何更好的方法，則建造金字塔、地震，甚至戰爭都可能有助於增加財富。

有件很奇怪的事情：人們依據常識，尋求從荒謬結論逃離而蜿蜒前進，經常偏好選取全屬「浪費型態」的舉債支出，而非部分浪費型態的舉債支出。由於後者並非全屬浪費，因而往往會依嚴格的商業原則來評估。舉例來說，舉債融通失業救濟金，相較以低於目前利率的成本融通改善事業所需的資金，更容易為人們接受。在被視為金礦的地上挖洞型態，不僅對體系內實質財富毫無助益，反而影響勞工的負效用，但卻是所有解決方案中最容易為人們接受的。

如果財政部以舊瓶裝滿鈔票，將其埋入廢棄煤礦中的適當深度，再以城市的垃圾填平，然後在行之有效的自由放任原則下，民營企業透過租用埋藏鈔票的土地，尋求挖掘權利，再將

---

[8] 我們用「舉債支出」一詞，包括政府舉債興辦投資事業，以及其他舉債維持經常支出。嚴格說來，後者應當視為負儲蓄，但政府進行負儲蓄的動機，與民間儲蓄的心理動機並不相同。是以「舉債支出」是一個很方便的名詞，包括一切政府舉債淨額，不論舉債目的是為興辦資本事業，或為彌補預算不足。前者增加投資，後者增加消費傾向。

鈔票挖出，此舉將不再有更多失業，且在其反響下，體系內實質所得與資本財富，都有可能變得比實際要大。大興土木與類似方法誠然可能更爲明智，但如果這樣運作存在政治上與實際上困難，則上述對策也會比束手無策爲佳。

這個權宜之計與現實世界的挖金礦辦法，兩者間的類比是全面的。經驗表明在黃金埋藏深度適於開採時，體系實質財富就會急劇增加。一旦我們只能挖掘出極少黃金，財富累積就將停滯不前或下降，是以金礦對文明具有極大價值與重要性。恰如政治家視戰爭爲大規模舉債支出的唯一正當形式，而開採金礦則被銀行家視爲是健全財政而進行地上挖洞的唯一藉口；如果沒有其他更好辦法，這些活動的每一項對進步都曾發揮作用。更詳細一點來說，在景氣衰退之際，以勞工和實物衡量的金價趨於上升，將有助於最終的復甦，此係增加值得開採的金礦深度，降低值得開採的最低礦石等級。

除黃金供給量增加可能影響利率外，如果我們排除能夠增加就業兼具增加有用財富的方法，則基於兩個理由，開採金礦是非常實際的投資形式。首先，由於其具有賭博式的吸引力，開採金礦並未太過於在乎現行利率。其次，不同於其他情況那樣，黃金存量增加並無降低其邊際效用的影響。由於房屋價值取決於其效用，每棟房屋建成，都會降低房屋未來所能獲得的預期租金，除非利率也同時減低，否則將進一步減少類似投資的吸引力。但是挖掘黃金卻無此弊病，只有當以黃金衡量的工資單位上漲，才會阻礙它的挖掘，然而除非就業狀況已經大幅改善，否則這種情況不太可能發生。另外，黃金不像那些耐久性較差的財富，不會因爲提供使用者成本與補充成本，從而產

生後續的不利反應。

　　上古埃及可稱是雙重幸運，其傳說中的財富毫無疑問歸功於兩種活動——建築金字塔與尋求貴金屬。由於兩者不能透過消費來滿足人們需求，是以兩類活動成果也不會因數量豐富而敗壞。中古世紀則忙於興建教堂與爲死者作彌撒，促使兩座金字塔、建造兩座教堂的效果，將是一座金字塔或一座教堂的兩倍。但是從倫敦到約克間建造兩條鐵路，其效果就不是一條鐵路的兩倍，人們是如此理性，培育自己成爲謹愼的理財家，以致於在爲後代建造房屋居住前，將審愼思考附加於他們的財務負擔，結果無法如同建造金字塔與教堂那樣容易脫離失業的苦海。我們必須將此種苦難，視爲將個人準則應用到國家行爲上時，必然會產生的結果。這類讓人們致富的行爲準則，係在讓人們持續累積對享受的要求權，卻又不想在任何確定期間內付諸執行。

第四篇

投資誘因

第十一章

資本邊際效率

I

人們購買股票或資本資產，實際是購買取得一系列未來收益的權利。此即在資本資產生命年限中，他預期從銷售產出的收益，扣除生產此產出的營運費用，可得一系列年金Q_1、Q_2、……Q_n，稱為投資的預期收益（prospective yields）。對應投資的預期收益，將是資本資產供給價格（supply price），這並非在市場實際購買這種資產的市場價格，而是誘導製造業重新生產此類資產一單位的價格，有時稱為資產的重置成本（replacement cost）。資本資產預期收益與供給價格之間的關係，亦即增加一單位該類型資產的預期收益與生產該單位所需成本之間的關係，就是資本邊際效率（marginal efficiency of capital）。更精確的說，我定義資本邊際效率即等於貼現率，亦即以此貼現率將資本資產生命年限中產生一系列年金的現值恰等於其供給價格。由此將可求得各種型態資本資產的邊際效率，其中最大者可視為一般化資本邊際效率。

讀者應注意，此處的資本邊際效率定義，係以資本資產的預期收益及其當前供給價格來表示。人們將資金投資在新生產的資產，將取決於預期由此可取得的報酬而定，而非在資產生命年限告終後，再回顧其紀錄，檢討初始投資成本所獲報酬率的歷史結果。

在任何期間中，增加某類資本投資，其邊際效率將隨投資增加而遞減，部分原因是預期收益將隨其供給增加而遞減；部分則因在大體上，生產該類資本的設備受到增產壓力加大，將推動其供給價格上漲。在短期內，第二項因素對達成均衡

通常更為重要。但是時間愈長，第一類因素的重要性將會愈大。是以我們可為每類資本建立一個表列，說明為讓其邊際效率達到某特定數值，在此期間內必須增加多少投資。隨後我們累加所有不同型態資本的這些表列，用以說明總投資與對應的資本邊際效率之間的關係。一般而言，我們稱此為投資需求表列（investment demand-schedule）或資本邊際效率表列（schedule of the marginal efficiency of capital）。

　　很明顯，當實際投資被推到一點，此時不再有任何資本資產的邊際效率超過目前的利率。換言之，投資將被推向投資需求表列上的一點，此時的資本邊際效率正好等於市場利率。[1] 相同事情也可表述如下：Q_r是資產在r時點的預期收益，d_r是依當前利率計算r年後的現值，$\Sigma Q_r d_r$就是該項投資的需求價格。投資將會達到一點，促使$\Sigma Q_r d_r$等於該投資的供給價格（定義見上）。另一方面，如果$\Sigma Q_r d_r$小於供給價格，本期將無該項資產的投資。

　　由此可知，投資誘因部分取決於投資需求，部分取決於利率。只有在第四卷結束時，我們才能全面了解決定投資因素的實際複雜性。然而我請讀者立刻注意一點，既非資產預期收益的知識，也不是資產邊際效率的知識，可以讓我們由此估算利率或該資產的現值。我們必須從其他來源求出利率，只有這樣

---

[1] 為行文簡單起見，我將忽略以下一點：資本資產生命年限不同，故為實現各類資本未來收益所需時間不同，故利率及貼現率不同。換言之，不是只有一個利率及貼現率，而是有一個利率體系及貼現率體系。但我們不難將上述論證略加修改，包括此點。

才能將該資產預期收益資本化，進而評估資產價值。

II

上述「資本邊際效率」定義與通常用法有何關係？資本的邊際生產力、邊際報酬、邊際效率或邊際效用都是我們經常使用的熟悉名詞，但是遍尋經濟學文獻，要能找出經濟學者使用這些名詞究竟是什麼意義，卻是不容易。

至少有三點含混不清之處須待釐清。首先，我們關注的究竟是每單位時間增雇實體資本引起實質產出增加，或增雇一個價值單位資本引起價值增加。前者涉及定義資本實體單位的困難性，但我認為既無法解決也非必要。當然我們可以這麼說，10個勞工耕作土地面積不變，若能增加若干機器，生產小麥必然增加。然而若未引進價值，則無法將這個簡化成一個可理解的算術比率。雖然作者們無法清楚表示，但是攸關這個問題討論似乎都關注在資本的實體生產力。

其次，有待澄清的是資本邊際效率究竟是絕對值或比例？就使用它的背景來看，以及我們將其視為與利率相同維度的做法，似乎要求其應當是一個比例。然而該比例的分子與分母究竟應該為何，通常說明不夠清晰。

最後，在目前情況下，增加資本使用獲取的價值增加，以及預期新增資本資產生命年限中所能增加的一系列價值，兩者差異即是Q_1、Q_2、……Q_n之間的分別，忽略這一點是引起混淆、混亂與誤解的主要原因，這就涉及預期在經濟理論中所占地位的問題。大多數討論資本邊際效率似乎都不在意Q_1之

外的其他系列成員。然而除非是靜態理論，所有的 Q 彼此相等外，這種方法是不合情理。在某種意義上，一般分配理論假設資本目前正在獲取其邊際生產力，這種說法只在靜止狀態才能成立。本期資本報酬與其邊際效率並無直接關係；而在生產邊際上，本期資本報酬（即商品供給價格內含的資本報酬）正是其邊際使用者成本，也與其邊際效率無密切關聯。

正如我先前所說，人們鮮少清楚交待這個問題。不過在此同時，我相信上述給的定義與馬夏爾所指的意思相當接近。馬夏爾用的名詞是某一生產因素的「邊際淨效率」（marginal net efficiency），有時也稱爲「資本的邊際效用」。以下是我在其《經濟學原理》（第六版，第519～520頁）中發現的最相關段落的摘要。爲傳達他說的要點，我將原書若干不連續的句子併在一起。

「某個工廠如果能再增加運用價值100英鎊的機器，而未涉及其他額外支出，則在扣除機器折損外，每年將增加淨產出價值3英鎊。假設投資人將資本投入可獲得高報酬的產業，在完成這個程序且達成均衡後，正好只是值得雇用它，則由此事實可推論出年利率爲3%。不過這類例證僅能表明支配價值的各種原因的一部分行動，無法成爲一種利率理論或工資理論，除非運用循環推理方式……假設無風險證券年利率3%，製帽業吸收100萬英鎊資本，此即表示他可善用這100萬英鎊資本，並且寧可對其支付年息3%，而不必放棄此

資本不用。若年利率爲20%，也許仍有若干機器爲製帽業拒絕放棄使用。如果年利率爲10%，將有更多機器被使用；年利率爲6%，還要多；4%時再要多；最後，年利率爲3%，他們將使用更多機器。當廠商持有這一機器數量時，其邊際效用剛好讓其值得被使用的價值3%。」

上述所引明顯看出馬夏爾很清楚這一點，但若依循這些思維來決定實際利率，則將陷入循環論證。[2]在這一段裡，他似乎接受我們先前所提的觀點：在資本邊際效率表列已知下，利率將決定新投資被推動到那一點。如果年利率爲3%，將意味著除非人們希望在扣除成本及折舊後，每年淨產出價值增加3英鎊，否則無人願意支付100英鎊購買一部機器。但在本書第十四章中，我們將看到：馬夏爾可沒有如此審愼，每當其論證即將帶領他進入半信半疑的境界時，即裹足不前。

費雪（Irving Fisher）在《利息理論》（*The Theory of Interest*）（1930）中雖未將其稱爲資本邊際效率，但他所稱的「報酬對成本比率」（rate of return over cost）則與我的定義相同。費雪寫下：[3]「報酬對成本比率係指用於計算所有成本與報酬的現值，恰使兩者相等」。費雪解釋說，任何投資將取決於利率與報酬率對成本比率兩者間的比較，想要吸引新投

---

② 但他以爲工資取決於邊際生產力理論，亦犯循環推理之誤，不也是錯了嗎？

③ 上引書，第168頁。

資，則「報酬對成本比率必須大於利率」。④「我們研究的這個新數量或因素，在利率理論的投資機會這一面扮演重要角色。」⑤是以費雪用「報酬對成本比率」，與我使用「資本邊際效率」，不僅意義相同，並且準確地說，目的也完全相同。

III

關於資本邊際效率的意義與重要性，由於人們無法認清資本邊際效率係取決於預期資本收益，而非僅看本期資本收益而定，從而釀成嚴重混淆。透過預期生產變動對資本邊際效率的影響，而且無論這些變化是來自勞動成本（即工資單位）變化，或是來自發明與新技術，將是說明這一點的最佳方式。今日生產的設備在生命年限中，製造的產品必須與稍後生產的設備所製造產品競爭，或因後者的勞動成本較低，或生產技術改良，促使其以較低價格出售產品，同時後者的產出也將持續增加，直至產出價格降低到它滿意的數字為止。不僅如此，如果所有產出都以低於先前的成本生產，則來自新舊設備獲取以貨幣衡量的利潤將會削減。只要這種發展事先被認為不會發生，則今日生產的資本的邊際效率就會適當減少。

這個透過人們預期貨幣價值變動，將足以影響本期產出。預期貨幣價值下跌將會刺激投資意願，從而增加就業，此係這種預期將提高資本邊際效率，提升投資需求；而預期貨幣

---

④ 上引書，第159頁。

⑤ 上引書，第155頁。

價值上漲，則會打擊當前投資及就業，因其將降低資本邊際效率。費雪初始稱為「增值與利息理論」（theory of appreciation and interest），背後隱含的真理是：貨幣利率（money rate）與實質利率（real rate）之間的差異是：後者是將前者矯正貨幣價值變動的結果。但是上述理論不易了解，此係貨幣價值變動是否在人們預期或未預期中，並未清楚說明。如果事先未預期，則對當前行為毫無影響；若在預期中，則現有產品價格將立即調整，促使持有貨幣與持有商品利益復歸於相等。對持有貨幣者而言，從利率變動中獲利或受損均為時已晚，此係在貸款期間將會抵銷借出貨幣價值的預期變動。庇古假設一組人事先預期貨幣價值變動，另一群人則事先未預期貨幣價值變動，但這權宜之計仍無法脫離這個困境。

錯誤在於假設預期貨幣價值變動將直接影響利率，而非直接影響既定資本存量的邊際效率，現有資產價格經常隨著人們預期貨幣價值變動而自行調整。此種預期改變的重要性，在於透過對資本邊際效率回應，影響人們生產新資產的意願。較高預期價格的刺激效果，不是因其提高利率（這將是刺激產出的矛盾方式，只要利率上升，刺激效果即會削弱），而是在於提高特定資本的邊際效率。如果利率與資本邊際效率同時上升，則預期物價上漲不會產生刺激效果，刺激生產必須視既定資本邊際效率相對於利率而定。的確，費雪理論最好以「實質利率」概念重新定義，亦即在人們預期未來貨幣價值變化下，為

讓這一變化不影響目前產出，必須要支配的利率。[6]

　　值得注意者，預期未來利率下降，將發揮降低資本邊際效率的效果，此係新生產設備在未來部分生命年限中，必須與來自滿足較低報酬設備的產出相競爭。這個預期不會造成多大壓抑效果，此係對那些在未來主導各種利率集合體的預期，將有部分反映在今天居於主導的各種利率集合體上。話雖如此，可能會有些打擊效果，此係新生產設備在生命年限結束前生產的產出，可能必須與滿足較低報酬新設備所製造的產出競爭。至於能夠滿足較低報酬，係因新生產設備生命年限屆滿後，往後期間居於主導的利率低於先前的緣故。

　　理解特定資本的邊際效率，取決於預期變動是很重要。此係這種倚賴性促使資本邊際效率容易出現劇烈波動，從而形成景氣循環的主要原因。在後面的第二十二章將指出，資本邊際效率相對利率波動，將可用於分析與說明繁榮與衰退的輪替。

IV

　　影響投資的風險有兩類，人們對此通常未加區分，然而區別兩者卻很重要。第一類是企業或借款者風險（entrepreneur's or borrower's risk），此係人們質疑希望獲取的預期收益能否實現。如果人們冒險投入資金，這將是唯一相關的風險。然而當借貸制度存在，以實物或個人信用擔保的

----

[6] 參閱羅伯森：《產業波動與自然利率》（*Industrial Fluctuations and the Natural Rate of Interest*），載《經濟學雜誌》，1934年12月號。

放款將出現放款者風險（lender's risk）的第二類風險，此係借款者誠信不足，如自願違約或以其他可能合法方式規避履行債務；或因擔保品不足，如預期結果令人沮喪而非自願性違約。此外，還有第三類風險來源，貨幣價值發生逆向變化，促使貨幣放款的安全性低於實質資產，不過這種風險的全部或大部分應該都已經反映在耐久性資產價格中。

就某種意義來說，第一類風險是真實的社會成本，不過容易透過預測的平均化與提高預測精確性來減少。如果放款者與借款者為同一人，第二類風險將不存在投資成本的純粹增加。此外，它還涉及重複計算一部分企業承擔的風險，從而在授予誘發投資的最低預期收益上，對純粹利率（pure rate）重複計算兩次。如果某項事業具有風險性，借款者將要求預期收益與他認為值得借款利率之間的較大差額；而同樣理由，放款者在收取實際利率與純粹利率間要求較大差額，方能誘使他放款。除非借款者是如此強大與富裕提供足夠保證，則不在此限。借款者希望未來取得有利結果，藉以降低心中的風險因素，但卻無法消除放款者心中的疑慮。據我所知，重複計算部分風險補償還未受人重視；但在某些情況下，也許很重要。在繁榮時期，一般人對放款者與借款者風險的估計，很容易變得異乎尋常的低且流於輕率。

V

資本邊際效率表列具有根本的重要性，此係其主要是透過未來預期影響現在，這個因素更甚於透過利率。將資本邊際效

率視爲資本設備的目前收益，這種認知錯誤切斷了今日與明日間的理論聯繫，而且只有未來不變且不影響現在的靜態狀態，這才是正確。甚至利率在實際上也是當前的現象；[7]如果我們將資本邊際效率化爲相同狀態，則將無法分析未來對現有均衡的影響。

　　事實上，攸關靜態假設通常內含在現有經濟理論中，導致當前經濟理論存在許多不切實際之處。但若引進先前定義的使用者成本與資本邊際效率概念，則將促使當前的經濟理論回歸現實，同時將理論的必要調整之處減至最低程度。

　　正是耐久性設備存在，讓經濟未來與目前發生連結。是以人們對未來預期，應透過耐久性設備的需求價格影響現在，這種說法與我們一貫思維相容而一致。

---

[7]　不完全如此！因爲利率高低部分反映未來不確定性，又期限不同，利率亦不同，而各種利率間的關係須視人們對未來預期而定。

第十二章

長期預期狀態

I

前章說明，投資規模取決於利率與對應目前不同投資規模的資本邊際效率之間的關係而定，而後者將取決於資本資產供給價格與預期收益的關係。本章將更詳細考慮決定資產預期收益的種種因素。

考慮的預期收益因素，部分是基於我們或多或少可以假設確切知道的既有事實，另一部分則是僅能以稍微的信心預測未來事件。我們可以提到的是第一類，現存的各類資本資產與一般化資本資產數量，以及消費者需求商品強度，而這些需要較大資本協助，方能高效率生產商品。至於後者則是企業考慮在投資的生命年限中，未來的資本資產類型與數量變化、消費者未來偏好的變化、隨時遭遇的有效需求強度，以及以貨幣衡量的工資單位變化等。我們將後一類的心理預期狀態總括稱爲長期預期狀態（state of long term expectation），從而有別於短期預期，亦即生產者今日決定以現有設備生產商品，據以估計從該產品可獲取的預期收入，此即是短期預期，這在第五章已經檢視過了。

II

我們形成預期時，若將焦點放在非常不確定[1]的事情上，

---

[1] 所謂「非常不確定」（very uncertain）並不等於「或然性很小」（very improbable）。參閱扭著《機率論》，第六章，論論證之權重。

將是很愚蠢。在相當程度上，透過我們感覺有些自信的事實指引，即使這些事實與討論問題的關聯性，可能不及那些我們認知不足事實的關聯性，但這樣做仍然是合理。爲了這個緣故，就某種意義來說，現有事實進入我們形成長期預期過程是不成比例。一般的作法是將現況投射到未來，僅在稍微有明確理由預期它會發生變動時，才會進行修正。

由此可知，我們決策所立基的長期預期狀態，不僅取決於可以做出的最可能預測，也還倚賴做此預測的信心，亦即取決於我們評估最佳預測結果出錯的可能性而定。如果我們預期未來會有巨變，卻極難確定這種變化會以何種確切方式，則我們的信心將是脆弱。

實際從事工商業者所稱的信心狀態（state of confidence），一直是他們關注的重大事件。但是經濟學者並未仔細分析它，反而一直沉迷於籠統討論它。尤其是經濟學者沒有弄清楚，信心狀態與經濟問題間的關係，是透過對資本邊際效率產生重大影響而來。信心狀態和資本邊際效率並非是兩個影響投資的互無關聯因素。信心狀態與資本邊際效率息息相關，因其決定後者的主要因素之一，而後者即爲投資需求。

從先驗上來看，關於信心狀態沒有多少可說的。我們的結論主要取決於實際市場觀察與商業心理，這是隨之而來的話題，爲何在不同層面的抽象討論異於本書大部分抽象討論的原因所在。

爲方便說明起見，以下討論信心狀態將假設利率不變，而且在下面各節中，假設投資價值變動係因人們對預期投資收益發生變動所引起，而非讓這些預期收益資本化的利率有何變化

所致。然而利率變動釀成的影響，將很容易疊加在信心狀態變動的效果上。

III

　　一個明顯的事實是，我們據以估計預期收益的知識基礎經常靠不住，對於影響若干年後某項投資報酬的因素了解通常微不足道，甚至可以忽略不計。老實說，我們必須承認估計一條鐵路、一座銅礦、一個紡織廠、一件專利藥品之商譽、一條大西洋郵船、一棟倫敦市中心區建築物在10年後的收益，能夠掌握的資訊實在太少，有時甚至從缺，即使是5年後的收益亦復如此。事實上，認真嘗試做如此估計的人們通常極為少數，其行為也不足以左右市場。

　　在過去，當企業是由那些創業者，或他們的朋友與夥伴擁有，投資規模將取決於樂觀與具衝勁者的人數是否充足而定，這些人係以從事工商業務作為生活方式，並非實際倚賴精確計算預期利潤。這件事部分像是買樂透，最終結果雖然很大部分將受制於經營者能力與性格是否落在平均水準以上或之下。有些人失敗、有些人成功，但是即使在事件過去後，無人知道以投資金額表示的平均結果是否超越、等於或低於現行利率。儘管排除開發自然資源或獨占事業後，甚至在進步與繁榮期間，其他投資的實際平均結果很可能讓投資人失望。企業是從事既靠本領又靠運氣的遊戲，參加者無從知悉其平均結果。如果人們不喜歡碰運氣，對於建設工廠鐵路、開採礦山或開發農場（即除利潤外）缺乏樂趣，而僅靠冷靜盤算，則恐怕不會有多

少投資發生。

　　然而往昔民間的投資決策，大體上是不可撤銷，這不僅對經濟體系是如此，對個人而言亦是如此。隨著今日的所有權與管理權日益分離，有組織股票市場迅速發展，一個具有極大重要性的新因素出現了，但是有時也會擴大體系不穩定性。在無股票市場下，如果我們經常重估既有的投資，這將談不上有何目的可言。然而證券交易所卻每天重估許多股票，持續授予人們而非體系有機會修正其所投資的機會。這就好像農民吃過早餐、查看他的晴雨表後，可在上午10～11點間決定從農業中抽回資本，並重新考慮在本週稍晚是否再投入資本。但是證券交易所的每日重估，雖然方便人們相互間移轉既有股票，卻難以避免地對本期投資產生決定性影響。此係高價購買同樣現成廠商來建立新企業，將是毫無意義可言。如果企業可在證交所募集龐大資金而迅速獲利，將會產生誘因刺激人們投入這樣多的資金在新專案計畫上。[2]是以對某些類型投資而言，它們是受那些在證券交易所從事股票交易者的平均股票價格預期所主導，更甚於由專業企業的純正預期所支配。[3]那麼在實務上，

---

[2] 我在《貨幣理論》中（第二卷，第195頁）指出，若公司股價甚高，則該公司可依有利條件增資募集資本，其效果與該公司低利借款相同。同一件事實，我現在則說：如果現有股價高，此即表示該類資本的邊際效率大，其效果與降低利率相同，此係投資取決於資本邊際效率與利率的比較。

[3] 有些企業轉手不易，或缺乏可轉讓的股票與之相應。對於這類企業，以上所說當然不適用。然而這類企業的範圍現在逐漸縮小，其占新投資總值比例亦縮減甚快。

如何對現有投資進行每日甚至是每小時的重新高度重要評估？

IV

　　實務上，我們通常默認依據某項慣例行事，這個慣例的本質就是（實際運用當然沒有如此簡單）除非有特殊理由預期出現變化，否則即假設現狀將無限期持續下去。這並非意謂著我們真的相信現狀會無限期持續下去，此由廣泛經驗得知最是痴人說夢，長期投資的實際結果極少與初始預期相吻合。對於茫然無知的人們而言，在任何方向發生錯誤的可能性都一樣，我們也不能透過辯解來合理化自己的行為，是以仍有一個基於均等機率精算的預期值。我們可以很容易地表明基於無知狀態所作的算術均等機率假設，將會導致謬論。事實上，不論現有市場評價如何求得，對我們擁有攸關影響投資報酬各項事實的知識而言，將是唯一正確的估價，而且會隨此種知識變化而改變。但從哲學上來說，這個市價並非是唯一正確，此係我們擁有的知識，未能為計算數學預期值提供充分的依據。事實上，評價股價考慮的因素非常複雜，而這些考慮根本與預期投資收益毫無關係。

　　雖然如此，只要我們相信這個慣例會持續下去，上述的傳統計算方法在我們討論事項中，將符合相當的連續性與穩定性。如果體系存在有組織股票市場，而且可以信賴慣例會持續下去，則投資人就能很理性的覺得其承擔的唯一風險，是近期的未來訊息真正改變，甚至自己可以嘗試形成判斷的可能性，而這種變化不太可能非常大。如果這種慣例仍然維持良好，則

只有這些訊息變動才會影響投資價值，人們無須為不知道10年後的股票價值而失眠。對投資人而言，只要他相當程度地倚賴這個慣例不被打破，以及在很多事情發生前，有機會修改判斷與改變投資，則在一連串短期連續期間內（不論多少）都是相當安全。是以對體系而言是「固定的」投資，但就個人而言卻是「流動的」投資了。

我確信體系內主要投資市場在這樣程序的基礎上已經發展出來。但對事物採取如此武斷的絕對觀點來看，這個慣例應該有其弱點而不足為奇。正是這個慣例潛藏的不穩定性，將造成我們當前如何獲取足夠投資的問題。

V

有幾個因素強化這種不穩定性，其中一部分可簡述如下：

⑴ 隨著人們擁有資本投資，卻未從事管理業務的股權比例逐漸遞增，對事業的實際與未來情況缺乏特殊專業知識的人也日益增多，促使股票擁有者或意圖購買者，對投資評估內含的真正知識成分也就愈趨微小。

⑵ 現有投資利潤每日波動，顯然是短暫性且無關緊要，但卻往往對市場產生過度甚至荒謬的影響。舉例來說，據說美國製冰公司的夏天股價遠高於冬季，此係相較於冬天沒人需要買冰，夏季的利潤是呈現季節性較高。另外，銀行普遍休假來臨，可能促使市場對英國鐵路公司的評價提升幾百萬英鎊。

⑶ 龐大無知群眾心理形成的傳統評價，將因意見未預期

變動而出現劇變，而引起變動的原因就在人們缺乏堅強信心基礎來維持它的穩定性，但這對預期收益並未眞正釀成多大影響。尤其在異常時期，即使沒有明顯理由預測某種確定變化，當現狀無限期持續的臆說也未能如同往昔那樣合理時，市場將會蒙受樂觀與悲觀情緒波動的衝擊，此種心情誠然沒有什麼理由。但在缺乏堅實基礎可以合理計算時，就某種意義而言，又是可接受。

⑷ 但有一特徵值得特別注意，人們或許認爲超越一般投資人所不能及的判斷力與知識的專家之間的競爭，將會矯正無知人們的自作聰明。然而事實上，職業投資人與投機者的精力與技術主要都用於其他地方。此係這些專家關心的並非是針對某一投資在生命年限中可能獲取的收益，提出優於一般人的長期預測，而是較一般人稍微早一些預測評價的傳統基礎將會發生何種變化。換句話說，他們並不關心某項股票對長期投資人的眞正價值爲何，卻是關注在群眾心理影響下，市場對三個月或一年後的評價爲何，這種行爲並非是邁向錯誤方向的結果，而是基於上述組織的股票市場不可避免結果。如果你相信某股票的未來收益將值30元，但也相信三個月後的市場評價只剩20元，則現在以25元投資實爲不智之舉。

在新聞報導或周遭氣氛變化下，專業投資人被迫關注自己對即將發生變化的預期，而經驗顯示市場大眾心理將是最受影響，這是爲了「流動性」而成立股票市場的不可避免結果。無疑地，在正統財務準則中，沒有比對「流動性迷戀」（fetish of liquidity）更具反社會性。依據這個理論，投資機構將其資源集中於持有流動性證券（liquid securities），將是一種積極

的美德。就經濟體系而言，這個理論忘了根本就沒有投資流動性這一回事。技巧性投資追求的目標，應該是打敗籠罩我們未來的各種無知與時間的黑暗勢力。正如美國人所說的，今天最具技巧的投資是「棋高一著」（to beat the gun）以機智取勝群眾，將劣質或貶值的合兩先令半的半克朗幣（half-crown）轉手給他人。

　　這場鬥智預測數月後的傳統評價基礎，而非從長期來預測投資的預期收益，甚至在人們之間無須有許多笨蛋作爲職業投資人的犧牲品，同時也可在專業人士之間進行。此外，任何人無須在傳統評價基礎上保持單純信仰，認爲這種評估基礎具有眞正的長期效果。此係它可說是玩「捉對兒（撲克牌遊戲）」（game of snap）、「抽對子牌」（old maid）、「大風吹」（搶位子，musical chair）等消遣遊戲。依據遊戲規則，誰能不疾不徐地喊「停」，或在遊戲終了前，將對子牌遞給鄰座，在音樂終了時占到座位，則他就是勝利者。這類遊戲可以玩得非常愉快刺激，雖然所有參與者都知道，對子牌流通中，或當音樂終了時，總會有人找不到座位。或者換一種比喻，專業性投資可以類比報紙舉辦的競賽，參賽者須從100張照片中選出最美的六張面孔，獲獎者的選擇將是最接近全體參賽者的平均偏好。是以每個參賽者的選擇並非是自己認爲最美麗者，而是那些最有可能深受其他參賽者喜好的人，而所有參與者都採相同觀點來看待這個問題。這不是依據人們的最佳判斷來選擇那些實際最美者，甚至也非選擇平均意見認爲眞正最美者。我們已經到達運用智慧來預測平均意見，預期平均意見爲何的第三級，而且有些人會從事第四、第五級，甚至比此更高級的選擇

與推測。

如果讀者認為具有專業者超脫於當前盛行的遊戲，仍將依據設想的最佳長期預期來投資股票，則在長期將能從其他參賽者那裡獲得鉅額利潤。首先，我們對此看法必須回答，事實上確實有如此嚴謹認真的人，而且不論這些人對參與遊戲者是否具有優勢影響力，都將讓股票市場大為改觀。但是我們必須補充說，在現代股票市場中，有幾個因素會危及這些人的優勢。基於長期預期而作投資，在今日是如此困難，以至於幾乎不可行。凡是意圖如此從事者，相較於意圖猜測群眾行為更勝一籌，肯定會歷經更加費勁的日子與承擔較大風險，而且在相同智力下，他可能犯更多災難性錯誤。從經驗中缺乏明確證據顯示，具有社會利益的投資政策，將會與最有利的投資政策相吻合。它需要更多智慧來打敗時間的力量與對未來的無知，而非搶先行動。另外，人生有限而讓人們急功近利，渴望快速賺錢，對於遙遠的利益往往給以高利率折現。對任何全無賭博本能的人而言，專業投資人的遊戲，實在是無法忍受的無聊與過分苛求；但對具有此種本能者，則須為此付出相當代價。再者，意圖忽視近期市場波動的投資人，為了安全必須尋求較多資源，而且不能融資從事大規模投資活動，此係既定智慧與資源需要由遊戲中獲取更高報酬的另一原因。最後，長期投資人固然最能促進公共利益，而無論投資資金是由委員會、董事會或銀行管理，這些人實際上是最受批評者。④此係就其行為的

---

④ 投資信託公司或保險公司不僅常計算其投資所得，且計算該投資在市場的資本值，一般人認為這種行為很謹慎。也許因為有這種行為，將

本質而言，在一般人的眼光中，他們應當是古怪、非傳統和魯莽的。如果他們成功，這將僅會證實一般人對其魯莽的看法；他若在短期不幸失敗（這是很有可能），將不會獲取很多憐憫。世俗的智慧教導我們，人們考慮聲譽，與其以不合慣例方式獲得成功，不如依循慣例方式而失敗。

(5) 迄今為止，我們心中仍以投機者或投機性投資人的信心狀態為主，而且似乎隱含假設只要他對前景感到滿意，將能依據市場利率無限制融資。然而事實並非如此，我們還須顧及信心狀態的另一面，亦即放款機構對那些尋求借款者的信心，有時稱為信用狀態（state of credit）。股市崩盤可能源自投機信心減弱所致，從而對資本邊際效率產生災難性的反應。但是任何一種削弱都足以導致股價重挫，而要回升卻需要兩者同時恢復。蓋信用弱化足以導致崩盤，而信用增強卻只是復甦的必要條件而非充分條件。

VI

上述這些考慮因素，不應超出經濟學者的視野，但須放置在正確的透視位置上。如果讓我將「投機」一詞視為預測市場心理活動，並以「企業」一詞代表預測資產在生命年限中的預期收益活動，則投機未必總是居於企業的上風。隨著股票市場組織改善，投機風險確實與日俱增。紐約為世界最大股票市場，在此市場上，投機（依據上述定義）的影響力非常巨大。

讓一般人過分注意投資資本值之短期變動。

但即使在理財領域外，美國人對於發現一般認為的平均意見為何，通常是過度興趣；這一個人性弱點，在股票市場上找到它的剋星。正如許多英國人那樣，美國人極少為所得而投資；除非他預期資本增值，否則他不會輕易購買股票。這只是另一種方式來說明下列事實：當美國人投資股票，寄望的並非預期收益，而是在於傳統評價基礎上的有利變化，亦即他是上述意義的投機者。投機者可能不會對企業穩定川流造成如同泡沫般的傷害，但當企業成為投機漩渦上的泡沫，則情形就很嚴重。當一國資本發展變成遊戲活動的副產品，這件工作大概不會做得好。華爾街向來被視為是追求最適經濟目標的機構，係引導新投資流入最有利（以未來收益為標準）的途徑。但其達到的成功程度，並無法認為是自由放任資本主義的輝煌勝利。我認為華爾街頂尖精英的精力，事實上係用於另一個不同目的，如果這種看法沒錯，則上述說法就不足為奇了。

　　這些趨勢是我們成功組織流動性股票市場難以避免的結果。為公共利益著想，人們通常認為賭場應當收費昂貴且不易參與，而證券交易所或許也當如此。倫敦證券交易所的罪惡之所以少於華爾街，或許不是民族性格不同，而是由於下列事實：思羅格莫爾頓街（盔街）（Throgmorton street）對一般英國人來說，相較華爾街對一般美國人是收費昂貴且不易參與。在倫敦證券交易所交易，人們必須支付經紀人買賣價差、高額經紀費用，以及支付財政部的高額交易稅，凡此足以降低市場流動性（雖然兩周結算一次有助於提升流動性），從而排

除像華爾街那樣的交易。⑤在美國，為減輕投機對企業的主導地位，採取對所有交易課徵高額移轉稅，或許是最適切的改革方法。

　　現代股票市場的景象，有時讓我得到如下的結論，購買恆常性和不可分割的投資就像結婚一樣，除非死亡或其他重大理由而無法改變，可能是對當代弊病的有效補救措施。此係這將迫使投資人將心思專注於長期收益，而且僅用在長期預期上。但是這種權宜之計只要稍加考慮，就會讓我們進退維谷，同時也將彰顯股票市場流動性如何促進新投資的進行，雖然有時也會阻礙新投資。每個投資人為其交易具有流動性而感到自得（雖然對全體投資人而言，這並不存在），但這一事實撫慰了他的神經，誘使他願意多承擔風險。如果人們的投資缺乏流動性，只要還有其他方法保有儲蓄，就會嚴重阻礙新投資，此即是前面所說的進退維谷。只要人們能窖藏財富或借給他人，則除非存在股票市場隨時可以脫手資產成現金，否則購買實質資本資產將缺乏充分吸引力，尤其是對那些不管理資本資產，對資本資產知之甚少者，更是如此。

　　信心危機促使現代世界經濟生活蒙受痛苦，而紓緩此種危機的唯一方法，則是不容許人們在下列兩者間有所選擇：一方面是消費其所得，或是要求他人生產特定的資本資產，雖然這些印象可能立基於臆測之上，但這是他認為可做的最佳投資。當人們對未來前景深陷疑慮，困惑之餘很可能轉而增加消費，

---

⑤ 據說當華爾街交易熱絡時，至少有半數交易，交易者在當天就想脫手，商品交易所亦然。

從而降低投資。這樣一來將可規避另外一種狀況衍生的不幸、累積性與影響深遠的後果。另外，當他深受疑慮困擾時，也可將所得用於儲蓄上。

那些強調窖藏貨幣對體系威脅的人，心裡考慮有些類似上述觀點。不過他們忽視一個可能性，這種現象在窖藏貨幣沒有變化，或者至少未出現等量變化時，也會發生。

VII

除因投機引發不穩定性外，還有源自於人性特質釀成的不穩定性，此係人們從事積極活動，不論是為道德的、快樂主義的或經濟的，大部分是倚賴自然發生的樂觀主義而非數學預期值。人們的大部分決策或許是做積極活動，而其結果必須經歷多時才能顯現，只能視為是發乎自然採取的行動，是出自動物本能（animal spirits）造成的結果，而非量化利益乘上量化機率的加權平均結果。不論企業在計畫書中描述如何誠懇，通常只是矯揉做作，偽裝成主要是深受計畫內容鼓舞，要說是基於未來利益的精確計算而來，那也僅有比遠征南極獲取的利益計算稍多一點而已。如果動物本能趨於黯淡，自發性樂觀情緒動搖，導致我們除倚賴數學預期外，別無可倚仗之物，則企業即將萎頓而死。雖然畏懼虧損可能有其依據，但這個依據未必會較先前對利潤預期所具有的依據更為合理。

我們可以確定的說，企業倚賴未來希望，將有益於經濟體系。唯有合理計算獲得動物本能輔助與支持，人們的主動精神才稱得上完備，從而將最終虧損的念頭拋諸腦後。毫無疑問，

經驗告訴我們與創業者，猶如健康者對死亡的預期視若無睹束之高閣一樣。

　　這不僅是衰退與蕭條程度被人跨大，並讓繁榮過於倚賴與普通商人意氣相投的政治與社會氛圍。如果因懼怕工黨政府或新政（New Deal）釀成企業不景氣，則這未必是理性計算，或具政治意圖的結果，這只是出自樂觀主義的微妙平衡遭受破壞的結果。是以在估計投資前景時，我們必須顧及某些人的神經與歇斯底里，甚至是他們的消化及對氣候的反應，此係大部分投資就靠這些人發乎自然的活動。

　　但是我們不可由此做出結論，這一切都取決於非理性心理浪潮。相反的，長期預期狀態通常具有穩定性，即使它陷入不穩定，也有其他因素發揮抵銷效果。我們只是提醒自己，不論是個人、政治或經濟的，人們所作影響未來決策，不能倚賴嚴謹的數學預期值，此係做此計算的基礎並不存在，而且推動世事進行是人們追求活動的天賦。至於理性的人們將在各種方案中，儘可能從事計算而作最適選擇，但卻經常流於其動機，而倚賴幻念、情緒或運氣行事。

VIII

　　此外，實務上，有些重要因素緩解我們對未來無知的影響。由於複利的運作並結合時間推移而可能過時，許多個別投資的預期收益係由不久將來的報酬所掌控。在極長期投資中，就最重要的建築物投資而言，通常藉由長期契約將風險從投資人移轉給住戶，從而由兩者共同分擔。房客透過房地產租期持

續性與穩妥性獲取利益，將抵銷心中的風險。再就長期投資的另一重要類型公用事業而言，大部分預期收益實際上是由壟斷特權保證，並依其利差的某一比例收費。最後，還有一類投資迅速成長，係由政府執行或承擔風險，坦白說該類投資能夠產生預期社會利益，是以即使其商業收益可能相差很大也在所不計，同時也無須汲汲營營追求投資收益的數學預期值至少須等於現行利率。政府在決定能夠從事的投資規模操作時，必須支付的利率，仍然可能扮演決定因素。

在長期預期狀態下，我們充分重視有別於利率變動的其他短期變動釀成的影響後，仍然可以回頭來說，在正常情況下，利率對投資的影響雖然不具決定性，但卻影響很大。利率管理究竟能持續刺激適當投資程度，只有經驗才能表明。

對我而言，現在僅對以影響利率為主的貨幣政策能否成功，抱持質疑態度。我期待政府能依長期觀點與一般社會利益，來計算資本邊際效率，進而對直接組織投資承擔更大責任。依據我先前描述的原則，市場對於不同型態資本邊際效率估計值，其波動將是過於劇烈，並非任何可行的利率變化所能抵銷。

第十三章

利率的一般理論

I

我們在第十一章曾經指出，雖有若干力量促使投資上升或下降，以維持資本邊際效率與利率相等，然而本質上，資本邊際效率與一般利率卻是不同事情。資本邊際效率可說是主導人們爲了新投資而需求可貸資金的條件，而利率則是決定目前資金供給的條件。是以，爲完整我們的理論，必須知道何者決定利率？

第十四章及附錄將考慮迄今爲止針對這個問題給出的答案。廣義來說，我們將發現這些答案讓利率取決於資本邊際效率與心理上儲蓄傾向兩者間的交互作用。但是利率是一個平衡因素，帶領以新投資型態出現的儲蓄需求，與由社會心理儲蓄傾向產生的儲蓄供給兩者趨於相等。但只要我們發覺僅由對兩個因素的知識，就無法推斷出利率，則該說法即告崩潰。然則我們自己對該問題的答案又爲何？

II

人們心理上的時間偏好（time preference）需要兩組不同決策才能實現。第一個是攸關時間偏好或稱消費傾向，第三篇已經論及各種動機，在其影響下決定人們將消費所得多少，以及以何種形式保留用於未來消費。

一旦做出這個決策，還有進一步決策等待他去執行，亦即將以那些形式持有對未來消費的支配權，而這包括本期所得或先前儲蓄。他是要以立即流動性的支配權形式持有（如貨幣或

其等值商品）呢？或預擬在特定或不確定期間內放棄立即支配權，若有必要，將留待由未來市場情況決定可依何種條件，將特定商品的延期支配權（deferred command），轉換成對一般商品的立即支配權？換言之，他的流動性偏好程度為何？流動性偏好係指在不同環境組合下，人們希望以貨幣形式，保有以貨幣或工資單位衡量其資源數量的表列。

我們發現過往為人們接受的利率理論，錯誤之處在於試圖從構成心理上時間偏好的兩個因素中的第一個推演出利率，而忽略第二種。正是這種忽視，我們必須努力彌補。

很明顯，利率可能是對儲蓄或等待的報酬。此係人們若以現金窖藏儲蓄，儘管仍和以前一樣儲蓄，卻無從獲取收益。反之，僅由利率的定義就讓我們知道，利率是在特定期間內放棄流動性的報酬。由於利率只不過是在確定期間內，放棄資金用於交換債務，①由此得到資金與利率兩者間呈現反向關係。②在

---

① 在不干擾該定義下，為了處理特定問題方便，我們可在「貨幣」與「債務」間劃定界線。舉例來說，我們可將貨幣視為對一般購買力的支配權，且購買力持有者並未放棄其支配權超過3個月的期間，而對一般購買力支配權無法在超過3個月更長期間內收回，則列為債務。或是我們可用1個月、3天、3小時或任何其他期間來替代3個月，或者也可當場將非法定貨幣從貨幣中排除。實務上，我們常將銀行定期存款包括在貨幣內，甚至偶而將國庫券（treasury bills）等工具也包括在內。一般來說，就如同在《貨幣理論》一樣，我假設貨幣是延伸至銀行存款。

② 在一般討論中，正是有別於討論特種問題可明白規定債務期限，債務期限不同，利率亦不同，是以合理的討論利率是指各種目前利率組成的利率複合體。

任何期間，利率是放棄流動性的報酬，持有貨幣者放棄對貨幣流動性控制權的不情願程度。利率並非是平衡人們對投資需求與抑制目前消費意願兩者間的「價格」，而是促使人們想以現金形式持有財富，恰等於現有現金數量的「價格」。此即隱含利率如果較低，放棄現金所獲的報酬減少，人們願意持有現金餘額將超過現有的資金供給。此外，如果利率上漲，將無人願意持有過剩現金。這種解釋如果正確，貨幣數量將成爲流動性偏好之外的另一決定利率因素。流動性偏好是一種潛在力量或功能傾向，在利率已知下，將確定人們持有貨幣餘額。假設 r 是利率，M 是貨幣數量，L 是流動性偏好函數，$M = L(r)$ 即是貨幣數量進入體系的所在與途徑。

在這一點上，讓我們回頭研究存在流動性偏好之類的東西。關於這一點，我們採取用於業務交易與儲藏財富的貨幣的古老區分來協助說明。很明顯，這兩種用途的第一種在達到某點之前，值得人們爲了流動性的方便而犧牲一定的利息。但在利率不能爲負值下，爲何有人偏好以無息或生息甚少方式持有財富，而非持有生息資產（當然，該階段假設涉及銀行存款或債券的違約風險是相同）？完整的解釋非常複雜，須留待第十五章。然而有一個必要條件必須具備，否則以貨幣的流動性偏好作爲持有財富的方法，將不可能存在。

這個必要條件就是攸關未來利率存在不確定性，亦即攸關未來日期居於主導不同期限利率的複合體存在不可確知的心理。此係如果能夠事先預見所有未來時日的利率，則未來利率就能從目前不同期限債務所適用的利率推算出來，而這些將對應未來利率的知識調整。舉例來說，$_1d_r$ 是延遲 r 年後支付 1 英鎊

在今年的價值，以及 $_nd_r$ 將是 n 年後的 1 英鎊價值，在延遲 r 年後支付的價值將是：

$$_nd_r = \frac{_1d_{n+r}}{_1d_n}$$

由此得出結論是，將 n 年後債務轉換爲現金，其依據的比率是由目前各種利率，或由當前利率複合體中的兩個推演而得。假設每種期限債務的目前利率爲正，則以購買債務來儲藏財富，必然較持有現金有利。

反之，如果未來利率不確定，我們將難以安穩地推算出 $_nd_r$ 屆時會等於 $\frac{_1d_{n+r}}{_1d_n}$。是以在 n 年到期前，人們若是面臨流動現金需求，則相較於持有現金，購買長期債務隨後再轉爲現金，可能會蒙受損失的風險。是以依據現有機率精算利潤或利得的數學預期（如果可以如此計算，但實際上值得懷疑），必須足以彌補失望的風險。

此外，如果體系存在有組織的債務交易市場，源自於未來利率不確定性而引起的流動性偏好，將可爲其提供一個進一步的基礎。此係人們會以不同方式估計前景，任何異於現行市場行情顯示的主流意見，一旦證明是正確，將可因各 $_1d_r$ 彼此間的錯誤關係而獲利，進而可能會有良好理由保有流動資源。③

這和我們先前討論的資本邊際效率極爲類似。正如我們發現，資本邊際效率並非依據最佳意見來確定，而是取決於群

---

③ 這是正如我在《貨幣理論》討論的兩種觀點以及「多頭空頭」形勢。

眾心理的市場評價，是以攸關未來利率預期也是由群眾心理確定，對流動性偏好也有其反作用。但是另有一點需要補充，人們相信未來利率高於市場假設的利率，將有理由保有流動性現金；④然而在另一方向與市場持不同看法的人，將有動機借入短期資金購買長期債務。市場價格將取決於空頭（bears）拋售與多頭（bulls）搶進兩者平衡的點上。

我們區分流動性偏好為三部分，定義將取決於⑴交易動機（transactions motive），為了個人與企業目前交易而需要的現金；⑵預防動機（percautionary motive），追求安全的願望，針對總資源某一比例持有未來現金等值及⑶投機動機（speculative motive），相對市場更清楚了解未來可能發生的事情，從而意圖藉此謀利。就像我們討論資本邊際效率，體系存在高度組織化的債務交易市場，究竟是好或壞，確實讓我們陷入進退兩難窘境。此係缺乏一個組織化市場，由預防動機引起的流動性偏好將大幅遞增；若是存在組織化市場，反將給予由投機動機引發流動性偏好大幅波動的機會。

上述說法可說明如下。交易與預防動機流動性偏好吸收現金數量，對利率變動幾乎是缺乏敏感性，若是忽略對所得的反應，結果是由總貨幣數量扣除這部分，剩餘部分將用於滿足投機動機流動性偏好。此時的利率與債券價格必須固定在一個水

---

④ 也許有人以為，依據同樣理由，人們若相信未來投資收益低於市場預期，則將有充分理由持有現金。但事實則不然，他固然有充分理由持有現金或債券，而不願持有股票，但除非他相信未來利率會高於目前市場所想像，否則持有債券又較持有現金有利。

準，讓某些人持有現金的慾望，正好等於可供投機動機的現金餘額。此係在這一水準下，這些人看空未來債券價格。是以每次貨幣數量增加，債券價格必須提高至足以超過一些「多頭」預期，進而誘使他投入空頭陣營，出售債券換取現金。然而除短暫過渡時期外，如果來自投機動機的現金需求微不足道，貨幣數量增加將立即降低利率，其幅度必須足以提高就業與工資單位，促使增加的現金能夠轉而由交易與預防動機吸收。

　　一般而言，假設流動性偏好表可用圓滑曲線表示，用於連結貨幣數量與利率之間的關係，顯示利率隨著貨幣數量遞增而下降。此係有幾個不同的原因將導致這個結果。

　　第一，在其他條件不變下，利率下降可能會有更多貨幣被交易動機的流動性偏好吸收。此係如果利率下降促使所得增加，基於交易方便而持有貨幣餘額，或多或少將與所得同比例遞增。同時，人們為了交易方便而握有足夠現金，必須支付的利息成本下降。除非我們以工資單位而非貨幣來衡量流動性偏好，這在某些場合中較為方便，否則因利率下降而促進就業增加，引發工資上漲，或是工資單位的貨幣價值遞增，也會出現類似的結果。第二，正如剛剛看到，每次利率下降，或許讓某些人因對利率前景看法異於市場觀點，從而願意增加持有現金數量。

　　雖然如此，有時也可能發生如下情況：即使貨幣數量劇增，但影響利率甚微。此係貨幣數量劇增可能讓人們擴大對未來的不確定性，進而強化預防動機的流動性偏好。另外，儘管人們對於攸關未來利率的意見可能趨於一致，以至於目前利率稍微變動，可能導致大量債券移往現金。體系穩定性與對貨幣

數量變動的敏感性，竟然如此倚賴人們對不確定事物彼此間存在不同意見，這將是一件有趣的事情。最好的是我們知道未來如何，但若茫然無知，則想要透過調整貨幣數量來控制經濟體系，各人意見不同將是極其重要的一項條件。這樣的控制方法在美國則是行不得也，此係美國人在同一時間傾向於抱持相同意見，而在英國意見不同則是較為常見。

Ⅲ

我們現在已經將貨幣引入我們的因果關係（causal nexus），而且能夠第一眼看到貨幣數量變動如何影響經濟活動。不過我們以為貨幣是刺激經濟活動的一杯酒，必須提醒自己，在杯子與嘴唇之間可能會發生一些失足的事故。此係在其他條件不變下，貨幣數量增加可以預期降低利率，但若人們的流動性偏好較貨幣數量增加更多，則利率下降不會發生；而且利率降低將會增加投資，但若資本邊際效率下降比利率更快，則投資增加將不會發生。在其他條件不變下，投資遞增可能增加就業，但若消費傾向下降，就業將不會增加。最後，如果就業增加引起物價上漲，上升幅度部分取決於商品供給函數型態，部分須視以貨幣衡量的工資單位是否容易上漲而定。當產出增加且物價上漲對流動性偏好影響，將是增加必要的貨幣數量，以便維持既定利率。

IV

　　源自投機動機的流動性偏好，雖然相當於《貨幣理論》中所稱的「看空狀態」（state of bearishness），但兩者確實不是同一件事。此係該處的「看空狀態」並非是指利率（或債券價格）與貨幣數量之間的函數關係，而是將一併考慮資產及債務價格與貨幣數量間的函數關係。然而這種處理方式涉及由利率變動造成的後果，以及源自於資本邊際效率表列變動產生的效果，兩者間彼此混淆，我希望在這裡可以避免這種混淆。

V

　　窖藏（hoarding）可視為近似流動性偏好的概念。當然如果以「窖藏傾向」（proponsity to hoard）取代「窖藏」，則兩者基本上是指同樣的事情。但是如果將「窖藏」視為是實際增加現金持有，則將是一個不完全的概念，而且如果「窖藏」與「不窖藏」僅是單純的非此即彼，則更是嚴重誤解。此係窖藏決策不是絕對的，或者未考慮放棄流動性所獲得的利益。由於這是權衡各種利益的結果，是以我們必須知道天坪的另一端是什麼。另外，只要「窖藏」是指實際持有現金，則實際窖藏數量不可能因人們決策結果而變動。此係窖藏數量必須等於貨幣數量，或在某些定義下，等於貨幣數量減去為滿足交易動機所需貨幣數量，然而貨幣數量並非由人們決定。人們的窖藏傾向能夠實現的只是決定利率，促使總合窖藏意願與可用的現金彼此相等。人們習慣上忽視利率與窖藏之間的關係，或許這可

部分解釋為何利息通常被視為未消費的報酬，而事實上它應該是未窖藏的報酬。

第十四章

古典學派的利率理論

I

什麼是古典學派利率理論？我們都是在這些理論下被教導出來，迄今為止幾乎都接受而未加許多保留。然而我覺得很難將其精確陳述，甚至很難從現代古典學派的主要論著中發現它的明確說明。[1]但有一點是很清楚：這個傳統向來將利率視為帶領投資需求與儲蓄意願趨於均衡的因素。投資代表對可用於投資資源的需求，儲蓄代表可用於投資資源的供給，利率則是讓這類資源在投資與儲蓄兩者相等的價格。正如商品價格必須取決於供需相等的點上，是以經由市場力量運作，利率將會停留在投資與儲蓄兩者相等的點上。

在馬夏爾《原理》中找不到上述的說法，不過他的理論似乎就是如此，而且這也是傳授我的理論，以及多年來我教育他人的理論。舉例來說，在他的《原理》中有如下一段話：「利息是在市場使用資本支付的價格，故有趨向於均衡水準的現象，促使市場資本總需求，正好等於在該利率下將會出現的總資本存量」。[2]又如卡賽爾（Cassel）在《利息的本質與必然性》（*Nature and Necessity of Interest*）中解釋，投資構成「等待的需求」，儲蓄構成「等待的供給」，言外之意，利率是讓兩者趨於相等的「價格」，不過在這裡我無法找到原文的實際文字來引證。卡佛（Carver）在《財富的分配》（*Distribution of Wealth*）第六章，清楚地將利息設想為

---

① 凡能找到的，我都節錄下來，放在本章附錄中。

② 在本書附錄第一節中，我們還要討論這一段。

帶領等待的邊際負效用與資本邊際生產力趨於相等的因素。[3]
亞弗里德福祿克斯爵士（Sir Alfred Flux）在《經濟原理》
（*Economic Principles*）第95頁中說：「如果我們在一般性
討論中稱得上公平正確，則須承認在儲蓄與資本的有利運用
機會兩者間，將會發生自動調整……只要淨利率超過零……
儲蓄將不會超過其各種有用的可能性」。陶希格（Taussig）
先前在《原理》（*Principles*）第二卷第20頁中提及：「利率
將停留在資本邊際生產力足以引起邊際儲蓄增加量的點上；
然後在第29頁中畫出儲蓄供給曲線與代表資本邊際生產力遞
減的需求曲線。[4]華拉斯（L. Walras）在《純粹經濟學大綱》
（*Elements decomomie Prue*）附錄I.(III)中，討論「儲蓄與新
資本財交換」時，明確指出對應每一可能利率，累加人們願意
儲蓄總額，以及願意投資在新資本資產總額，兩者將彼此趨於

---

[3] 卡佛討論利息頗令人費解，因為(1)他前後不一致，不知道其「資本邊
　際生產力」是指邊際產量，或指邊際產量的價值；(2)他也沒有說明資
　本數量應當如何衡量。

[4] 最近奈特（F. H. Knight）曾在1934年8月的《經濟學刊》發表《資
　本、時間和利率》（*Capital, Time and the Interest Rate*），針對這個
　問題討論，對資本性質曾有許多饒有興味的深刻觀察。他證實馬夏爾
　傳統之健全，以及龐巴維克（Böhm-Bawerk）分析之無用，但他的利
　息理論卻完全是傳統古典學派。依據奈特，資本生產均衡狀態是「一
　種利率促使儲蓄流入市場的時間速度，恰等於儲蓄流入投資的時間
　速度，而投資產生的淨收益率，又等於為使用儲蓄而支付儲蓄者的代
　價。」

相等，而利率即是讓兩者相等的變數。是以均衡利率必然決定於一點，促使代表新資本供給的儲蓄等於對它的需求。他所說的正是嚴格遵守古典學派傳統。

的確，銀行家、公務員或政治家等由傳統理論薰陶的普通人，以及訓練有素的經濟學者都抱持著一種想法，認為人們儲蓄將會促使利率下跌，進而刺激資本財產出，而利率下降幅度正好刺激資本財產出增加到等於儲蓄增加量。更進一步的，這是自我調整過程，而且無須央行特殊干預或嘮叨關心。同樣的，甚至在今日依然如此，這是一個普遍信念：每次額外投資增加，若未被預擬儲蓄變化抵銷，必然會促使利率上漲。

前述各章分析已經明確指出這個說法必然錯誤。在追蹤意見分歧理由的來源前，我們先從意見相同處開始討論。

不像新古典學派相信儲蓄與投資可能實際不等，古典學派則是已經接受兩者相等的說法。舉例來說，馬夏爾雖未明白指出，但確實相信儲蓄與投資必然相等。事實上，大部分古典學派學者過於推演這個信念，此係他們認為人們增加儲蓄，必然會產生相應的增加投資。在這層意義上，前面引述若干古典學派學者設想的資本需求曲線，與我的資本邊際效率表列或投資需求表列，兩者間也無任何實質差異。然而在談到消費傾向及其衍生的儲蓄傾向，彼此意見逐漸分歧，此係他們著重利率對儲蓄傾向的影響。不過想必他們也不否認，所得對儲蓄也有重要影響；而對我來說，我也不否認利率可能影響所得中的儲蓄，雖然這也許不是他們猜想的型態。所有這些相同之處，可以總結成古典學派與我都能接受的命題：如果目前所得已知，則可推論出，目前利率將是落在對應不同利率的資本需求曲

線，以及在既定所得下，對應不同利率的儲蓄曲線，兩者相交的點上。

　　但這就是明確的錯誤蔓延到古典學派理論中。如果古典學派僅由上述命題推論：當資本需求曲線不變，而利率變動對既定所得中願意儲蓄的影響爲已知，則所得與利率間必然是唯一相關，這就沒有什麼可以爭執的。這個命題自然而然引申出另一含有重要眞理的命題：如果利率已知，資本需求曲線不變，而利率對從既定所得中願意儲蓄的影響不變，則所得必然是促使儲蓄與投資相等的因素。不過事實上，古典學派不僅忽略所得變動的影響，而且還涉及形式上的錯誤。

　　由以上所引觀之，古典學派認爲無須取消或修改收關從既定所得所作儲蓄的假設，但卻繼續考慮資本需求曲線移動對利率影響的效果。古典學派利率理論的自變數是資本需求曲線與利率對從既定所得中儲蓄的影響。是以依據該理論，資本需求曲線移動，新利率將取決於新資本需求曲線，以及連結利率與從既定所得中儲蓄兩者關係的曲線相交之點。古典學派利率理論似乎認爲，如果資本需求曲線移動，或連結利率與從既定所得中儲蓄兩者關係的曲線移動，或兩條曲線都移動，則新利率將取決於這兩條曲線新位置的交點。不過這是一個無意義的理論，此係假設所得固定，兩條曲線可以獨自移動，兩者將缺乏不一致性。一般而言，如果兩者的任何一方移動，所得將會改變，結果是基於既定所得而建立的體系將宣告崩潰。這個論點只能另用某些複雜假設來挽救，亦即假設工資單位變動對流動性偏好影響，剛好建立一個足以抵銷設想中曲線移動的利率，從而維持與過去相同的產出水準。事實上，在前述作者中找不

到攸關此種假設必要性的暗示，而且在最好的情況下，這種假
設僅有在與長期均衡相關下才合理，不能用做形成短期理論基
礎。甚至在長期，也沒理由認為這種假設可以成立。事實上，
古典學派並未意識到所得變化與其討論問題的相關性，或所得
實際上是投資的函數的可能性。

　　以上所說可用圖形表示。⑤圖中的投資（或儲蓄）曲線 I
以縱軸衡量，利率 r 以橫軸衡量。$X_1X'_1$ 為投資需求曲線的初始
位置，$X_2X'_2$ 為該曲線的第二位置。Y_1 曲線顯示既定所得 Y_1 中的
儲蓄與利率之間的關係；Y_2、Y_3 曲線等則是對應 Y_2、Y_3 所得的
曲線。讓我們設想在 Y 曲線組群中，Y_1 曲線是與投資需求曲線
$X_1X'_1$ 與利率 r_1 吻合的曲線。現在假設投資需求曲線從 $X_1X'_1$ 移
至 $X_2X'_2$，一般而言，所得亦將變動。但是該圖並未包含充分
訊息，可以指出新的所得為何，也無從知道哪條是適當的 Y 曲
線，自然無以獲悉新投資需求曲線在何處將與之相交。然而如
果引入流動性偏好曲線與貨幣數量，由這兩者指出利率為 r_2，
則整個情況即告確定。此係在 r_2 的垂直線上與 $X_2X'_2$ 相交之 Y_2 曲
線，將是我們追求的適切曲線。是以 X 曲線與 Y 曲線無法指出
攸關利率為何的訊息，僅能告訴我們，如果先從其他來源獲知
利率為何，則所得將為何。流動性偏好曲線與貨幣數量若未發
生什麼事情，利率將維持不變，則 Y_2 曲線與初始投資需求曲線
相交點的垂直線下面，與新投資需求曲線相交的 Y'_2 曲線，即

---

⑤ 本圖是哈樂德提示給我的，羅伯森亦用過類似分析法，參閱《經濟學
　　期刊》，1934年4月號，第652頁。

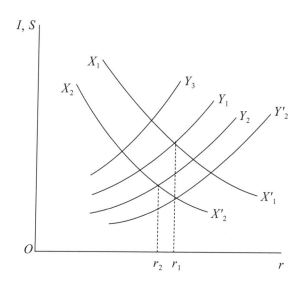

是適切的Y曲線，而Y'₂則是新的所得水準。

　　由此可知，古典理論使用的函數，即投資與從既定所得中儲蓄對利率變動的反應，並未提供攸關利率理論所需的資訊。不過它可以指出，在利率（從一些其他來源）已知下，所得將為何；或者維持某一既定所得（如對應充分就業），利率必須為何。

　　錯誤之處源自於將利息視為等待的報酬，而非不窖藏貨幣的報酬。正如放款或投資報酬隱含不同程度的風險，人們將其適當地視為承擔風險的報酬，而非等待的報酬。事實上，這些報酬與「純利率」並無明顯分野，都是承擔各種未預期風險的報酬。只有當貨幣用於交易而非作為價值儲藏時，其他不同理

論方才適用。⑥

　　然而有兩個熟悉的觀點，或許已經警告過古典學派理論是錯誤的。第一，大家好歹已經同意從卡賽爾出版《利息的本質與必要性》後，當利率上漲，從既定所得中的儲蓄未必確定會增加；同時也無人懷疑投資需求曲線將隨利率上漲而下降。然而當利率上升，如果 X 曲線及 Y 曲線都是下降，就無法保證既定的 Y 曲線會和既定的 X 曲線相交，此即表明不能僅由 Y 曲線與 X 曲線來決定利率。

　　第二，古典學派常常設想，貨幣數量增加好歹在初期及短期內有降低利率趨勢。但卻無人給出理由，為何貨幣數量變動會影響投資需求，或影響從既定所得中的預擬儲蓄。是以古典學派在第一卷處理價值理論所說的利率理論，與在第二卷討論貨幣理論所說的利率理論，兩者是截然不同。據我所知，他們似乎未因兩者衝突而受干擾，也未嘗試在兩個理論間建立溝通橋梁。此處所指的是真正道地的古典學派，而新古典學派曾經意圖建立一座橋梁，但卻導致最糟糕的混亂局面。新古典學派曾經推論，必須有兩個供給來源滿足投資需求，此即古典學派討論的真正純粹儲蓄，再加上透過貨幣數量增加提供的金額，亦即透過對人們課徵某些物品來平衡，可稱為「強迫儲蓄」或類似名稱，從而衍生「自然」（natural）、「中立」（neutral）⑦或「均衡」利率這類概念，此即促使投資等於古

---

⑥ 參閱本書第十七章。

⑦ 當代經濟學家的「中立」利率與龐巴維克的「自然」利率不同，亦與魏克賽爾（Wicksell）的「自然」利率不同。

典學派所稱未附加強迫儲蓄的眞正純粹儲蓄利率。最後，從他們認爲正確的出發點衍生最明顯的解決方案，亦即在所有情況下，若能維持貨幣數量不變，這些麻煩都將無從產生，此係假設過度投資超過眞正純粹儲蓄產生的惡果不可能出現。但是此時此刻，我們陷入深淵中：「野鴨已經潛至水底，深到無可再深，並且死命緊咬水底的雜草、蔓莖與一切汙物。此時唯有非常聰明的狗跳下去，方能將鴨子拉上來」。

　　傳統分析所以錯誤，就在無法正確隔離體系的獨立變數。儲蓄與投資是體系內被決定因素而非決定因素，是由消費傾向、資本邊際效率與利率等因素決定的雙生子。當然這些決定因素本身也非常複雜，每種因素都可能受其他因素預期變化影響。不過他們仍然維持獨立，在這層意義上，其數值無法從另一方推演而得。傳統分析知道儲蓄取決於所得，卻忽視所得決定於投資的事實，當投資變動引起所得必須變動的程度，將讓儲蓄變動正好等於投資變動。

　　那些意圖讓利率取決於「資本邊際效率」的理論，不會比傳統理論更成功。在均衡狀態，利率確實將等於資本邊際效率，此係在達成均衡前，增加（或減少）當前投資規模將是有利可圖。然而要將其變成一個利率理論，甚至由此推演出利率，則涉及循環論證的弊病。正如馬夏爾依循此種方法來解釋利率，在半途中即發現此問題。[8] 此係「資本邊際效率」部分取決於當前投資規模，而在計算這一規模爲何之前，必須已經

---

[8]　見本章附錄。

知道利率。這重大結論是：新投資的產出將被推到資本邊際效率等於利率的那一點，而資本邊際效率表列指出的不是利率爲何，而是在利率已知下，新投資的產出將被推動至何點。

讀者很容易理解，此處討論的問題，將是最具基本理論與壓倒性實務的重要性。由於經濟學者提供實務建議所依據的經濟原理，實際上係基於其他條件不變的假設，支出減少將降低利率，而投資增加則會提高利率。但是如果這兩者決定的並非利率而是就業量，那麼我們對體系運作機能的看法將會發生重大變化。在其他條件不變下，人們降低支出意願，並非將其視爲增加投資的因素，而是視爲導致就業減少的因素，則看法將徹底改觀。

附錄：馬夏爾《經濟學原理》、李嘉圖《政治經濟學原理》與其他人論著中的利率理論

I

在馬夏爾、艾其渥斯或庇古的著作中，都未曾持續討論利率，只是偶爾提及而已。除上述所引一段外（見上第十一章第二節），馬夏爾對利率的立場的唯一重要線索，可見諸於《經濟學原理》（第六版）第六編第534頁及593頁。以下摘錄這兩頁的要旨：

「利息既爲在任何市場使用資本的價格，是以經
常趨向於均衡水準，促使市場對資本總需求等於
即將到來的總資本量。⑨如果我們考慮的是小市
場，如單一城鎮或某進步國家的單一產業部門，
則資本需求增加，將會快速由周邊地區或產業移
轉來的資本供給增加而獲得滿足。但若將整個世
界或某大國整體視爲一個資本市場，資本總供給
就無法隨時改變，而且會隨利率變化出現劇烈變
動。此係資本的總資金是勞動與等待的產物，利
率上升對額外工作⑩與額外等待將會產生誘因，但

---

⑨ 注意，馬夏爾使用「資本」而不用「貨幣」，用「資本供給」而不用
「放款」；然而利息是借錢的成本，此處所謂「資本需求」應當是指
「爲購買資本財而對放款的需求」。但使資本財供需相等者是資本財
價格而非利率。利率使借貸金額相等，換言之，亦即促使債務票據供
需相等。

⑩ 這就假設所得並非不變。然而我們不清楚，爲何提高利率會引起「額
外工作」。難道說提高利率可以增加爲儲蓄而工作的誘因，故可視爲
是實質工資增加、可使生產因素願意接受較低貨幣工資而工作嗎？我
想這是羅伯森在類似場合心中所想的意思。當然，這種額外工作「在
短時間內不會太多」；想以這個因素解釋實際投資變動，可謂不近情
理而且荒謬。我主張把下半句重寫如下：「若資本邊際效率增加，對
一般資本需求大量增加，且此種增加未爲利率上漲抵銷，則資本財生
產增加。由於資本財生產增加，帶動就業增加、所得提高；因所得水
準提高，故有額外等待，且此額外等待的貨幣値恰等於當前資本財增
產値，故前者將適足提供後者。」

相較於勞動與等待（現存資本總量是這兩者的結果），將不會快速發揮效果。一般而言，資本需求大量增加，一時甚難藉由供給增加來因應，故需透過利率上漲來抑制；[11]這將導致部分資本從那些邊際效用最低的用途上撤離，利率上漲只能緩慢逐漸增加資本總量」（第534頁）。

「僅在非常受限的意義下，慣用語「利率」才能適用於舊的資本投資。[12]舉例來說，我們或許估計約有70億英鎊營利資本以3%淨利息投資於某國的不同產業。不過這種說法在許多場合雖然方便而且無可非議，但卻不夠精確。我們應當說的是，如果每個產業投資在新資本（即在邊際投資）產生淨利率為3%，則整體產業資本投資產生的所得淨額，若以利率3%進行資本化，其金額將等於70億英鎊。此係投入改良土地或興建房屋，建設

---

[11] 為何不藉由資本財供給價格提高呢？例如：若一般資本需求大量增加係源自於利率下降所致，則資本財供給價格將上漲。我主張這句話重寫如下：「若資本財需求大量增加，而資本財總供給量不能即刻增加來滿足，則此需求未滿足部分，將暫時因資本財供給價格上漲而受到抑制，提高程度將使投資不必有多大改變，而資本邊際效率已等於利率。同時（亦永遠如此），生產因素適合生產資本財者，將在新環境下用於生產邊際效率最高之資本財。」

[12] 簡直不能用。利率只適用於借貸交易，故我們只能說，為購買新舊資本財或為其他目的，借錢所支付的利率。

鐵路或製造機器資本價值，是其預估未來淨所得
（或地租）現值的總和。如果預期產生所得能力
遞減，價值也將隨之下降，此係遞減的所得扣除
折舊後，資本化價值也將變小」（第593頁）。

在《福利經濟學》第三版第163頁，庇古說：「『等待』
作爲勞務的性質一直被人們誤解，人們有時說它是在提供貨
幣，有時則又說是在提供時間，但兩者都認爲它對國民所得毫
無貢獻。這兩種說法都不正確。『等待』僅是意謂著人們暫
時延緩消費，讓可能消費的資源轉爲生產工具的型態，⑬『等
待』的單位是在一定期間內使用既定數量的資源⑭——如勞工
或機器。以更普遍的術語來說，等待的單位是一種年值單位
（year-value-unit），或者用卡賽爾的較簡單或許較不精確的
說法，是一個年鎊（year-pound）……針對一項普通的看法，
可能要添加審愼，即是任何一年累積的資本數量，必須等於該
年所做的『儲蓄』。即使當儲蓄被解釋爲是淨儲蓄，亦即是扣
除某人借錢給他人增加其消費的儲蓄，而且將以銀行貨幣表示
未曾動用勞務的短暫累積請求權置之不問，仍然並非如此。事

⑬ 此處行文含糊，到底是說延遲消費一定會產生這種效果？還是說延遲
消費只騰出若干資源，至於這些資源或失業或作投資之用，須視環境
而定？

⑭ 注意，並非所得持有人可以而未作消費的錢，故等待的報酬是準地租
而非利息。這句話言外之意似乎是說，如此騰出的資源必作投資之
用。蓋若騰出資源而失業，則等待還會有什麼報酬？

實上，許多儲蓄本意是要用於形成資本，卻因誤用於浪費上，並未達成它們的目的。」⑮

庇古唯一明顯論及何者決定利率，我想可見諸於《產業波動》（*Industrial Flunctuations*）（第一版）第251～253頁，他在該處駁斥某些人的觀點：「利率取決於實質資本供需，並非央行或任何其他銀行所能控制」，同時提出反駁意見：「當銀行為工商業創造更多信用，實際是基於後者的利益，從人們身上強制課徵實物，轉向增加可供企業使用的實質資本流量，進而降低長期與短期放款的實質利率，這已經在第一篇第十三章中給予解釋。⑯簡言之，銀行收取的資金利率，確實是與長

---

⑮ 在這段裡，庇古沒有告訴我們，若是不計使用不當投資，但計及「暫時存入銀行，未曾動用的勞務支配權」，則淨儲蓄是否等於資本增量。但在《產業波動》第22頁，庇古清楚說明，這種存款對於所謂「實質儲蓄」並不發生影響。

⑯ 在該處（前引書第一版第129～134頁或第二版第146～150頁），庇古討論銀行創造新信用，可供工商業使用的實質資本流量將擴大多少。他的方法是「從銀行創造出來交給工商業的流動信用中，減去若無銀行也會產生的流動資本」，此種減數有二。此後，其論證變得非常晦澀。初始，收取租金者的所得1,500、消費500、儲蓄1,000；後來因為銀行創造信用，其所得減為1,300、消費500－*x*、儲蓄800o＋*x*。庇古乃下斷語：此*x*即因銀行創造信用而淨增的資本。企業所得到底增加多少？等於由銀行所借金額（減去上述二減數）？還是等於收取租金者所得減少金額——即200呢？不論增加多少，企業是將全部增加金額都儲蓄呢？投資增加是否等於信用創造金額扣除上述的減除數？抑或等於*x*？他的論證似乎在正應當開始的地方即行停止。

期放款實質利率存在機械性的連繫關係，但是實質利率完全由銀行以外的因素決定的說法，並不正確」。

針對上述理論的隨手批評，我都已放在附註，而對馬夏爾將屬於貨幣經濟的利息概念，引入不考慮貨幣的論文的說法，感到迷惑不解。「利息」的確無須在馬夏爾的《經濟學原理》中出現，它是屬於經濟學的另一分支。

庇古在《福利經濟學》中，連同其他隱含假設引導我們推論出等待的單位就是本期投資的單位，而等待的報酬就是準地租，但實際上從未提及其應有的利息。然而這些學者並非討論無貨幣經濟——如果有這種體系的話，他們明確知道人們使用貨幣，而且還有銀行體系。另外，庇古的《產業波動》主要是研究資本邊際效率波動，《失業理論》則是主要研究若無非自願性失業，何者將決定就業量變動，至於利率在這兩本書中的分量，相較於在《福利經濟學》中幾乎不起作用。

II

以下引文來自李嘉圖《政治經濟學原理》第511頁，提出利率理論要旨可說明如下：

「不論是5%、3%或2%，貨幣的利率並非由英格蘭銀行放款利率決定，而是由使用資本取得利潤率來決定，且與貨幣價值或數量無關。

不論英格蘭銀行放款100萬、1,000萬或1億，都不會永遠改變市場利率，只能改變央行發行貨幣

的價值。在某一情況下，人們從事相同業務所需
貨幣，相較其他狀況可能所需貨幣超過10倍或20
倍。是以向英格蘭銀行申請貸款，將取決於銀行
願意放款的利率，以及使用放款能夠取得利潤率
兩者間的比較而定。如果銀行收取的利率低於市
場利率，則將無未貸出的貨幣；一旦銀行收取的
利率高於市場利率，則只有揮霍無度的浪子才會
向銀行借款。」

後世的作者們雖然未曾真正背離李嘉圖學說的本質，但
該理論卻提供一個更好的討論起點，而他們卻對這個理論感到
相當不適應，從而在朦朧中尋求庇護。當然，上述引文與李嘉
圖一樣，應當解釋為一種長期理論，其重點在文章段落中強調
「恆常」字眼，而且有趣的是應該考慮必須具備何種假設才能
讓它成立。

此處所需具備的假設就是古典學派指稱充分就業總是存
在，以產出表示的勞動供給曲線沒有變動，長期均衡只有一個
可能的就業水準。依據這個假設連同其他條件不變下，除由貨
幣數量變動引起變動外，心理傾向與預期不變，則李嘉圖理論
將會成立。從這個意義來說，在這許多假設下，只有一個利率
與長期充分就業相容。但李嘉圖及其追隨者卻忽略這個事實：
即使長期就業也未必充分，它是可變的，而且每種銀行政策將
對應不同的長期就業水準。是以有許多長期均衡位置，將分別
對應央行採取的不同利率政策。

如果李嘉圖滿意於其論點僅是適用於央行創造的任何貨幣

數量,則在浮動貨幣工資假設下,其論證仍然是正確。這就是說,如果李嘉圖表明,不論央行將貨幣數量固定在1,000萬或1億,利率都不會出現恆常性改變,他的結論依然成立。但若央行政策是指據以調整貨幣數量的條件,亦即在此利率下,藉由貼現或公開市場操作來調整其資產,這個政策既非無舉足輕重,亦非只有一個政策與長期均衡相容。雖然在極端狀況下,透過失業勞工彼此間進行無益就業競爭,從而可以假設貨幣工資將會無限制下跌,則確實只有兩個長期均衡位置:充分就業,以及流動性偏好變為絕對時的利率所對應的低於充分就業水準。如果貨幣工資浮動,貨幣數量在長期確實無足輕重。然而央行據以調整貨幣數量的條件,將是成為進入經濟體系的一個真正決定因素。

值得補充一點,從上述引文的結束語來看,隱含李嘉圖忽略資本邊際效率可能隨投資變動而變。但這又可以解釋為相較其後繼者,將具有更大內部一致性的另一例子。此係如果將體系就業量與社會心理傾向視為已知,則事實上將只有一個可能的資本累積,資本邊際效率亦只有一個。李嘉圖在智慧上顯現的成就遠非其他較佳人物所能及,他採取一種遠離經驗的虛擬環境,並將其當作經驗世界而始終如一生活在其中。然而他的大部分後繼者不得不兼顧現實而引進常識,結果卻對其邏輯一致性造成傷害。

III

馮·米澤斯(Von Mises)提出一個奇特的利率理論,稍

後並由海耶克以及我認為也被羅賓斯採用，亦即利率變動可以視為消費財與資本財的相對價格變動。[17]這個結論如何得來並不清楚，但爭論似乎如下：透過一些極端簡化，資本邊際效率可用新消費財供給價格對新生產財供給價格的比率來衡量，而這個比率即可視同利率。[18]同時，他也提請注意利率下降有利於投資的事實，是以消費財價格對生產財價格的比率下降，亦將有利於投資。

透過這種方法，在個人增加儲蓄與總投資增加兩者間建立了聯繫。此係大家都同意，人們增加儲蓄將導致消費財價格滑落，下降幅度極可能超過資本財價格降幅，是以依據上述推理，這意味著降低利率將會刺激投資。然而一旦某些特定資本資產的邊際效率下降，由此引起一般資本邊際效率降低，則對上述論證假設的結果，正好產生相反效果。此係刺激投資可以藉由資本邊際效率上升或透過利率下降來達成。由於將資本邊際效率與利率混淆不清的結果，就是馮·米澤斯及其門徒正好得出的錯誤結論。依循這種思維釀成混淆的良好例子，可用漢森（Alvin Hansen）的下列文章段落說明：[19]「有些經濟學者

---

[17] 《貨幣與信用理論》（*The Theory of Money and Credit*）第339頁及全書；尤其是第363頁。

[18] 如果我們是在長期均衡狀態，也許可以想出特種假設讓這種說法成立。但若我們討論的物價是不景氣下的物價，則假設企業在預測時，若想永久維持現有價格，此種假設必與事實不符。又如果企業如此設想，則現有資本財價格將與消費財價格作同比例下降。

[19] 《經濟復興》（*Economic Reconstruction*），第233頁。

表明支出減少的淨效果，將是消費財價格較未減少時為低，而且對固定資本投資的刺激也將趨於極小。然而這種意見並不正確，它是建立在對資本形成觀念的混淆不清上：⑴消費財價格較高或較低以及⑵利率變動。由於支出減少及儲蓄增加，消費財價格相對生產財價格確實較低。但實際上，這意謂著較低利率將刺激在較高利率下無利可圖的產業擴張資本投資。」

第十五章

流動性的心理與商業誘因

I

在第十三章初步介紹流動性偏好後，本章將更詳細討論影響各項動機的因素。該主題有時放在「貨幣需求」標題下討論，兩者實質上並無差異，而且也與貨幣所得流通速度（income-velocity of money）緊密聯繫。此係貨幣所得流通速度是衡量人們選擇以現金保有所得的某一比例，以致於貨幣所得流通速度增加可能是反映流動性偏好降低。然而這兩者並非是同一回事，人們可在流動性與非流動性間進行選擇，此係針對他累積的儲蓄而非所得而言，尤其是「貨幣所得流通速度」這個名詞容易讓人誤解爲人們對整個貨幣需求是與所得成比例，或與所得存在某種確定關係。事實上，我們稍後將會看到，這類推測只能適用於人們持有現金的一部分，而這種誤會的結果是忽略了利率扮演的角色。

在《貨幣理論》中，我曾經在所得存款（income-deposits）、業務存款（business-deposits）與儲蓄存款（savings-deposits）標題下討論過貨幣需求，在此無須重複該書第三章所作分析。然而爲此三個目的而持有貨幣還是形成單一的資金池，持有者無須將其分成三個絕對無法互通的部分，此係在其心中也未必需要清楚劃分，相同資金可以主要爲了某一目的持有，其次才是爲了另一目的持有。是以我們將特定情況下人們的貨幣需求視爲單獨決策，雖然這個單一決策是綜合許多不同動機的結果。

在分析各種動機時，將其分類仍然比較方便。其中，第一類廣泛對應先前所提的所得存款以及營業存款的分類，後兩類

相當於儲蓄存款。我曾經在第十三章中介紹，可再分類爲所得動機與營業動機的交易動機，以及預防動機與投機動機。

(1) **所得動機（income motive）**：持有現金的理由之一，係在彌合收付分際間的時距。這個動機誘使人們持有既定現金總量，其強弱程度主要取決於所得大小，以及所得與支出兩者間的時距長短而定。正是在這方面，貨幣所得流通速度概念是完全適合的。

(2) **營業動機（business motive）**：持有現金是爲彌合產生營業成本與收到銷售收入兩者間的時距。廠商持有貨幣融通從進貨到變現這段時距，即包括在此動機下。這個貨幣需求強度主要取決於本期產出值或本期收益大小，以及產品周轉次數而定。

(3) **預防動機**：爲預防意外事件所需的突然支出，或未預期有利採購時機，以及持有固定金額資產因應未來固定金額負債。

這三類動機強度部分取決於需要現金時，取得現金的便宜程度與可靠性而定，尤其是以透支或其相當的方法。如果人們實際需要現金，能夠毫無困難取得，就無須持有閒置現金以備不時之需。這三者強度也將取決於人們持有現金的相對成本而定。假設持有現金只能透過放棄購買有利可圖的資產來達成，則持有現金成本增加，將會削弱持有特定數量現金的動機。如果人們持有現金所需放棄的存款利息下降或避免支付銀行手續費上升，則將強化持有現金動機。然而除非持有現金成本出現極大變動，否則這些大概只是一個不重要的因素。

(4) **投機動機**：這種動機較其他動機更須詳細檢視，此係

人們對其了解不夠，另外也因其在傳遞貨幣數量變動的效果上特別重要。

在正常情況下，滿足交易與預防動機所需的貨幣數量，主要取決於體系內一般活動與貨幣所得水準。但是體系在貨幣管理或無貨幣管理下，未預期貨幣數量變動，將透過投機動機操作對體系釀成影響。此係除一般經濟活動與所得水準實際發生變化外，滿足前面動機的貨幣需求，通常對任何影響都沒什麼反應。然而經驗指出，投機動機貨幣需求通常顯示對利率變化出現持續反應，亦即有一條連續曲線將滿足投機動機貨幣需求變動，並將各種期限債務顯示的利率變動連繫起來。

的確，若非如此，公開市場交易勢將窒礙難行。我在先前說過，經驗顯示上述連續關係存在，此係在正常環境下，銀行體系實際上經常藉由些微提高（抑低）債券市場價格，透過購買（或出售）債券來交換現金。同時，銀行體系藉由買進（或賣出）創造的現金數量愈大，利率下降（或上升）幅度亦愈大。不過正如1933～1934年的美國情形，公開市場操作侷限於極短期限的證券，效果自然僅限於極短期利率，至於對更重要的長期利率則僅能發揮極小影響。

在討論投機動機時，區分引發利率變動的來源很重要：一種是流動性偏好函數未曾變化，可用於滿足投機動機的貨幣供給發生變動，另外則是預期改變影響流動性偏好函數變動。公開市場操作可能透過兩個途徑影響利率，此係他們不僅改變貨幣數量，而且也可能改變人們對央行或政府政策的預期。訊息改變促使人們修正預期，導致流動性偏好函數出現不連續變化，由此引發利率變動也是相應的不連續。確實，只有人們對

訊息變動的解釋不同，或對個人利益釀成影響不同，任何債券市場交易活動才有增加的空間。如果訊息變動係以完全相同方式影響每人的判斷與需要，則無任何市場交易，利率（以債券與債務價格表示）將立即調整至新情況。

　　如此，在最簡單的情境下，當人們彼此處境相同，環境或預期變動都不能引起任何貨幣移動；它僅會改變利率，使其足以抵銷人們因應新環境或新預期，而意圖改變持有現金的慾望；而且對於誘使人們改變持有現金的利率，在觀念上也將等幅度改變，從而不會發生任何交易。對應著每一組環境及預期，各有相對應的適當利率，將不會發生有人改變通常持有現金數量的問題。

　　一般來說，環境或預期變動，將引起人們調整貨幣持有數量。此係在事實上，一種變化對個人觀念影響不同，部分是因個人環境與持有貨幣的理由不同，部分則是個人對新情況的認識與解釋不同，促使新均衡利率將伴隨著重分配貨幣持有量。不過值得關注的是，這是利率變動而非現金重分配。後者是隨著個人間的差異而發生，至於基本現象則發生於最簡單情境。此外，即使在一般情況下，利率變動通常是對訊息變動反應最為顯著的一部分。正如報紙習以為常的說：債券價格變動與交易活動完全不成比例。以人們對訊息反應，相同處遠超過相異處，這是應該有這種現象。

II

　　人們為滿足交易與預防動機而持有現金，與為滿足投機動

機而持有現金並非完全無關，但是這兩種現金持有數量大體上
卻是彼此獨立。爲了進一步分析，我們將依據這種方式拆開問
題來看。

　　滿足交易與預防動機而持有現金數量是M_1，而滿足投機
動機持有現金數量爲M_2。對應這兩部分現金，將有兩個流動
性偏好函數L_1及L_2。L_1主要取決定於所得，L_2則取決於目前利
率與預期狀態兩者間的關係，是以

$$M = M_1 + M_2 = L_1(Y) + L_2(r)$$

L_1是對應所得Y的流動性偏好函數而決定M_1，而L_2是利率r的函
數而決定M_2。是以有三個問題要研究：(1)M變動對Y及r的關
係？(2)何者決定L_1的形狀？(3)何者決定L_2的形狀？

　　(1) M變動對Y及r的關係，將取決於M變動由何而來。假設
M由金幣構成，M變動只能來自我們設想的經濟體系內金礦員
工報酬增加才會發生。在此種情形下，M變動首先與Y變動直
接關聯，此係新黃金成長必然爲某人的所得。如果M變動是由
政府發行貨幣融通目前支出，則情形完全相同，此係新貨幣
也自然成爲某人的所得。然而新所得水準不會持續高到足以
讓M_1需求量來吸收全部的M增加量，是以部分貨幣必須另尋出
路，轉向購買證券或其他資產，降低利率使得M_2數量增加，
同時刺激Y上升，結果是新增貨幣數量是由M_2或M_1吸收，而
M_1則與r_1下跌引起Y的增加相當。是以這種情形僅差一步就和
另一情形相同，那就是新貨幣僅能由銀行體系放鬆信用條件，
誘使人們向銀行銷售債務或債券以換取新現金，從而促使新的

貨幣才能發行出來。

在此，我們將後者視爲典型的情況來看。如果M變動可視爲係因r的變動而來，則其變動部分透過M_2變動，另外則會促使Y與M_1變化，從而產生新均衡。至於在此新均衡位置，新增現金如何分配於M_1及M_2，將取決於投資對利率降低的反應，以及所得對投資增加的反應而定。[①]由於Y的大小部分取決於r，是以特定的M數量變動必須引起r發生足夠變化，促使由此醸成的M_1與M_2變動的總和，將會等於特定M的數量變動。

(2)貨幣所得流通速度定義究竟是指Y對M的比率，或Y對M_1的比率，人們尚未將其說得很清楚。不過我主張採取後一種意義，V是貨幣所得流通速度，則

$$L_1(Y) = \frac{Y}{V} = M_1$$

當然，我們沒有理由假設V是常數，V值是取決於銀行業與產業組織性質、社會習慣、各階層間的所得分配、以及持有閒置現金的有效成本。假設我們觀察短期現象，這些因素都不會有重大改變，V值將可視爲幾乎不變。

(3)最後，尚有M_2與r之間關係的問題。在第十三章業已看到：攸關未來利率走向的不確定性，是導致人們持有M_2數量的流動性偏好L_2的唯一合理解釋。由此可知，M_2與既定r之間並無明確的數量關係，問題在於並非r的絕對值，而是它和被

---

① 至於何者決定新均衡性質，則留待第五篇討論。

認為相當安全的r水準的差異程度為何,而後者業已顧及可靠的機率計算。雖然如此,在任何預期狀態下,有兩個理由預期r下降將會引起M_2增加。首先,如果人們對安全利率r水準為何的看法不變,則r每次下降就促使市場利率相對「安全」利率縮小,並為此增加流動性匱乏的風險。其次,r每次下降都會減少來自缺乏流動性的本期收益,此係可作為彌補資本帳上蒙受損失風險的一種保險費,而減少金額等於舊利率與新利率的平方差。舉例來說,某項長期債務利率為4%,除非經過機率的權衡,人們擔心未來利率每年上漲,可能超過本身的4%,否則就值得犧牲流動性,亦即每年大於0.16%以上。不過如果利率已經降至2%,現行收益將僅能抵銷每年利率上漲0.04%,這個或許是利率無法降至極低的主要障礙。除非有各種理由讓人們相信未來跟過去經驗大不相同,否則長期利率2%留給人們只是更多疑慮甚過希望,而其提供的現行收益也僅能抵銷極小量的疑慮。

因此,利率很顯然是一種高度的心理現象。確實,我們在第五篇將會發現,它不能在對應充分就業的利率水準以下達成均衡。此係在這樣的水準,即將產生真正的通貨膨脹狀態,結果是M_1將會吸收持續增加的現金數量。但在對應超過充分就業的利率時,長期利率不僅取決於央行的政策,還須看攸關其未來政策的預期而定。短期利率容易由央行控制,一是以央行不難讓人相信其政策在最近的未來不會大變動,再則也是相較於現行收益,除非它接近於零,否則可能損失是極其微小。但當長期利率已經滑落到某一水準,讓人們基於過去經驗與對未來貨幣政策預期大多認為「不安全」時,則或許是更難控制。

舉例來說，某國與國際金本位連結，如果利率低於他國利率，無可非議的將被視爲缺乏信心。但若將本國利率提高至與國際體系中任何一國扣除風險因素後的最高利率相同的水準，或許將超過與國內充分就業一致的水準。

因此，輿論認爲某種貨幣政策是試驗性質或容易改變，就可能無法達到大量削減長期利率的目標，此係對應r減低至某種水準以下時，M_2可能出現無限制增加。另外，如果相同政策吸引輿論認爲合理、可行且合乎公共利益，同時札根於堅定信念，並由不太可能更換的政府推動，則很可能容易成功。

或許更精確一點來說，利率是一種高度遵循慣例甚過於高度心理的現象，此係其實際值大部分取決於人們預期爲何的看法。如果人們具有足夠信心接受的利率將可能會持久，就會持續下去。當然，在變動體系中，利率將因種種理由環繞在人們預期的正常水準上下波動。尤其是當M_1增加速度大於M時，利率將會上漲，反之亦然。但對充分就業而言，它可能是長期偏高。尤其是當流行的意見認爲利率會自動調整，以致於依循慣例建立的利率水準，被認爲是立基於客觀理由更甚於慣例。此時，在人們或政府心目中，就業未能達到最適水準，將與不適當利率的存在毫無任何關聯。

維持一個足以提供充分就業的有效需求，之所以具有種種困難性，原因就在於一個依據慣例而又相當穩定的長期利率，連結易變又高度不穩定的資本邊際效率的結果。這一點，讀者現在總應該清楚了解。

如果我們能從令人鼓舞的反思中獲得這樣的慰藉，必然是來自於下面期盼：正因爲習慣並非立基於確實的知識上，它不

會總是不當的抵制央行堅持而又目標一致的溫和措施。輿論可以很快習慣於利率溫和下降，並且相應地修正對未來預期，從而爲再次變動做好準備，直到某一點爲止。英國在脫離金本位後，發生長期利率下降，就是一個有趣的例子：人們當時已經習慣於利率連續性下降，其流動性函數對於訊息或央行政策的一些新刺激，已經準備好回應，是以主要變動都是受一系列不連續跳躍的影響。

III

我們可將上述內容總結爲如下的命題：在既定預期狀態下，人們心目中存在某種潛在意識，想要持有超過交易動機或預防動機所需的現金，這將體現在實際持有的現金數量，其程度取決於央行願意發行貨幣的條件而定，而流動性函數L_2所概括者就是這種潛在性。是以在其他條件不變下，對應央行發行的貨幣數量，將有一個確定利率，或更嚴格來說，將有一個不同期限債務的各種利率複合體。然而在經濟體系中，任何其他因素被分別看待時，同樣事情也會發生。是以只要貨幣數量變動與利率變化間存在一些特殊直接或明顯關聯時，這種特殊分析不僅有用而且意義深遠。我們認爲這種特殊關聯來自於這個事實，亦即從廣義上來說，銀行體系與央行是從事貨幣與債務的交易商，而非從事資本或消費財的交易商。

如果央行預擬以特定條件交易所有期限的債務，尤其是預擬交易不同程度風險的債務時，各種利率複合體與貨幣數量將存在直接關係。利率複合體將只是銀行體系預擬取得或處分

債務所依據條件的表示，而人們持有貨幣數量則是考慮所有相關情況後，寧願保有流動現金，也不願依據市場利率顯示的條件，脫手現金來換取債務。或許央行以複合利率，在標明價格上買賣所有期限的金邊債券（gilt-edged bonds），而非以單一銀行利率交易短期票券，這正是針對貨幣管理技術的最重要實際改良。

　　然而以今日實際情形而言，銀行體系訂定債務價格，在市場究竟「有效」到何種程度，係指在主導實際市場價格的意義上，將隨制度不同而異。價格有時在某一方向較其他方向更有效，那就是說，銀行體系可能以某種價格購買債務，但未必會以接近買價出售，而買賣價差即是交易商的報酬。雖然在公開市場操作協助下，價格沒有理由不能雙向有效，而且還有一個更重要限制，那就是央行對所有期限的債務，大概也不會以同樣意願來交易。實務上，央行傾向於專注短期債務買賣，聽任長期債務價格受到來自短期債務價格遲來與不完全反應的影響。雖然在這裡，他們仍然沒有理由為何需要如此做。當這些限制發揮作用時，利率與貨幣數量間的直接關係也隨之改變。在英國，審慎控制範圍似乎正在擴大，但將這個理論應用在特殊案例時，則須顧及央行實際使用方法的特徵。如果央行僅交易短期債務，則必須考慮實際或預期短期債務價格對較長期限債務價格的影響為何。央行為不同期限與風險的債務，建立任何利率複合體，其能力將受到某些限制，可以總結如下：

　　⑴源自於央行對自己的操作限制，只願買賣特定類型債務。

　　⑵當利率降至某種水準，基於上述業已討論的理由，流

動性偏好可能成爲絕對，而利率是如此低，導致人們幾乎是寧願持有現金，而不願持有債務。在此狀況下，央行已經喪失有效控制利率。這個極端情形在未來或許會有實際重要性，然而迄今爲止，我還不知道有這種實例。確實，由於央行通常不願意大膽交易長期債務，故一直沒有機會進行測試。此外，如果眞有這種狀況發生，那就意味著在一個名目利率下，政府可以透過銀行體系無限制融資。

(3) 由於流動性偏好函數在某一方向或其他方向變成絕對性，導致利率穩定性完全崩潰，而最顯著例子都發生在極度異常的環境。在第一次世界大戰後，俄國及中歐經歷過通貨危機或通貨逃離，無論什麼條件，無人會持有現金或債務，即使是持續上升的高利率，也無法跟上資本（尤其是流動性商品）邊際效率，此係人們都預期貨幣價值將有更大跌幅。在1932年某些期間，美國卻有一個與其相反的金融危機或清算危機，當時幾乎無人在合理的條件下，放棄持有的貨幣。

(4) 最後，還有第十一章第四節所述的困難，在低利率時代，有效利率降低到某一水準以下，亦即撮合借款者及最終放款者所需的中間費用，可能被證明是很重要，尤其是針對道德風險，放款者將在純利率上要求附加風險補償。當純利率降低時，這些費用與風險的補償未必同時下降。是以典型借款者必須支付的利率，可能比純利率下降爲緩慢，而且透過現有銀行與金融組織的方法，也可能無法降低到某一最低水準以下。如果道德風險的估計是可預見，這個論點尤其重要。此係風險係因放款者質疑借款者不誠實所致，即使借款者不想欺騙，但也想不出方法來抵銷由此產生的高費用。在短期放款的情況下，

如銀行放款費用高昂也很重要；即使放款者的純利率爲零，但銀行仍可能向客戶收取1.5%或2%的利率。

IV

上述與貨幣數量學說間的關係，留待後面第二十一章討論較爲適當，不過此處事先略加說明，或許是件有趣的事。

在靜態體系中，或是基於其他理由，無人對未來利率感覺任何不確定性，在均衡時，流動性偏好函數L_2或稱窖藏傾向，將永遠等於零。是以在均衡時，$M_2 = 0$與$M = M_1$，任何M變動將引起利率波動，直至所得達到某一水準，促使M_1改變等於預期M的變動爲止。我們知道$M_1 V = Y$，V是貨幣所得流通速度，Y是總所得。因此，如果衡量目前產出O與物價P是可行，將可得到$Y = OP$，故$MV = OP$，這與傳統型態的貨幣數量學說極爲相似。[2]

就眞實環境而言，貨幣數量學說存在一個重大錯誤，那就是未能區分產出變動或工資單位變動引起物價變動。[3]這個省略或許在於假設無窖藏傾向與永遠處於充分就業。此係在這種情境下，O是固定，M_2是零，如果再將V也視爲固定，則工資單位與物價將與貨幣數量成直接比例。

---

[2] 假設將V之定義不規定爲Y/M_1，而規定爲Y/M，則貨幣數量說放諸四海而皆準（truism），但沒有重要性。

[3] 此點在本書第二十一章還要討論。

第十六章

泛論資本的性質

I

　　打個譬喻說，人們的儲蓄行為意味著今日決定不吃晚餐，但無須決定一週或一年後吃晚餐或買一雙皮靴，或在任何日子消費商品。是以這種行為除扼殺準備今日晚餐的生意外，他方面又未能刺激那些為消費行為做好準備的事業。它不是以未來消費需求替代目前消費需求，而是這種需求的淨減少。另外，在很大程度上，預期未來消費係基於目前消費經驗，是以後者減少可能會壓抑前者，結果是儲蓄行為不僅壓低消費財價格，讓既存的資本邊際效率不受影響，但實際上也可能傾向於壓抑後者。在這種情況下，它可能會減少目前消費需求與投資需求。

　　如果儲蓄不僅抑制目前消費，也為未來消費發出特定訂單，則其影響真的會有不同。此係在那種情境下，對未來投資收益預期將獲得改善，且將目前用於消費的資源，轉向投入未來消費。即使在這種情境下，預擬未來消費所需資源，也未必等於被釋出的資源。此係在延緩消費期間，人們可能採取某些不方便的「迂迴」生產方法，導致其效率遠低於目前利率，結果是未來消費訂單對就業有利的影響不會立刻發生，而須等到日後，是以儲蓄的立即效果依然不利於就業。然而無論如何，人們的儲蓄決策，事實上並未涉及對未來消費投入特定訂單，不過只是取消目前消費訂單罷了。由於預期消費是就業存在的唯一理由，在其他條件不變下，消費傾向遞減對就業具有打擊效果的結論，應當不會讓人有任何奇怪之感。

　　因此，麻煩的發生就在於儲蓄並不隱含某些額外的未來消

費取代目前消費，不過即使有此含意，但爲準備這項未來額外消費所需的經濟活動，也沒有爲準備目前消費所需的那麼多，而後者價值等於儲蓄。但就其本身而言，渴望「財富」即是在不特定期間，消費某一不明確商品的潛在可能需求。人們的儲蓄與消費同樣都對有效需求有利，乃是非常普遍但卻荒謬的觀念，其形成來自於一項似是而非的謬論，以爲持有財富慾望增加，與持有投資財慾望增加是同一件事。一旦人們增加投資財需求，必然刺激投資財生產。是以經由人們儲蓄，本期投資增加剛好等於目前消費減少。

這個謬論極難消除人們心中的迷惑，此係人們相信財富持有者想要擁有資本資產本身，殊不知他眞正追求的是資本資產的預期收益，而預期收益則取決於涉及未來供給條件與未來有效需求預期的關係而定。是以人們的儲蓄若無助於改善預期收益，也將無助於刺激投資。此外，要讓個別儲蓄者達成預擬持有財富的目標，亦無必要爲了滿足其心願而生產新的資本資產。誠如我們在前面提及儲蓄的雙元性，單憑某人儲蓄就可迫使他人將一些舊或新的財富移轉給他。每一儲蓄行爲必然不可避免涉及強迫移轉財富給儲蓄者，而該儲蓄者也可能蒙受他人儲蓄的傷害。這類財富移轉確實如我們所見，並不需要創造新財富，甚至還可能積極妨礙新財富形成。創造新財富完全取決於其預期收益是否達到目前所訂的利率標準。新投資的邊際預期收益並不因某些人希望增加財富而遞增，因它係取決於在特定期間對特定商品需求的預期。

我們也無法透過爭論來避免上述結論，亦即財富擁有者期待的並非既定預期收益，而是可能的最佳預期收益，是以擁有

財富慾望增加，就降低新投資財生產者必須引為滿足的預期收益。這個說法忽視持有實質資本資產永遠有替代品的事實，此即持有貨幣與債務。是以新投資財生產者滿意的預期收益，不能滑落低於目前設定的利率標準。另外，我們先前業已看到，利率並不取決於持有財富慾望的強度，而是要看以流動性或缺乏流動性型態持有財富慾望的強度，再加上兩類財富的相對供給量而定。如果讀者疑惑仍然不解，那就讓他反躬自問：在貨幣數量不變與現行利率下，為何新儲蓄將會減少預擬持有流動性財富的數量。

當我們試圖進一步追究來龍去脈時，可能引發某些更深層的困惑，這些將留待下章討論。

II

人們傾向於說資本生命年限中的收益超過原始成本，甚至超過其具有生產性。某項資產生命年限內能夠產生的收益總值大於原來供給價格，唯一理由就在具有稀少性，而其稀少性係因為有貨幣利率的競爭。如果資本趨於較無稀少性，超額收益勢將遞減，但就物質意義而言，至少其生產力未必減低。

是以，我同情在古典學派之前的學說，其認為每件東西皆由勞動生產出來，並由過去曾經稱為工藝（art）的技術，依其稀少性或豐富性，而支付租金或免費的自然資源，以及過去勞動成果內含於資產者，其價格亦視稀少性或豐富性而定等三者協助完成。我們最好將勞工（當然包括企業及其助手的個人勞務在內）視為唯一的生產因素，在特定技術、自然資源、資

本設備以及有效需求等環境下營運。這可以部分解釋，爲何除貨幣單位及時間單位外，我們可將勞工單位作爲體系內需要的唯一實體單位。

誠然，有些冗長或迂迴生產過程具有實體效率（physical efficient），但有些短的過程也是如此。冗長過程並不因其長而具有實體效率，有些冗長過程（可能是大部分）將是非常缺乏實體效率，因爲隨著時間推演，將出現損壞或浪費的情事。[1]在既定勞動力下，體現在效率運用的迂迴生產過程中的勞動數量有一定限度。除了其他考慮因素外，用於製造機器與使用機器所需雇用勞動數量，兩者間必須有一適當比例。相對於勞動雇用量而言，即使生產過程的實體效率遞增加，生產過程日益迂迴，但最終價值卻不會無限制增加。只有當延緩消費慾望強到足以產生一種狀況，促使達成充分就業所需投資是如此龐大，導致資本邊際效率淪爲負值，只有此時，生產過程才會因其冗長而變爲有利。在這種情境下，我們應當採取缺乏實體效率的生產過程，只要這些過程確實冗長，足以讓其從延遲消費獲取的利益超過生產過程的無效率。事實上，我們應該還有一種情境，亦即短的生產程序必須維持足夠稀少性，讓實體效率超越提前交付商品的不利。是以一個正確理論必須是具有可逆性，方能說明涵蓋對應於正或負利率，而且也只有上面所述的稀少性理論能夠做到這一點。

此外，有各種理由可以解釋爲何勞務與設備具有稀少性，從而相對其涉及的勞動數量爲昂貴。舉例來說，除非生產

---

[1] 參閱馬夏爾對於龐巴維克所下注腳，見《原理》，第583頁。

過程附隨惡臭氣味獲取更高報酬，否則人們不會採取這些生產過程，而風險性生產過程亦然。但是我們並未因此而為這些難聞或風險性過程，創造一種生產力理論。總之，並非所有勞動都在相同愉快環境下工作，而且均衡條件要求，在不愉快環境（以難聞、風險或時間流逝為特徵）生產商品，必須維持充分稀少性，方能取得更高價格。不過如果時間流逝轉為令人愉快環境，這是很可能的情境且已對許多人適用，則誠如我先前說過，必須維持充分稀少性的是短期生產過程。

在最適迂迴數量已知下，我們當然選擇可以達到所需總量的最有效率迂迴過程。至於最適迂迴數量則是能夠滿足各個消費者希望延緩的那一部分需求數量。換句話說，在最適情況下，生產必須以最佳效率方式進行，並且能在消費者需求成為有效的日期交貨。如果交貨日期與此不同，即使商品產量因交貨日期變化而遞增，生產仍屬徒然。可以這麼說，除非人們預期有豐盛大餐可吃，因而提前或延遲進餐時間。如果人們聽完餐飲的全部細節，充分獲悉在不同進餐時刻所能取得的飲食內容後，從而偏好在晚上八點吃飯，則不管是七點半、八點或八點半是最適合廚師的時間，他的唯一任務就是生產絕對最好的晚餐，而於晚上八點擺出。在社會的某些階段中，也許晚點吃飯將可獲得更好的晚餐，但在其他階段，同樣可以想像早點吃飯也能獲得較佳晚餐。正如我先前業已說過，我們的理論必須能夠適用這兩種場合。

對任何已知的商品，假設利率為零，在其平均投入日期與消費日期之間，將有一個最適時距讓勞動成本極小。生產過程若短於此最適時距，將是技術效率較低；而長於此生產程

序，將因涉及儲藏成本及耗損，效率也會較低。但利率若大於零，則將引入新的成本因素，且隨生產過程延長而遞增，結果是縮短最適時距，同時為最終交貨商品而準備的目前投入也將縮減，直到預期價格上漲到足以彌補成本上漲為止，而成本遞增則是源自於利息費用與較短生產方法的效率遞減。如果利率下跌至零以下（假設這在技術上可行），則會發生相反情況。在消費者未來需求已知下，可以這麼說，今日的投入或日後開始投入，兩者間必然發生競爭，結果是在較便宜甚過於目前生產，但其幅度不足以抵銷來自負利息的利益。就大多數商品而言，遠在其預期消費前即已展開投入，將會涉及很大的技術無效率。是以即使利率等於零，消費者預期需求值得事先準備的部分，仍然受到嚴格限制；而且隨著利率上漲，消費者預期需求中值得在今天生產的部分，將會同時縮減。

III

我們已經看到：在長期，資本必須維持足夠稀少性，讓資本生命年限中的邊際效率至少須等於利率，而利率則取決於心理及制度情況。這對類似擁有豐厚資本設備的體系而言，將意味著資本邊際效率為零，任何新投資增加將讓邊際效率淪為負值。但是體系卻又擁有貨幣體系，人們將持有貨幣，其儲藏及安全保管成本均微不足道，結果在實務上，利率不能為負值，而在充分就業環境下，仍然會有儲蓄意願。

在這樣的情形下，如果從充分就業狀態開始，此時企業持續提供就業機會，其規模足以充分利用現有資本設備，則必然

蒙受損失。是以就業水準及資本存量將會縮減，直至體系淪落如此窮困，促使總儲蓄變爲零，某些人或團體的正儲蓄恰好爲另外一組成員的負儲蓄抵銷。因此，對我們設想的體系而言，在自由放任環境下，均衡位置將是就業低落而生活水準淒慘，儲蓄等於零的狀態。更可能的是，環繞這個均衡位置，將會出現循環性變動。此係對於未來存有不確定性的空間，資本邊際效率偶而上升超過零，從而引發「繁榮」，隨後出現景氣低迷期間，資本存量可能短暫降低到長期邊際效率爲零的水準之下。如果人們有正確的遠見，無疑的，促使邊際效率等於零的均衡資本存量，將會小於對應充分就業下的資本存量。此係它將是對應確保零儲蓄的失業部分的資本設備。

唯一的另一均衡將在下列情境下產生：資本存量大到足以讓資本邊際效率爲零，意味著財富數量大到能充分滿足人們爲未來提供準備的總體慾望，即使是在充分就業與毫無利息收益的情況下，也是如此。不過要讓充分就業環境下的儲蓄傾向，剛好滿足資本存量達到邊際效率爲零的那個點，這將是一個不太可能的巧合。是以若能出現一個協助可能性，將是在利率逐漸下降，直至快要消失前的某一點上發揮效果。

截至目前爲止，我們假設制度因素阻止利率淪爲負值，此即以貨幣形式持有的成本微不足道。事實上，制度因素與心理因素存在，對實際利率下降設定大於零的限制。尤其是我們先前業已檢視過撮合借貸雙方的成本，以及攸關未來利率的不確定性，也爲利率設定底限。在目前狀況下，長期恐怕高達2%或2.5%。如果這種看法正確，在利率已經降無可降的情況下，財富遞增的不利局面可能會在實際經驗中快速出現。此

外，如果實際利率降低到最低利率明顯大於零，則甚少可能在其達到前，累積財富的總慾望即已獲得滿足。

英美兩國的戰後經驗可作為實例，主要在自由放任環境下，財富累積如此龐大，導致邊際效率下降速度，遠超過在現有制度及心理因素面前，利率可能下降的速度，從而阻礙合理就業水準，同時干擾生產技術條件能夠提供的生活水準。

由此得出結論，在技術相同但資本存量不同的兩個體系，資本存量相對較小者，目前將會享受較高生活水準。雖然貧窮體系在最後可能追上富裕體系，然而兩者都將遭遇米達斯（Midas）的命運。這個令人不安的結論，當然取決於消費傾向與投資並未依據社會利益而審慎控制的假設，而是主要聽任自由放任支配的結果。

不論理由為何，在充分就業環境下，在對應某一利率等於資本邊際效率下，體系內資本累積等於預擬儲蓄，如果利率下降跟不上資本邊際效率下降速度之快，即使將持有財富慾望轉向不會產生任何經濟效果的資產，也會增加福祉。只要富豪們滿意於建築豪宅供自己生前享受，或建造金字塔供身後保存屍體，或為懺悔他們的罪惡而建造教堂，以及捐款給修道院或外國傳教團體，則豐碩資本將妨礙豐足產出的日子反而可能會推遲。是以「在地上挖窟窿」並以儲蓄來支付，不僅將增加就業，而且將增加有用商品與勞務的實質所得。不過一旦我們了解有效需求將受何種因素影響後，理性社會仍然仰賴這種偶然且經常是浪費的紓緩方法來滿足自己，將是一件極不合理的事。

IV

假設體系業已採取步驟,來確保利率與對應於充分就業的投資一致,同時再引進國家行動作為平衡因素,促使資本設備在朝向飽合點的成長過程中,其增加率不會給當代人的生活水準帶來不相稱的負擔。

基於上述假設,我推測擁有現代技術資源而運作良好的體系,且人口不是迅速遞增,則在一個世代內,應當能夠將均衡狀態的資本邊際效率抑低到近似於零,結果將是能夠達到準靜止體系(quasi-stationary)。在這個體系中,變動與進步只能經由技術、偏好、人口及制度變動才能產生,資本財價格與該商品內含的勞動與其他因素成比例,而與支配消費財價格的原則相同,而資本成本在這類商品中則僅占微不足道的比例。

如果促使資本財變得十分豐盛,以致於讓資本邊際效率為零是相對容易,而此種看法若是正確,或許是逐漸消除許多資本主義令人反感特質的最明智方法。此係只要我們稍加思考,將可顯示來自財富累積而逐漸消失的報酬率,將會產生多麼重大的社會變動!人們仍可自由累積其獲取的所得,以備日後之用,但是他的累積將無從增值。其處境與波普(Pope)的父親相同,後者從商界退休後,攜帶一箱金幣前往屈根漢(Twickenham)的鄉間別墅,將其用於支付日常家用。

收取租金者雖然會消失,但在估計未來收益上,各人意見卻可能不同,企業與技能仍有用武餘地。此係先前所述主要涉及純利率,未曾涵蓋風險及其類似因素,而非是指包括風險報酬在內的資產收益。是以除非純利率淪為負值,否則對於

預期收益不太牢靠的個別資產所做的技巧性投資，仍將產生正收益。同時，如果人們缺乏承擔風險意願，就整體而言，在一段期間內，此類資產應該也會有正的淨收益。然而在這種情況下，由於人們期盼從不牢靠的投資中獲取收益，這類資產也有可能產生負的淨收益。

第十七章

利息與貨幣的基本特質

I

從前面章節來看，在限制就業水準上，貨幣的利率似乎發揮特殊作用，此係若要生產新資本資產，它對此一資本資產的邊際效率必須達到設定的標準。乍看之下，這點之所以應當如此，將是令人困惑不解。是以人們自然要問，貨幣異於其他資產的特殊性安在？是否只有貨幣才有利率？而在非貨幣經濟體系，將會發生何事？在回答這些問題前，我們理論的全部意義將不會很清楚。

我們將提醒讀者，貨幣利率不過是訂約在未來（如一年後）交付超過一筆即期或現金價格的百分比。這樣說來，對每種資本資產而言，似乎都有一個類似貨幣利率的東西。舉例來說，一年後交付確定小麥數量將與立即交付100石（quarters）小麥數量的今天交換價值相同。若前者爲105石，我們可以說小麥利率爲每年5%；若爲95石，則爲年息負5%。是以對每一種耐久財而言，我們都有一個以其本身表示的利率，如小麥利率、銅利率、房屋利率、甚至鋼鐵廠利率。

以小麥爲例，市場報價的期貨及現貨契約之間的差異，與小麥利率具有明確關係，此係期貨契約是以未來交付的貨幣表示報價，而非以即期交付的小麥表示，是以貨幣利率亦參雜其中。其間的確切關係如下：

假設小麥現貨價格爲每100石100英鎊，而一年後交付小麥期貨契約價格爲每100石107英鎊，貨幣利率爲5%，試問小麥利率爲何？100英鎊即期將可購買遠期交付的105英鎊，而

遠期交付的105英鎊將可購買遠期交付小麥 $\frac{105}{107} \cdot 100 (=98)$ 石。或者，100英鎊現貨將可購即期交付小麥100石，是以即期交付小麥100石將可購買遠期交付小麥98石，可得小麥利率為年息－2%。[1]

由此得出，不同商品的本身利率沒有理由必須相等，為何小麥利率應該等於銅利率？此係市場上現貨與期貨契約價格，兩者間的關係將因商品不同而異。我們發現這將會找到想要探求的線索：因為本身利率（own-rates of interest）中的最大者很可能扮演主導地位，此係若要重新生產一種資本資產，其邊際效率必須達到這些利率的最大者，這就是為何貨幣利率通常是最大的一個。我們將發現，某些會降低資產本身利率的力量，對貨幣並不發生作用。

正如在任何期間內存在不同商品利率一樣，外匯交易者也都熟悉，即使以兩種貨幣（如英鎊與美元）表示的利率也不同。因為在這裡，以英鎊表示的外幣即期與遠期契約間的差異性，對不同外幣而言也是不同。

現在，對於衡量資本邊際效率而言，這些商品標準也如同貨幣一樣。此係我們可以選擇任何商品，如以小麥計算資本資產預期收益的小麥價值，而後再看何種貼現率可以讓這一系列小麥年金等於以小麥表示的目前資產供給價格，此即是以小麥表示的該資產邊際效率。假設預期兩種不同標準的相對價值不

---

[1] 這個關係由斯拉法（Sraffa）首先指出，參閱《經濟學雜誌》，1932年3月號第50頁。

變，則無論是以何者衡量，邊際效率的分子與分母將等比例變動，從而都將一樣。但若其中的價值改以他種標準表示，則將發生變動，各種資本資產的邊際效率將依各自的衡量標準同比例變動。讓我們以最簡單情況說明這一點。兩種之一的小麥以貨幣表示而預期以每年a%比率穩定增值，而以貨幣衡量資產的邊際效率爲x%，但以小麥表示爲（$x-a$）%。由於所有資本資產的邊際效率都將同額變動，不論選擇何種商品作衡量標準，其邊際效率大小的順序仍將相同。

嚴格來說，如果某種複合商品可以完全代表全體商品，則在某種意義上，我們可將以這個商品表示的利率與資本邊際效率，視爲是唯一的資本利率與邊際效率。不過這樣做與建立單一價值標準，當然同樣存在障礙。因此，截至目前爲止，相較於其他利率，貨幣利率並無獨特性，而是與其他利率處於相同立足點。然則在前面各章中，貨幣利率能夠居於優勢的實際重要性，究竟源於何種特性？爲何產出及就業量與貨幣利率緊密相連，更甚於與小麥利率或房屋利率的關係？

II

讓我們考慮在一年期間內，對不同資產種類而言，各種商品利率可能爲何。由於我們依次採取每一商品作爲衡量標準，在這種情況下，必須以本身的價值爲標準，衡量每一商品的報酬。在不同程度內，不同類型資產具有三種特性：

⑴有些資產透過協助一些生產過程，或提供消費者勞務，從而產生收益或以此資產衡量產出q。

(2)除貨幣外，不論大部分資產是否用於生產收益，在暫時忽略彼此間的相對價值變化下，都會僅因時間消逝而蒙受損耗或涉及一些費用，亦即涉及以這些資產衡量的持有成本。就我們目前的目的而言，在計算 q 以前扣除的成本與包括在 C 當中的費用，究竟在何處做精確劃分，並無什麼關係。在下面將專門討論 $(q-c)$。

(3)最後，在某一期間內，自由處分資產權利可能提供潛在方便性或安全性，即使這些資產的初始價值相同，這種方便性或安全性對不同種類資產也是不同。我們可以說，在該期間結束時，這種安全性或方便性並未以產出型態表現出來，然而人們卻已準備為此付出代價。人們對這種處分權衍生的潛在方便或安全（附加於資產收益或持有成本除外），願意支付以資產衡量的金額，將可稱為流動性溢酬（liquidity premium）。

由此可知，在一段期間內，人們持有資產預期可得總收益，將等於其收益減去持有成本，加上流動性溢酬，亦即是 $(q-c+l)$。這就是說，$q-c+l$ 是任何商品的本身利率（q，c 及 l 皆以該商品為標準來衡量）。就使用中的工具性資本（如機器）或消費性資本（如房屋）而言，其特徵在於收益通常超過持有成本，而流動性溢酬可能微不足道；至於流動性商品或閒置的工具性資本或消費性資本，其特徵是將產生持有成本且無收益來抵銷。在特殊環境下，流動性溢酬可能十分重要，但一般來說，當該類商品或資本存量超過普通水準後，流動性溢酬也可忽略不計；至於貨幣的收益為零，持有成本微不足道，但流動性溢酬卻相當大。確實來說，不同商品彼此間也許有不同程度的流動性溢酬，而貨幣也可能為了安全保管而發

生某種程度的持有成本。但在本質上，貨幣與其他大多數資產的區別，就在於貨幣的流動性溢酬超過持有成本甚多，而其他資產的持有成本則超過流動性溢酬甚多。為說明這一點，假設房屋的收益為q_1，持有成本及流動性溢酬皆微不足道；小麥的持有成本為c_2，收益及流動性溢酬皆可而略而不計；貨幣的流動性溢酬為l_3，收益及持成本皆可忽略。這就是說，q_1是房屋利率，$-c_2$是小麥利率，l_3是貨幣利率。

為決定與均衡狀態相符的各類資產預期報酬間的關係，我們知道在這一年內，它們的相對價值將發生何種變化。假設選取貨幣作為記帳單位，一樣也可用小麥作為衡量標準，而房屋的預期增值（或減值）比率為a_1，小麥增值（或減值）比率為a_2。我們先前已經將q_1、$-c_2$及l_3稱為房屋、小麥及貨幣的自身利率（為以本身為價值標準），亦即q_1為以房屋表示的房屋利率，$-c_2$是以小麥表示的小麥利率，l_3是以貨幣表示的貨幣利率。如果選擇以貨幣作為衡量價值的標準，則（$a_1 + q_1$）、（$a_2 - c_2$）及l_3也可稱為貨幣利息的房屋率、小麥率及貨幣率。有了這種符號，就可容易看出財富持有者將依據（$a_1 + q_1$）、（$a_2 - c_2$）及l_3何者最大，選擇房屋、小麥或貨幣來滿足其需求。是以在均衡狀態下，以貨幣表示的房屋與小麥需求價格，將讓財富持有者無法依據利益大小來取捨，亦即（$a_1 + q_1$）、（$a_2 - c_2$）及l_3三者將是相等。選擇價值標準不會影響這個結果，此係從某一標準換成另一標準，將使所有項目等量變動，亦即該變動量等於以舊標準表示的新標準的預期增值（或減值）率。

現在，那些正常供給價格小於需求價格的資產，將被重新

生產，而這些資產將是那些邊際效率（以其正常供給價格爲基礎）大於利率（兩者均以相同價值標準衡量，而不論該標準爲何）的資產。這些資產邊際效率初始至少等於利率，然而隨著其存量遞增，邊際效率傾向於下降（下降理由非常淺顯，先前業已提及）。是以除非利率也同時下降，否則該資產將達到無利可圖的點。當任何資產邊際效率都追不上利率時，進一步生產資本資產將會陷入停滯不前。

在目前論證階段中，假設某種資產（如貨幣）的利率固定，或是隨產出增加，其利率下降程度較任何其他商品的利率緩慢，則均衡位置將如何調整？由於（a_1+q_1）、（a_2-c_2）及l_3彼此必然相等，而因假設l_3固定或相對q_1、$-c_2$下降爲慢，是以a_1及a_2必然上升。換言之，除貨幣外，每一種商品目前的貨幣價格，相對預期未來價格都傾向於下跌。是以如果q_1及$-c_2$繼續下跌，終將來到生產任何商品都無利可圖的點，除未來某個時點的非預期生產成本上漲超過目前成本，超過金額足以抵銷持有目前生產的商品到未來某一時日所需的成本。

現在，我們可以明顯看到，先前提及的貨幣利率限制產出，嚴格來說並不正確。我們應當這樣說：隨著資產存量遞增，只有貨幣利率下降最慢，除剛剛提及在目前與未來生產成本之間存在特殊關係的偶然性外，終將促使生產其他每種資產都無利可圖。隨著產出增加，各種本身利率都下降到某一水準，促使各種資產紛紛滑落到有利生產的標準以下，直到最後只有一個或以上的本身利率，仍然停留在高於其他資產的邊際效率上。

如果我們以貨幣作爲價值標準，則很明顯，製造困擾者未

必是貨幣利率。如同某些人設想，我們不能僅憑頒佈命令以小麥或房屋取代黃金或英鎊作爲價值標準，就能擺脫困境。是以現在看來，只要某種資產的自身利率持續存在，不會隨產出增加而主動調降，相同困難仍將隨之而來。舉例來說，在改採不兌現紙幣制度的國家，黃金仍可能持續擔當這個任務。

III

因此，在賦予貨幣利率特殊重要性下，我們隱含假設貨幣具有某些特點，促使以貨幣爲標準表示的貨幣本身利率，在產出增加時，其下降程度將低於其他資產以本身表示的自身利率下降程度。這個假設合理嗎？我想只要稍加了解貨幣的各種特點，就能證明該假設是正確的。如果業已建立的價值標準具有這些特點，則「貨幣利率是重要利率」這一簡短聲明就可成立。

(1)上述結論的第一個特點是：不論長期或短期，在有別於央行的權限下，就民間企業的權限而言，貨幣的生產彈性爲零或非常小。在這種情境下，生產彈性[2]是指用於生產貨幣的勞動數量，相對一單位貨幣所能掌控勞動數量上升所引起的反應。

這就是說，貨幣不能輕易生產，當其以工資單位衡量的價格上漲時，企業無法使用勞動來增產貨幣。在不兌現管理通貨的環境下，這個條件將完全獲得滿足。在金本位制度下，這一

---

② 見本書第二十章。

條件也逼近獲得滿足，除非是以開採金礦爲主要產業的國家，否則可用於增產貨幣的勞動數量，其最大比例的增加量非常小。

現在，在其他資產具有生產彈性下，假設他們的本身利率會下降，此係假設其存量會因較高生產率而增加。至於在貨幣的狀況下，暫不考慮工資單位降低或央行有意增加貨幣供給的影響，供給將是固定。此係貨幣無法隨意由勞工生產的特點，立刻產生某些初步觀點的推定，即是貨幣的本身利率相對難以下降。如果貨幣能夠像農作物那樣栽培，或如同汽車那樣製造，則衰退應可避免或減緩，因爲以貨幣表示的其他資產價格趨於下降，勞工將會轉入生產貨幣。正如我們看到開採金礦國家的情形那樣，雖然對整個世界而言，這種勞工投入的最大量幾乎可以忽略不計。

⑵上述所說的條件不僅是貨幣，而且所有純粹地租因素顯然也能滿足，後者的生產也是完全無彈性。是以必須要有第二個條件，才能區別貨幣異於其他地租因素。

貨幣的第二個特點是：其替代彈性等於零或近似於零，此即意味著當貨幣的交換價值上升，無法產生以其他因素取代貨幣的趨勢，或許當貨幣作爲商品用於製造業或工藝業時，可在極小程度內取代。貨幣的替代彈性近乎於零，就在於貨幣的特殊性是，其效用完全來自交換價值，兩者同步漲跌，結果是貨幣的交換價值上升，人們缺乏誘因或動機尋求以其他因素來代替貨幣，就如同地租因素的狀況一樣。

因此，當以勞動表示的貨幣價格上漲，不僅無法投入更多勞動生產貨幣，而且不論貨幣的價值漲到多高，貨幣需求增

加,都無法讓人們將其移轉到對其他商品需求,正如其他地租因素一樣,是以貨幣將成爲吸收購買力的無底洞。對這一點唯一發生限制作用的是,當貨幣價值上漲,導致人們質疑這種上漲能否持續,則a_1及a_2均增加,這等於貨幣的商品利率提高,從而刺激生產其他資產。

(3)第三,我們必須考慮這些結論是否會被下列事實推翻,即使不能透過投入勞動來增產貨幣,但如果認爲貨幣供給固定,也未免有欠正確。尤其是工資單位減低,會將現金從其他用途中釋出,轉用於滿足流動性動機。此外,以貨幣表示的各種價值下降,貨幣存量占體系內總財富比例也將趨於攀升。

我們不可能基於純粹理論來爭辯,這種反應是否會讓貨幣的利率適度下降。不過有幾個理由聯合起來的力量強大,足以說明爲何在我們習慣的體系中,貨幣利率極可能不會出現適度的下降:

(a)必須顧及工資單位下降,對以貨幣表示的其他資產邊際效率產生的反應,而這些與貨幣利率的差額正是我們關心的。如果工資單位下降,而且出現預期工資單位隨後會再回升,則結果將是完全有利。反之,如果發生影響是預期工資單位更趨下跌,則對資本邊際效率產生的反應,可能抵銷利率下降。[3]

(b)以貨幣表示的工資趨於僵化,以及貨幣工資相對實質工資更穩定的事實,導致以貨幣表示的工資單位下跌受到限制。如果不是這樣,狀況或許更糟而非好轉。此係如果薪資容

---

[3] 這一點在本書第十九章會進一步討論。

易下降，將讓人們預期更會趨於下跌，反而對資本邊際效率釀成反效果。尤有進者，如果以某些其他商品（如小麥）訂定工資，則將不太可能僵化。尤其是那些讓貨幣具有流動性的特點，將讓以貨幣訂定工資常常傾向於具有僵化性。④

(c)我們在這個背景下的最基本考慮，即是貨幣的一些特徵可以滿足流動性偏好。此係在某些經常發生的場合，尤其是利率已經低於某種水準，即使是貨幣數量相較其他型態財富的比例大幅增加，這些將導致利率不敏感。⑤換句話說，超過某一點後，貨幣由流動性產生的收益，不會因貨幣數量增加而下降到某一程度，亦即類似其他型態的資產數量相對增加，引起收益下降的程度那樣。

在這方面，持有貨幣成本低廉或微不足道，將發揮重要作用。如果成本相當可觀，將會抵銷人們預期未來貨幣價值的影響。人們面臨些微刺激，即預擬增加持有貨幣數量，原因就在於流動性具有各種真實或想像的利益，不會被那些隨著時間流逝而遞增的持有成本抵銷。至於就貨幣以外的其他商品來說，它的適度存量可能提供商品使用者一些方便。但若存量過多，即使代表穩定價值的財富儲藏，因而有些吸引力，其以儲存、損耗等形式的持有成本，勢將抵銷此等方便與吸引力。是以在達到某一點後，持有更多數量必然蒙受損失。

然而就貨幣而言，正如先前看到，這點並非如此，而且

---

④ 假設工資及契約以小麥訂定，則小麥可能也會有貨幣的流動性溢酬，這點將在本章第四節再來討論。

⑤ 見本書第十三章，第二節，最後一段。

出於各種原因，亦即在人們評價下，這些理由讓貨幣成爲卓越流動性的東西。是以那些尋求補救措施的改革者，意圖爲貨幣創造人爲的持有成本，主張法定貨幣須依規定費用定期加貼印花，藉以維持其作爲貨幣的品質。他們的這種辦法，或是與此類似的方法，係一直在正確軌道上，而他們建議的實際價值也值得考慮。

由此可知，貨幣利率的重要性是各種特點的結合，透過流動性動機運作，利率對貨幣數量與以貨幣衡量的其他型態資產的比例關係變動，可能沒有什麼反應，而且貨幣的生產彈性與替代彈性都可能爲零，或可以忽略。第一個條件表示需求可能主要是針對貨幣，第二個條件表示當這個現象發生時，無法雇用勞工生產更多貨幣，第三個條件表示在任何一點上，即使某些其他因素十分廉價，而且能夠同樣執行貨幣的職責，也無法紓緩此一局面。除了資本邊際效率變動外，只要流動性傾向不變，唯一紓緩局面的方法，即是增加貨幣數量，或者在形式上是同一件事，提高貨幣價值，促使既定貨幣數量能夠提供的貨幣勞務增加。

像這樣，當貨幣利率提高時，而生產貨幣毫無彈性，在無法刺激貨幣生產下，將會阻礙具有生產彈性的商品生產。依據貨幣無法生產的假設，由於貨幣利率設定所有其他商品利率的步伐，勢必妨礙人們投資該類商品生產，也無法刺激人們投資於生產貨幣。再者，由於以債務表示的流動性現金需求具有彈性，掌握這些需求的各種條件些微變動，可能不會大幅改變貨幣利率，而除了官方活動外，由於貨幣生產缺乏彈性，各種自然力量也無法藉由影響供給來帶動貨幣利率下降。

就普通商品而言，由於對流動性存量需求缺乏彈性，需求微幅變動就可讓利率暴起暴落。此外，由於其供給具有彈性，也不會發生現貨超過期貨的高額溢酬。是以如果聽任其他商品不管，「自然力量」（市場的各種普通力量）將讓它們的利率滑落，直至充分就業出現，促使一般商品供給缺乏彈性爲止，而此係我們假設的貨幣正常特徵。當然我們也必須假設，當貨幣以及具備貨幣特質的商品不存在時，體系只有在充分就業下，各種利率才會達到均衡。

這就是說，失業發生是因爲人們想要月亮，但（如貨幣）卻無法生產，而對其需求又難以壓抑時，人們就無法獲得就業。除了說服人們認爲生乳酪實際上就是相同的事情，除了將乳酪工廠（也就是央行）放在政府控制外，再無其他補救方法。有趣的是，傳統上認爲黃金特別適合作爲價值標準的特點，就在其供給缺乏彈性，而到頭來這一特點恰是麻煩的根源所在。

我們的結論可用最一般化形式（假設消費傾向不變）說明如下。當所有資產的本身利率中最大者，等於所有資產邊際效率（以本身利率最大的資產衡量）時，投資就不可能再進一步擴張。在處於充分就業環境下，這個條件必然獲得滿足。但是如果存在某種資產的生產與替代彈性爲零或相對小，[6] 當產出增加，其利率下降速度相對慢於以該資產衡量的資本資產邊際效率，則在達到充分就業環境前，這個條件可能也會獲得滿足。

---

⑥ 彈性等於零這個條件已經太強，未必需要。

IV

我們先前已經說過，某商品是否作為價值標準，並非該商品的利率成為重要利率的必要條件。不過如同我們知道貨幣的那些特點，讓貨幣利率成為重要利率，在何種程度內，將和作為訂定各種債務與工資價值標準的貨幣連結在一起。這個問題需從兩方面來考慮。

首先，契約是以貨幣訂定，而以貨幣表示的工資通常比較穩定，這一事實對貨幣能夠獲得極高流動性溢酬，無疑是具有重大關係。如果人們以未來到期負債所採取的相同價值標準來持有資產，而此種標準顯示的未來生產成本也相對穩定，則由此獲得的便利實屬顯而易見。同時，作為價值標準的商品若具有高生產彈性，則人們對商品未來貨幣成本的相對穩定性預期，可能不會有多大信心。此外，如同我們所知，貨幣的低持有成本與高流動性溢酬，對於貨幣利率成為重要利率，將具有同等重要的作用，此係我們關切的是流動性溢酬與持有成本之間的差額。除了金、銀與鈔票等資產外，大多數商品的持有成本，最少會與訂定契約與工資所依據的價值標準所具有的流動性溢酬一樣高，是以即使將目前屬於英鎊的流動性溢酬轉移給小麥，小麥利率仍不見得會上漲超過零。各種契約及工資是以貨幣訂定的事實，固然大幅提高貨幣利率的重要性，但這種情況恐仍不足以產生我們觀察到貨幣利率的各種特點。

第二點被認為更微妙。人們通常預期以貨幣衡量產品價值，相對以其他商品衡量價值更為穩定，這種預期並非僅因工資是以貨幣訂定，而是因其相對具有黏性。除貨幣外，如果我

們預期以某種或更多商品衡量工資，相對以貨幣衡量更具穩定性，那麼情形又將如何？不論該商品產量規模與期間長短，此種預期不僅需要以工資單位衡量成本是相對穩定，而且按成本計算的任何超過目前需求的剩餘數量，都能儲存而無須成本；這就是說，該商品的流動性溢酬必須超過持有成本，否則在無法預期藉由更高價格獲利下，儲存商品必然蒙受損失。如果我們能夠找出某種商品滿足這些條件，那麼就可將其作為貨幣的競爭對手。是以體系內應該有某種商品用於衡量產品價值，預期將相對以貨幣衡量價值更為穩定，這在邏輯上並非不可能，然而這種商品似乎不存在。

是以我的結論是，如果以某種商品表示的工資更具黏性，則其商品的生產彈性將是最小，而持有成本超過流動性溢酬部分也將是最小。換句話說，以貨幣表示的工資被預期相對富於黏性，將是貨幣的流動性溢酬超過持有成本部分，大於其他資產超過部分的必然結果。

由此可以看出，結合各種特點促使貨幣利率成為重要的利率，乃是以累積方式彼此交互影響。由於貨幣具有低生產彈性與替代彈性，以及低持有成本的事實，可能引發貨幣工資相對穩定的預期。這種預期足以提升貨幣的流動性溢酬，阻礙貨幣利率與其他資產邊際效率間的異常相關；如果這種聯繫能夠存在，將會剝奪貨幣利率的刺激。

庇古與他人已習慣於有理由支持實質工資較貨幣工資穩定的假設，但這僅能在就業穩定時才能成立，而且還有一點困難度，亦即工資財存在高持有成本。如果我們嘗試以工資財來訂定工資，並意圖藉此穩定實質工資，結果只是引發貨幣價格

劇烈波動。此係消費傾向與投資誘因微幅變動，都會引發貨幣
價格在零與無窮大之間劇烈波動。貨幣工資較實質工資穩定，
將是體系擁有內在穩定性的必備條件。然而將相對穩定性歸因
於實質工資，不僅與事實經驗不符，在邏輯上也是錯誤。如果
眼前體系是穩定，在這層意義上，消費傾向與投資誘因些微變
動，將不會釀成物價劇烈變動效果。

V

作為上述的註解，先前業已說過的東西在此值得強調一
下，亦即「流動性」與「持有成本」都只是程度問題，而且只
有前者相對高於後者時，貨幣的特質才會存在。

舉例來說，考慮體系內沒有一種資產的流動性溢酬永遠超
過持有成本，此即是我給予「非貨幣經濟」的最佳定義。也就
是說，在這種體系下，只有各種特殊消費財與特殊資本設備，
而這些資本設備依據他們在較長或較短期間內，能夠生產或協
助生產消費財的性質，多少可以進行區分。然而不像現金，人
們持有這些設備，將會逐漸耗損或發生持有成本，其數值要超
過它們可能具有的任何流動性溢酬。

在此種體系中，資本設備在三方面彼此不同：(a)能夠協
助生產各種消費財；(b)產出價值穩定性不同，舉例來說，隨
著時間推移，麵包價值相對時髦新奇商品價值更為穩定；以及
(c)內涵的財富能夠變現為流動性財富的速度不同，亦即生產
商品的銷售收入，可在需要時再度體現在完全不同型態的財富
上。

　　針對上述意義的流動性，財富持有者對於作為保有財富方式的不同資本設備，將就其缺乏「流動性」的事實，以及扣除風險後的最佳精算預期收益估計值，作一權衡比較。由此可以看出，流動性溢酬部分類似風險溢酬，但又有部分不同；其中差異就在針對各種機率所做的最佳估計值，與做這類估計所具備的信心之間的不同。[7]我們在稍早幾章處理估計預期收益時，並未進入如何估計細節，而為避免讓爭論複雜化，我們未曾區分流動性差異與風險本身差異。然而在計算本身利率時，我們顯然需要兼顧兩者。

　　很明顯，「流動性」並無絕對標準，只有程度差異，此即不同程度的溢酬。當我們估計持有不同型式財富的相對吸引力時，除持有成本與使用該財富產生的收益外，必須考慮這項溢酬。同時何者構成「流動性」，這一概念多少是模糊且經常在變，同時取決於社會習俗與制度。然而在特定期間，財富持有者心目中的偏好次序則是確定的，而且在固定期間內，都是依據偏好次序顯示對流動性的感受。在分析體系行為時，我們需要的也只是這一偏好次序。

　　在某種歷史情境中，財富持有者心中認為持有土地在於具有高流動性溢酬，而且土地與貨幣的生產彈性及替代彈性極低而極為類似，是以可以想像在[8]歷史上經常發生這種情況，

---

[7] 參閱本書第十二章第136頁注[1]。

[8] 「流動性」的屬性與此二特徵之存在與否頗有關係。此係一種資產的供給容易增加，或是對此資產需求可以因相對價格改變而很容易轉移，則在財富持有者心中將不太可能擁有「流動性」的屬性。若人

人們願意保有土地，恰如現代願意持有貨幣一樣，此舉對於維持過高利率水準，都發揮了相同作用。由於缺乏以土地本身表示的期貨價格，可用於與貨幣債務的利率相比較，是以很難從量化來追蹤這種慾望的影響。然而我們可以找到極為類似的東西，那就是來自土地抵押借款的高利率，[9]經常超過耕種該地的淨收益，而在許多農業經濟中，這是人們熟悉的特色。《高利貸法》主要是針對這種性質的不動產負擔，而且這是很正確。此係在早期社會組織中，現代意義的長期債券並不存在，本身高抵押借款利率的競爭，很可能妨礙人們投資在新生產的資本資產與財富的成長，其情景正與現代長期債務的利率訂得太高，妨礙財富成長一樣。

持續幾千年的人們儲蓄，這個世界累積資本資產依然顯得還是如此貧乏。依我的看法，原因並非人們缺乏先見之明，也非由於戰爭破壞，而是先前附著於土地，現在則是附著於貨幣的高流動性溢酬。在這一點，我將是不同於馬夏爾在《經濟學原理》第581頁中，以非常武斷語氣陳述的舊觀點：

們預期未來貨幣供給會有急劇改變，則貨幣本身將會迅速喪失「流動性」的屬性。

[9] 抵押借款以及借款利息是以貨幣計價而固定，但是事實上抵押者可以選擇交割土地以清償債務，而且當他發現手上沒有現金，則必須交割土地，是以土地抵押制度近似於契約，以現在交貨的土地購買未來交貨的土地。有時地主出售土地給佃戶，亦先經過抵押手續，則與此種契約的性質相接近了。

人們都知道財富累積受到抑制，而利率迄今依然得以維持，乃是由於大多數人都偏好現在滿足慾望，甚過於延遲滿足。換句話說，他們不願意「等待」。

VI

在《貨幣理論》中，我曾定義單一利率或稱自然利率（natural rate of interest），此即促使儲蓄與投資相等的利率。我相信這個概念是魏克賽爾的「自然利率」概念演進與澄清，依據其所稱的「自然利率」，係指維持物價穩定的利率，但未詳細說明是何種物價。

然而我當時忽略一項事實，依據該定義，在特定體系中，針對設想的就業水準，都有不同的自然利率與之相應；而類似狀況針對每個利率也有一個就業與之相應，此即是「自然利率」。就某種意義來說，在該利率與就業下，體系將達成均衡。是以，提及自然利率，或從上述定義中，不論就業水準為何，僅能產生唯一的利率將是錯誤。我當時並未了解，在某種情境下，體系可在低於充分就業下達成均衡，當初只覺得「自然利率」似乎是極具希望的概念，對於我們的分析具有助益或重要貢獻。自然利率只是一個維持現狀的利率，而一般來說，我們對現狀本身並無特殊興趣。

　　如果體系存在唯一的重要利率，它必須是我們所稱的中立利率（neutral rate of interest），[10]亦即在體系內其他參數不變下，上述意義的自然利率與充分就業具有一致性，或許將此利率稱為最適利率較好。中立利率可以嚴格定義為當產出與產業在整體就業彈性為零時，體系處於均衡的利率。[11]

　　以上所說再度提供有關古典學派利率理論需要何種隱含假設，才能具有意義的這一問題答案。古典學派利率理論隱含假設中立利率永遠等於實際利率，或者隱含體系維持在某一就業水準的實際利率。如果傳統理論作如是解釋，則其實際結論幾乎沒有我們需要反對的地方。古典學派假設銀行或自然力量可讓市場利率滿足上述一個或其他條件，進而在此假設下，他們研究何種法則主導體系內生產資源的使用與報酬。由於存在這個限制，產出數量僅取決於假設就業不變，以及既定的設備與技術，是以我們也就安穩地藏身在李嘉圖式的世界中。

---

[10] 此處定義與當代學者定義中立貨幣頗有出入，但與他們心中所有對象恐有若干關聯。

[11] 參閱本書第二十章。

第十八章

就業的一般理論重述

I

我們現在已經到達匯聚爭論線索的時刻。首先，或許需要說明在體系內，哪些因素通常視爲理所當然而成自變數，哪些又是依變數。我們視爲已知的因素包括技術勞工數量、資本設備品質與數量、現存技術，競爭程度、消費者偏好與習慣、不同勞工強度及監督與組織活動的負效用，以及包括（下面列出的變數除外）決定所得分配的各種力量的社會結構。這並非意味著這些因素不變，只是在此處與背景下，我們未考慮或顧及這些因素變動的影響與後果。

首先，我們的自變數是消費傾向、資本邊際效率以及利率，儘管正如我們看到，這些自變數都可再加分析，而依變數是就業量與以工資單位衡量的所得。

我們視爲理所當然的因素將會影響自變數，但無法完全決定他們。舉例來說，資本邊際效率部分取決於現有設備數量，這是給定的因素之一，但也部分取決於無法由已知因素推斷的長期預期狀態。某些因素是完全由已知因素決定，但也可將這些衍生結果視爲已知因素。再舉例來說，從這些已知因素可以推斷出，以工資單位衡量的何種所得水準將會對應任何已知的就業水準。是以，在我們視爲已知的體系內，所得只取決於就業量，亦即只取決於目前投入生產的努力數量而定，從某種意義來說，所得與就業間存在唯一的相關性關係。[1]此外，從已

---

[1] 不同產出的就業函數在就業有關變動範圍內，會有不同的曲度。在這個階段，我們暫時忽略由此引起的複雜性。參閱本書第二十章。

知因素可以推演出體現在物質供給條件下，不同類型產品的總供給函數型態。更確切的說，將可推演出任何就業量對應著以工資單位衡量的有效需求。最後，已知因素將能提供勞工或努力的供給函數，指出整體勞工的就業函數[2]在那一點將不再具有彈性。

　　然而資本邊際效率部分取決於已知因素，部分則取決於不同種類資本資產的預期收益；同時，利率則部分取決於流動性偏好（即流動性函數），以及部分取決於以工資單位衡量的貨幣數量。由此我們有時可以認為，最終的自變數將由三者組成：⑴三個基本心理因素，包括心理上的消費傾向、對流動性偏好的心理態度以及資產未來收益的心理預期；⑵勞資雙方議價決定的工資單位，以及⑶央行行動決定的貨幣數量。如果將上述因素視為已知，則這些變數將決定所得與就業量。但是這些變數還可再進一步分析，甚至可以說它們並非最終的核心獨立因素。

　　從任何絕對觀點來看，將決定體系的因素劃分為已知因素與自變數二組，當然是很武斷。該項區分必須完全立基於經驗，以便符合某些變動似乎如此遲緩或無關緊要的因素，對我們尋求的答案僅能發生相對微小甚至可忽略的短期影響。另一方面，在實際上，又符合對我們尋求答案能夠發揮重大影響的那些因素。我們追求的目標是找到在任何期間，何者是決定體系內所得與就業量，兩者幾乎是同一件事。此即意謂著在如同

---

② 定義見本書第二十章。

經濟學如此複雜的研究中，我們無從發現某些因素變動的完全精確概括總結，只能發現何者變動是決定我們尋求答案的主要因素。我們的最後任務或許是從實際生活的經濟體系中，找出那些可以由中央政府審慎控制或管理的變數。

II

我們現在要將先前各章論證做一摘要，將已經引進的各個因素，依照先前相反次序逐一引述。

體系內存在外來誘因推動新投資增加或減少，促使資本資產供給價格上漲至某一水準，促使其連同預期資本資產收益，帶領資本邊際效率近似於利率。這就是說，資本財產業的物質供給條件對預期收益的信心狀態、流動性心理態度與以貨幣工資單位衡量的貨幣數量，這四者共同決定新投資。

不過投資增減將伴隨著消費增減。一般來說，人們的行為僅有在所得增加或減少時，才會擴大或緊縮所得與消費間的差距。這就是說消費與所得同向變動，雖然數量較小。所得增加將引起消費增加，兩者間的關係可用邊際消費傾向表示，而以工資單位衡量的投資增加與對應所得增加之間的比率可由投資乘數表示。最後，如果就業乘數作為初步近似值而等於投資乘數，同時將乘數應用至前面描述因素所引發的投資增減，就能推斷出就業增加量。

無論如何，就業增加或減少可能提高或降低流動性偏好，將會經由三種途徑來提高貨幣需求：(1)當就業增加，即使工資單位與以工資單位衡量的物價不變，產品價值也會上

升；(2)隨著就業狀況改善，工資單位將傾向於上漲；(3)產出
增加將因短期生產成本遞增，也將帶動以工資單位衡量的物價
上升。

　　職是之故，體系均衡位置將受這些反應與其他反應的影
響。不僅如此，上述因素都是事先未預期就發生變動，而且有
時還劇烈變動。這樣一來，實際的事件過程遂變得極其複雜。
不過將這些因素孤立或隔離，似乎較爲有益而且方便。如果我
們按照上述處理方式來探究實際問題，則將發現實際問題會比
較容易處理；而且相較一般性原則，我們的實際直覺更能顧及
複雜的事實，面對的分析資料也將會比較容易駕馭。

III

　　上述是《一般理論》的摘要，然而經濟體系的實際現象也
將受到消費傾向、資本邊際效率，以及利率三者的某些特性浸
染。關於這些特性，我們大可依據經驗加以概括，但在邏輯上
卻非如此。

　　尤其是我們生活的體系存在一個顯著特性，產出與就業雖
然容易劇烈波動，但並非極不穩定。實際上，體系似乎會在低
於正常活動水準中，滯留相當長的期間，而無顯著傾向趨於復
甦，也無邁向崩潰的明顯趨勢。此外，實際證據顯示充分甚至
近乎充分就業將是罕見且爲時甚短，波動可能迅速爆發，但在
走向極端前，似乎已經精疲力竭。我們經歷的情況通常不能說
是絕望無助，卻也不能令人滿意的居中情況。也就是根據這個
事實，在未到達極端前，波動即會自行衰竭，最終將逆轉他們

的方向，此即具有規律性的景氣循環理論已經建立。物價也是如此，在回應初始引發變動的原因後，似乎能夠逐漸尋得一個暫時維持適度穩定的水準。

此刻，由於這些經驗事實並無邏輯上的必然性，人們必須假設社會環境與心理傾向必須具有產生這些結果的若干性質。是以考慮何種設想的心理傾向將會導致穩定體系，然後再依據對當代人性的一般化知識，看看這些傾向能否合理地歸因於我們生活的環境。

前面分析指出，下列穩定條件能夠解釋我們觀察到的各種結果：

⑴某體系將更多或較少就業投入資本設備，進而引起產出增加或減少時，邊際消費傾向將顯示這兩者關係的乘數會大於一，但不甚大。

⑵預期資本收益或利率溫和變動時，資本邊際效率表列將具有這樣的性質，新投資變動不會與前兩者變化大相逕庭；這就是說，預期資本收益或利率變動相當溫和時，將不會引發投資巨烈變動。

⑶體系內就業變動將促使貨幣工資同向變動，但兩者不致於有很大的不相稱；這就是說，就業溫和變動不會引發薪資劇烈變動。這是物價穩定的條件，而非就業穩定的條件。

⑷我們或許可以增加第四個條件，這對體系穩定性並無太大幫助，但對某項變動從某一方向及時轉至另一方向則是貢獻頗多。

換句話說，體系內投資較往昔增加或減少，而且此種狀態持續期間以年衡量並不太長，則將開始對資本邊際效率產生不

利或有利影響。

⑴第一個穩定條件是乘數大於1但不是非常大，作為人性心理的特徵來看，將是很合理。隨著實質所得增加，目前需求壓力逐漸遞減，而超過原有生活標準的邊際部分則逐漸遞增；而實質所得遞減，則出現相反結果。無論如何，從體系的平均情形來看確實如此，當就業增加，目前消費自然趨於擴張，但增加量小於實質所得遞增量；而當就業減少時，消費減少小於實質所得減少。此外，對一般人是真的事，對政府似乎也是真的，尤其是在失業持續增加的年代，經常迫使政府舉債來紓困失業，情形更是如此。

不論這個心理法則讓讀者感覺先驗上是否合理，卻有一點可以確定：如果此法則不適用，則彼此的經驗將完全迥異於目前。此係在投資遞增下，不論如何微小將推動有效需求累積性增加，直至達到充分就業的位置為止；反之，投資減少則將推動有效需求累積性減少，直到無人被雇用為止。然而經驗顯示體系一般是落在居中位置，當然在一定範圍內，確實有不穩定事實存在的可能。但是即令如此，它可能是一個狹窄範圍，在此範圍外，不論在哪一方向，心理法則毫無疑問必然都會成立。此外，有一點也很明顯，即乘數雖然超過一，但在正常情況並非很大。此係若是特別大，既定投資變動將會大幅改變消費，此時只有充分就業或零就業才能限制它。

⑵依據第一個條件，投資溫和變動，將不會涉及消費財需求無限變化。依據第二個條件，預期資本資產收益溫和變動，也不會引起投資無限變化。此係從現有設備擴大產出，將會引起生產成本遞增。的確，如果從具有龐大閒置資源可供生產資

本資產的位置出發，則在某段範圍內，可能出現相當大的不穩定性，但當閒置資源已經大部分利用時，這不穩定性將不復存在。再則，由於企業心理劇烈波動，或有劃時代的發明，從而引起預期資本資產收益劇變，該條件也將對由此引發的不穩定性設定限制，不過對上升方向的限制超過對下降方向的限制。

⑶第三個條件與人性經驗互相契合。如同先前所述，儘管爲爭取加薪而鬥爭，本質上係維持相對高薪資的鬥爭。然而隨著就業遞增，勞工議價地位改善，促使其工資的邊際效用遞減，財務餘裕漸增而更願意承擔風險，是以，這個鬥爭在個別產業中似乎愈演愈烈。不過即令如此，這些動機僅將在某一限度內運作。同時，當就業情況改善，勞工也不會尋求過高的薪資，或容許薪資大幅下降甚過於蒙受任何失業。

在此，無論這個結論在先驗上是否合理，但經驗顯示此一心理法則實際上必然存在。此係如果失業者間相互競爭總是導致薪資巨幅削減，則物價將會呈現極度不穩定。另外，除符合除充分就業的情境外，體系內可能不會再有穩定均衡。由於工資單位可能無限制滑落至某一點，此時以工資單位衡量的貨幣數量非常充裕，對利率釀成影響而足以恢復充分就業水準。③至於在其他任何點上，都不可能存在一個穩定均衡。

⑷第四個條件與其說是穩定條件，不如說是衰退與復甦交替出現的條件。這個條件只是基於一項推測，即各種資本資產年限彼此不同，且隨著時間推移而發生損耗，耐久性也未必非

---

③ 工資單位變動引起的影響，將在本書第十九章詳細討論。

常長。是以如果投資低於某一最低水準，只要其他因素沒有大幅變化，則資本邊際效率遲早會攀升到某種地步，足以讓投資再恢復超過這個最低水準。同樣的，如果投資上升超過先前水準，除非其他因素出現補償性變化，否則資本邊際效率遲早也會下降至足以引起衰退。

職是之故，即使復甦與衰退程度可在我們設定的其他條件內發生，只要持續相當長時間，且無來自其他因素變動干擾，也將可能引起反向變動，直到相同力量又再逆向時為止。

由此集結這四個條件，足以解釋實際經驗中的各種顯著特徵，亦即為避免物價與就業在上升與滑落兩個方向發生劇烈波動，將會圍繞一個中間區域擺盪，該位置既遠低於充分就業，卻又遠高於最低限度的就業水準；一旦低於最低就業水準，則將危害我們的生活水準。

但是我們不能就此下結論：這個由各種「自然」趨勢決定的中間位置，若無特別矯正措施，似乎可能一直持續下去，此即是各種必然法則確立的位置。上述條件發揮作用而暢通無阻，是一個關於觀察現在或曾經的環境所得到的事實，但非無法改變的必然原則。

第五篇

貨幣工資與物價

第十九章

貨幣工資變動

I

在稍早章節中，如果討論薪資變動效果，那應該是大有助益。此係古典學派已經習慣於信賴體系的自我調整機能，並將其歸功於貨幣工資浮動性；一旦薪資出現僵化，就將體系失衡的罪魁禍首歸咎於上。

由於貨幣工資變動的後果相當複雜，是以直到我們發展自己的理論前，將難以充分討論這個問題。在某種情境下，薪資降低的確如同古典學派設想那樣，確能刺激生產。但我與該理論不同之處，主要是分析方法的差異，是以讀者還未熟悉我的方法前，這個問題也就無法解釋清楚。

正如我所理解，普遍被接受的解釋很簡單，就像我們接著想要討論那樣，並未倚賴各種迂迴反應來做解釋。其論點簡單如下：在其他條件不變下，減薪透過降低製成品價格，將刺激人們需求，從而增加產出與就業到達某一點。此時勞工同意接受減薪，正好被隨著產出增加而引起勞動效率遞減抵銷。

從該項論點的最粗略型態來看，這相當於假設減薪絲毫不影響需求。也許有些經濟學者堅持需求沒有理由要受影響，並且爭辯說總需求取決於貨幣數量與貨幣所得流通速度的乘積，沒有明顯理由說明為何減薪會引起貨幣數量或其所得流通速度下降。他們甚至爭辯說，由於薪資已經下降，利潤一定會增加。但是我認為較為常見而令人同意的說法是：減薪將降低某些勞工的購買力，或許會對總需求釀成一些影響。但是其他因素的貨幣所得未曾減少，導致其實質需求反而因物價下降刺激而擴大；除非勞動需求呼應薪資變動的彈性小於一，否則就業

量遞增的結果，勞工們的總需求也可能會增加。是以在新均衡下，除某些罕見的極限情況而在實務上沒有發生外，體系內就業人數將會超過未減薪的情況。

我基本上不同意這種型態的分析，或者正確地說，我的分析與之不同，似乎就是來自上述觀察所依據的分析。此係我認為，上述所言固然代表許多經濟學者的言談與論述方式，但其依據的分析方法卻顯少詳細記錄下來。

然而這種思維看起來大概如下：在任何產業中，針對產出都有一個連結可銷售數量與價格的需求表列；另外，還有一組在各種成本基礎上連結銷售數量與價格的供給表列。在其他成本不變下（除非是產出變動的結果），這些表列將共同引申出產業的勞動需求表列，說明不同工資與就業量間的關係，而該曲線上任何一點即代表勞動需求彈性。隨後這個概念未經太多修正就轉用於整體產業，而且基於同樣推理，假設全體產業也有一個勞動需求表列，反映就業量與不同工資之間的關係。在此，無論是以貨幣工資或實質工資表示，上述論點都不會引起任何實質差異。如果我們想以貨幣工資表示，自然必須校正貨幣價值的變化，但這並不改變上述論點的一般趨勢，此係物價絕不會隨著薪資變化而以精確比例調整。

如果上面所述就是很多經濟學者的論證基礎，則此論證肯定錯誤。如果不是，我真不知道他們的依據為何。此係建立特定產業需求表列，只有在對其他產業供需表列的性質，以及總有效需求做某種固定的假設下，才能辦到。除非將總有效需求不變的假設也一併移轉過去，否則將適用特殊產業的論點轉到整體產業將是不恰當。截至目前為止，這個假設離題太遠，

但是無人希望否定這個命題，亦即減薪後如果仍與往昔相同，結果將帶來就業遞增。然而問題關鍵是：在減薪後，以貨幣衡量的有效需求是否仍與先前相同？或者有效需求如有減少，其比例是否低於減薪比例，亦即以工資單位衡量的有效需求較先前為大？如果古典理論不允許以類比方法，將攸關特定產業的結論推廣至整體產業，則它將完全無法回答減薪將對就業產生何種影響的問題，此係它並無解決這項問題的分析方法。在我看來，庇古的《失業理論》已經盡到發掘與運用古典學派的能事，結果反而成為引人注目的示範，證明古典學派應用於何者決定總體就業的問題時，將是一籌莫展。

II

現在讓我們以自己的分析方法來回答這個問題，可以分兩部分討論：(1)在其他條件不變下，減薪是否有直接增加就業的趨勢。所謂「其他條件不變」係指就體系而言，消費傾向、資本邊際效率以及利率仍與往昔相同。(2)減薪透過對這三個因素的確定或可能影響，是否發揮影響就業的確定或可能趨勢？

針對第一個問題，我們已經在前面幾章給予否定答案。此係我們業已表明，就業量與以工資單位衡量的有效需求兩者間存在唯一的相關，而有效需求是預期消費與預期投資的總和，在消費傾向、資本邊際效率與利率維持不變下，是不會發生變動。如果這些因素沒有變化，而企業想要增加就業人數，則其收益必然達不到其供給價格。

我們業已指出，人們認為減薪將會增加就業，係基於生產

成本降低所致。如果我們採取最有利於這個觀點的臆說，亦即企業初始預期減薪的確會有這個效果，進而追蹤整個事態演變過程，則對反駁這類粗淺觀點或結論或許大有助益。事實上，個別企業看到生產成本下降，初期確有可能忽略減薪對產品需求的影響，而認為將能銷售更多產品獲利。如果所有企業都依此預期行事，則事實上能否增加利潤？除非體系的邊際消費傾向等於一，促使所得與消費兩者增加間沒有缺口；或者當投資增加足以彌補所得與消費兩者增加間的缺口，才能夠增加。然而在後者情況，只有資本邊際效率相對利率遞增，才會帶動投資增加，否則增產所獲得的收益將讓企業大失所望，就業又將回落到先前水準。此係如果企業能夠依據預期價格銷售產品，由此提供的就業規模，將讓人們從新增所得中儲蓄更多而遠超過本期投資，則企業必然蒙受損失，且恰好等於儲蓄與投資間的差額，而此種情形絕對與薪資無關。在他們增加營運資本投資，來彌補這個缺口期間，充其量只能延緩他們失望的日期而已。

　　由此，除減薪對體系內邊際消費傾向、資本邊際效率或利率造成影響外，並無增加就業的持久趨勢。除了分析貨幣工資對這三個因素的可能影響外，再也沒有方法分析減薪的效果。實務上，這些因素產生的最重要影響大致如下：

　　⑴減薪將稍微降低物價，進而涉及一些實質所得重分配：(a)從賺取工資者移轉給進入邊際主要成本中的其他因素，而其報酬未減少；(b)從企業移轉給固定收入者，而後者中以貨幣訂定的所得業已獲得保障。此種重分配對體系內消費傾向有何影響呢？實質所得移轉給其他因素，大概會降低消費

傾向；至於從勞工薪資移轉給固定收入者，其影響效果更有質疑餘地。但在整體上，如果固定收入者代表在體系內較富裕階層，其生活水準又是最少浮動性者，則重分配影響亦屬不利。基於權衡利弊，我們只能猜想淨結果如何，大概是更趨於不利甚過於有利。

⑵在開放體系，如果將本國與外國薪資化成共同單位，當本國薪資相對外國下降，將傾向於擴大貿易餘額，顯然有利投資變動。這裡假設這種利益並未被外國關稅、進口限額等方面的改變而抵銷。相較於美國，傳統信仰認為英國針對減薪可以增加就業，將可發揮更強大力量，此係美國相較英國來說，後者算是一個封閉體系。

⑶在開放體系下，減薪固然可以有利於貿易餘額，但似乎會惡化貿易條件（terms of trade）。是以除新就業者外，其他人的實質所得將會減少，這可能會傾向於提高消費傾向。

⑷相對未來薪資而言，人們預期薪資下降，正如先前所見，資本邊際效率將會增加，從而有利於投資；基於同樣理由，也可能有利於消費。另一方面，如果減薪讓人們預期未來薪資還要再降可能性極高，則其影響將恰好產生相反效果。此係它將減少資本邊際效率，延遲投資與消費。

⑸減薪伴隨著物價與貨幣所得普遍下降，將減少所得與營業動機的現金需求，從而減少體系內流動性偏好。在其他條件不變下，這將降低利率並有利於投資。然而在這個情況下，人們對未來預期醸成的影響，將與那些在⑷中考慮的趨勢相反。此係人們預期薪資與物價稍後會再上漲，則對長期放款狀況的有利反應，將遠不如短期放款狀況下顯著。另外，如果減薪引

發人們不滿而擾亂政治信心，從而增加流動性偏好，可能抵銷
從目前流通中釋放出的現金而尚有剩餘。

(6)由於特別的減薪永遠對單一廠商或產業有利，而即使
普遍減薪的實際影響不同，也可能在企業心中產生樂觀氣氛，
從而打破人們過度悲觀估計資本邊際效率所引起的惡性循環，
讓一切事物在較爲正常預期的基礎上重新開始。另一方面，如
果勞工對普遍減薪的效果，也如同他們的雇主抱持同樣錯誤
看法，勞資糾紛可能會抵銷此一有利因素。除此之外，沒有方
法可讓所有產業的薪資同時等幅下降，促使所有工人基於本身
利益抗拒他們遭致減薪。事實上，企業調低薪資引發的抗拒，
相較物價上漲促使實質工資逐漸遞減所引起的抗拒效果更爲強
烈。

(7)另一方面，企業因債務負擔加重引發心情沮喪，可能部
分抵銷來自減薪帶來的樂觀反應。事實上，如果工資與物價跌
到極致，那些債臺高築之企業的財務窘迫，可能很快瀕臨破產
邊緣，將對投資釀成嚴重的逆向效果。此外，低物價對國債的
實質負擔，以及對租稅的影響，極爲不利於企業信心。

在複雜的現實社會中，上述各點不是所有減薪可能反應的
完整清單。不過上述囊括的反應通常是最重要，是以如果我們
的論點侷限在封閉體系，並假設新的實質所得分配對體系支出
傾向絲毫無法產生合乎希望的影響，則必須將減薪對就業產生
有利效果的希望，主要寄託在(4)之下的資本邊際效率增加，或
是(5)之下的利率下降，這兩者都將改善投資情況。以下將進一
步詳細探討這兩種可能性。

對資本邊際效率增加有利的情況，將是人們相信貨幣工資

已經觸底，以致於往後預期變化將是向上。最不利的情況則是薪資正緩步下跌，每次減薪都削弱人們對未來工資穩定性的信心。當體系內有效需求正在減弱期間，如果薪資驟降到無人相信它將無限期持續下去的超低水準，此時將對強化有效需求極為有利。但這種情況只能出之於行政法令，而在工資自由議價的體系，這將是稀罕的實際政治產品。另一方面，工資僵化而不讓其有重大變動的可能，將會遠優於衰退伴隨著薪資逐漸下滑，促使人們預期每次溫和減薪將帶來失業進一步增加，如失業再增加1%。舉例來說，人們預期來年薪資下降2%，其影響約略等於明年同期支付利息增加2%的後果，同樣觀察經過必要修正亦可適用於繁榮狀況。

在現代環境的習慣與制度下，從容不迫地回應失業數量變動，而採取釘住僵化工資政策，將會比採取浮動工資政策更為適當，至少對資本邊際效率而言是不錯的。但當我們轉向利率問題時，這個結論是否會被打破？

那些相信體系具有自動調整機能者，必須將其辯論重點，放在工資與物價下降對貨幣需求釀成的影響上面，但我並未見到他們已經如此做了。如果貨幣數量本身就是工資與物價的函數，則在這方面的確沒有什麼可以期待的。但若貨幣數量實際是固定，則只要薪資降幅夠大，以工資單位衡量的貨幣數量便可無限制增加，且占所得比例也會大幅增加；這個增加的極限取決於工資成本占邊際主要成本的比例，以及構成邊際主要成本中的其他因素對工資單位下降的反應而定。

至少就理論而言，我們可以維持貨幣數量不變，透過減薪或增加貨幣數量而維持薪資不變，兩種方式對利率的影響效

果相同。由此得出結論是，以降低工資與增加貨幣數量作為確保充分就業的方法，都要受到相同限制。正如先前提及的相同理由，限制以增加貨幣數量來適度增加投資的功效，在經過必要修正後，同樣適用於減薪的情況。貨幣數量溫和增加，對長期利率產生的影響可能不足；而過度增加又可能妨害人們的信心，從而抵銷其他利益。同樣地，溫和減薪可能無濟於事，而大幅減薪即使實際上可行，可能也會摧毀人們的信心。

因此，我們沒有理由相信浮動工資政策能夠持續維持充分就業狀態，正如同沒有理由相信公開市場操作的貨幣政策，能夠在沒有其他方法輔助下，就可達成這個目標一樣。經濟體系無法按照這些路線來自動調整。

如果體系未達到充分就業狀態，勞工總是能夠採取一致行動來降低貨幣需求，促使相對工資單位而言，貨幣變得相對豐盛，促使利率下降至與充分就業相容的水準。是以實際上，我們是由工會而非銀行體系來管理貨幣。儘管如此，就作為改變以工資單位衡量的貨幣數量的替代方法來看，浮動工資政策與伸縮性貨幣政策，兩者在分析上是同一事物。

然而在其他方面，兩者之間有天壤之別。以下讓我簡單地提醒讀者注意四個懸而未決的斟酌事項。

⑴除了社會主義體系以法令決定工資政策外，我們無法對每一類勞工從事一致性的減薪。這個結果只能經過一系列漸進與不規則的變動，既不合乎社會公平，也不符合經濟權宜，或許只有歷經多次浪費與不幸的鬥爭後，才能落實這個結果；而在鬥爭過程中，相對其他工人而言，議價能力最弱方將蒙受損失。另一方面，大多數政府在其權力範圍內，可以藉由公開

市場操作或類似方法來改變貨幣數量。在考慮人性與現有制度後，只有愚蠢之徒才會偏好浮動工資政策，甚過於伸縮性貨幣政策；除非他可以指出，前者具有後者所無法取得的利益。另外，在其他條件不變下，一個比較容易實施的方法顯然優於窒礙難行的方法。

(2)如果貨幣工資缺乏浮動性，則除由邊際成本之外的其他考慮因素決定的「管理」或壟斷價格外，物價變化主要是對應著從現有設備增產所釀成的邊際生產力遞減。如果以貨幣訂定勞工與其他因素報酬，特別是租金收入階層以及在廠商、機構或政府的永久性部門的固定薪資者，將可維持最大的實際公平性。如果體系內各重要階層的報酬都以貨幣訂定，則只要以貨幣衡量的因素報酬缺乏浮動性，則社會公平與社會權宜將能獲得最大滿足。在考慮高所得階層的所得係以貨幣衡量而相對缺乏浮動性的事實後，只有不講公平者才會偏好浮動工資政策，甚過於採取伸縮性貨幣政策，除非他能指出前者具有後者所沒有的好處。

(3)藉由降低工資單位，來增加以工資單位衡量的貨幣數量，將促使債務負擔等比例增加；然而藉由增加貨幣而維持工資單位不變，也可產生相同結果，但其影響則恰好相反。在考慮各類型債務負擔後，只有不諳世故者才會偏好前者。

(4)如果工資逐漸下降帶來利率漸趨下降，則依據上述說過的理由，資本邊際效率將受雙重拖累，讓人們也有雙重理由暫緩投資，從而延緩景氣復甦。

III

　　由此可知，如果勞工依據逐漸遞減的工資來提供勞務，藉以回應逐漸遞減的就業環境，此舉大概不會產生減低實質工資的效果，甚至透過對實質產出的逆向影響，將會產生實質工資增加的效果。是以這種政策的主要結果，將會導致物價極不穩定而可能劇烈變動，以致於在我們生活的經濟體系中，一切商業計算都徒勞無功。整體而言，如果浮動工資政策是自由放任體系的當然附屬品，則這種說法恰與真理相反。只有在高度集權體系中，浮動工資政策才能成功運作，此係在此種體系內，突然重大的全面性改變可以用命令辦到。人們可以想像這個政策可在義、德、俄施行，但卻無法在英、美、法實施。

　　如同澳洲一樣，試圖透過法令規定實質工資，那麼體系將有一個確定的就業水準對應這個實質工資；至於在封閉體系內，依據實際投資是否低於對應該水準的投資，實際就業將在該水準與毫無就業之間劇烈變動。另外，當實際投資恰好落在該臨界水準，物價將處於不穩定均衡；一旦實際投資低於此一水準，物價將會歸零；而在實際投資超過它時，物價將無限飆漲。如果體系此時還有穩定因素，將是求助於控制貨幣數量的各種因素來決定貨幣數量，促使體系經常存在某種貨幣工資，在此水準下，貨幣數量為投資與資本邊際效率兩者所建立的關係，將能維持投資落在上述臨界水準。此時對應法定實質工資的就業將維持固定，貨幣工資與物價則在必要限度內快速波動，藉以維持投資在適當水準。就澳洲的實際情形而言，此種不穩定現象未曾發生，部分是由於立法方面缺乏效率而難以達

到目的，另外澳洲則是開放體系，貨幣工資是由國際投資與總投資決定，而貿易條件對實質工資又有重要影響力。

有鑑於這些考慮，我認爲封閉體系權衡利弊後，維持穩定的貨幣工資是最明智的政策；而對開放體系而言，只要借助於浮動匯率而與他國維持均衡，相同結論也可適用。至於特定產業的工資如果具有一定程度的浮動性，在加速勞工從衰退產業轉移到擴張產業上，將會具有利益。不過整體而言，無論如何，短期內貨幣工資應該儘可能維持穩定。

這種政策將產生相當穩定的物價，至少相對於浮動工資政策將具有極大穩定性。除「管理」或獨占價格外，在短期內只有就業量變化影響邊際主要成本時，物價才會發生相應的變化；至於在長期，唯有新技術或新設備增加引起生產成本變化，物價才會出現變化。不過確實是，如果就業大幅波動，物價也會跟著劇烈波動。但是誠如我先前所說，這種波動程度將小於浮動工資政策下所發生的結果。

是以，如果採取僵化工資政策，短期物價穩定性將受制於避免就業波動。但在長期，我們仍須在兩種政策間取捨：維持工資穩定，而讓物價隨技術與設備進步緩慢下降；或是維持物價穩定，而讓工資緩慢上漲。整體而言，我更喜歡選擇後者，此係事實上，若要維持實際就業在既定的充分就業範圍，則相對預期未來在較低工資的情形下，預期未來工資上漲的情形將比較容易辦到。另外，則是債務負擔逐漸減輕，衰退產業更容易調整到成長產業，以及薪資溫和上漲趨勢可能帶來心理鼓勵作用，均會有助於提升社會利益。不過這裡並未涉及任何基本原則問題，是以此時詳細闡述雙方論點的利弊，將會超出現在

的目標範圍。

附錄：論庇古的《失業理論》

在《失業理論》中，庇古認為就業量取決於兩個基本因素，即⑴勞工要求的實質工資與⑵實質勞動需求函數型態。該書的主要部分涉及何者決定後者的函數型態，事實上，勞工要求的是貨幣工資並非實質工資，而這一事實並未被庇古忽略。不過實際上，庇古假設以實際薪資除以工資財價格，即可衡量勞工要求的實質工資。

在《失業理論》第90頁，正如他說，這些方程式形成探詢究實質勞動需求函數的起點。由於這些掌握其分析方法的隱含假設，在其論證的初始就已經納入，是以我將針對庇古獲得決定性論點前，總結其處理方法進行簡略說明。

庇古將產業分為「出口銷售本國製造的工資財，藉以換取國外工資財」的產業，以及其他產業等兩類。為方便起見，這兩類產業可分別稱為工資財產業與非工資財產業。假設前者雇用x人而生產的工資財價值可用$F(x)$表示，後者雇用y人，一般工資則以$F'(x)$表示。雖然他並未明白提及，但這就相當於假設邊際工資成本等於邊際主要成本。[1]

---

[1] 假設邊際主要成本等於邊際工資成本的錯誤操作根源，錯誤假設也許在於邊際工資成本的含義不清。我們可以將其解釋為除工資成本外，增加一單位產出的成本，或是我們意謂著，在現有設備與其他失業因

庇古假設 $x+y=\phi(x)$，亦即工資財產業的就業是總就業的函數。隨後他指出總體實質勞動需求彈性為：

$$E_r = \frac{\phi'(\chi)}{\phi(\chi)} \cdot \frac{F'(\chi)}{F''(\chi)}$$

該彈性給了我們實質勞動需求函數的形狀。

就符號而言，這和我的表達方式並無重大差異。只要將庇古的工資財和我的消費財看成一樣，他的「其他商品」與我的資本財視為一物，則 $\frac{F(\chi)}{F'(\chi)}$ 以工資單位衡量的工資財產業的產值，就是我的 C_w。此外，在確認工資財即是消費財下，他的函數即是我先前指出的就業乘數。

$$\Delta\chi = k'\Delta y$$
$$是以 \ \phi'(x) = 1 + \frac{1}{k'}$$

素協助下，以最經濟方式額外生產一單位產出所附加的工資成本。在前面的狀況，我們排除結合額外勞工的附加企業精神，或營運資本，或其他除勞工之外會增加成本的因素；我們甚至不能讓額外勞工磨損設備，相對快速於較少勞工時所給予的損耗。在前面的情況下，由於我們不讓勞工成本以外的其他成本進入邊際主要成本，因而得出邊際工資成本等於邊際主要成本。然而基於如此前提的分析，因其依據的假設實務上很少會實現，其結果幾乎無法應用。實務上，我們不會如此愚笨到拒絕與額外勞工適度聯給其他可用因素增加，這個假設只有當假設除勞工以外的其他因素都已利用到極限時才會成立。

　　因此，庇古的「總體實質勞動需求彈性」類似我的某些說法，部分取決於產業的實體與技術狀況（他以函數F表示），以及部分取決於人們對工資財的消費傾向（他以函數φ表示）。不過前提是我們討論的對象，永遠只限於邊際勞動成本等於邊際主要成本的特殊情況。

　　庇古隨後結合實質勞動需求函數與勞動供給函數，決定就業量只是實質工資而非其他因素的函數。不過正如他還假設實質工資是工資財產業雇用勞動人數x的函數，這相當於假設：在現行實質工資下，勞動總供給只是x數量勞工而非其他因素的函數，也就是說$n = \chi(x)$，n是在實質工資$F'(x)$之下所有可能的勞動供給。釐清所有複雜因素後，庇古的分析實際上意圖從下列兩個方程式中求得實際就業量：

$$x + y = \phi(x)$$
$$及\ n = \chi(x)$$

但是此處三個未知數卻僅有兩條方程式，顯然他似乎想過$n = x + y$來解決這個困難。在嚴格意義上，這相當於假設非自願性失業根本不存在，亦即在現行實質工資下，所有可用的勞動實際上都已就業，是以x值將可由下列方程式求得：

$$\phi(x) = \chi(x)$$

　　當我們由此求出x值等於n，而y必等於$\chi(n_1) - n_1$，總就業n則等於$\chi(n_1)$。在此值得停下來想一想，這到底涉及什麼？這

意味著如果勞動供給函數改變，在既定實質工資下，將有更多勞工可用，促使滿足$\phi(x)=\chi(x)$的x值現在是n_1+dn_1，則非工資財產業的需求將促使這些產業的就業增加，而增加數量正好維持$\phi(n_1+dn_1)$與$\chi(n_1+dn_1)$兩者間的相等關係。唯一可能改變總就業的方法是，透過人們改變對工資財與非工資財的購買傾向，促使y增加將伴隨著x的大幅減少。

假設$n=x+y$意味著勞工永遠決定自己的實質工資，而這將意味著非工資財產業的產出需求將會遵從上述法則。換句話說，人們認為利率永遠能夠配合資本邊際效率表列來調整，以維持充分就業。若無這種假設，庇古的分析即告崩潰，無法決定就業量究竟為何。令人奇怪的是，庇古竟然以為，他能夠提出失業理論，卻無須涉及係因利率或信心狀態改變，而非勞動供給函數改變釀成投資變動（亦即未提及工資財產業的就業變動）。

由於他的書名是《失業理論》，但卻多少有點名不符實，此係該書實在很不關心這個話題。該書討論勞動供給函數已知下，當充分就業的各種條件獲得滿足後，將會有多少就業。整體實質勞動需求彈性概念的目的在表明，對應既定勞動供給函數移動，充分就業將提高或滑落多少，或是改採另一種或許較好的說法，我們可以將他的書視為實質工資對應既定就業函數關係的一個非因果規律的探究。不過該書無法告訴我們，何者決定實際就業，也未直接觸及非自願性失業問題。

如果庇古想否認我先前提及非自願性失業的可能性，而或許也有這個意思，但我們仍然很難看出如何應用他的分析。此係他沒有討論何者決定x與y之間的關係，亦即工資財與非工資

財兩個產業各自就業間的關係，這一省略是其致命傷所在。

　　此外，在某種範圍內，他同意勞工事實上要求的經常不是實質工資，而是貨幣工資。在這種情況下，勞動供給函數不僅是$F'(x)$的函數，也是工資財貨幣價格的函數，此舉讓先前分析即告崩潰，尤其是這裡還引進另一附加因素，卻無附加的方程式來解這個額外的未知變數。似是而非的數學方法，除將一切東西都化為某一單獨變數的函數，並假設所有偏微分都為零外，卻不能有任何進展。這種方法造成的陷阱，再也沒有比此處看到的更為明顯。此係即使到後來承認實際上還有其他變數存在，但未達到這點之前，卻一切照常進行，並未將已經寫過的重寫，結果談不上有何好處。在某種限度內，如果勞工要求的是貨幣工資，除非知道何者決定工資財的貨幣價格，否則即使假設$n = x + y$，我們擁有資料依然不足。此係工資財的貨幣價格將取決於總就業量，是以直至知道工資財的貨幣價格之前，仍無法確定總就業量為何，而且直到知悉總就業量之前，也無法知道工資財的貨幣價格。正如我曾經說過，我們缺少一個方程式。但是貨幣工資而非實質工資僵化的暫時假設，可能讓我們的理論更接近事實。舉例來說，英國經濟在1924～1934這10年間處於動盪而不確定，物價呈現大幅波動，但貨幣工資在6%範圍內穩定波動，而同期間的實質工資波動卻超過20%。一個理論不能宣稱是一般理論，除非它適用於貨幣工資固定或固定在某一範圍內的情境 ，一如它能適用於任何其他情況那樣。政治人物有權抱怨貨幣工資應有高度浮動性，但是理論家必須以不偏不倚的態度來討論任何一件事情。一項科學性理論不能要求事實配合其自身的假設。

當庇古特別討論減薪的影響時，我覺得他顯然再次引進過少資料，以致於無法獲得任何確定答案。他初始拒絕一項設法（同書第101頁），即是如果邊際主要成本等於邊際工資成本，則減薪將讓非薪資階層與薪資階層的所得同比例變動。他所持的反對理由，是認為僅有在就業量不變下，這個論證才會成立，而這正是討論的重點。但他在下一頁（同書第102頁）繼續犯了同樣錯誤，將「在開始時，非薪資階層的貨幣所得未發生變化」視為自己的假設，而這正如他剛剛指出的那樣，只有假設就業並非不變才能有效，而這也正是要討論的重點。事實上，除非我們的資料也包括其他因素，否則沒有答案將是可能的。

事實上，勞工要求貨幣工資而非實質工資（只要實質工資不低於某一底限），承認這點將影響庇古的分析，我們也可指出，在這個狀況下，除非實質工資上升，否則將無更多勞動可用，而這是其大部分論證的基礎，將會因此而崩潰。舉例來說，庇古藉由假設實質工資固定來拒絕乘數理論（同書第75頁），亦即體系既已達到充分就業，即使在較低實質工資下，也不會出現新增的勞動。在這種假設約束下，他的論證當然正確。不過在該段話中，庇古批評一項攸關實際政策的建議方案；假設英國統計的失業超過200萬人，亦即超過200萬人願意在現行薪資下工作，卻無從就業。此時如果生活成本相對貨幣工資溫和上漲，將會導致超過200萬人以上的勞工退出勞動市場，此種假設實在是背離事實太遠。我們在此必須強調，庇古的原著是基於任何生活成本相對貨幣工資而言，不論其增加是如何溫和，將會導致一群勞工退出勞動市場，而且超過現有

全部失業人數。

　　另外，庇古在該段話中（前引書第75頁）未曾注意一件事實：他用於反對公共工程導致「二度就業」（secondary employment）的論據，基於相同假設也將打擊同一政策所增加的「初次就業」（primary employment）。此係在工資財產業的現行實質工資已知下，除非非薪資階層減少消費工資財，否則就業將無增加的可能。那些新加入初次就業者，想必會增加消費工資財，從而減少實質工資，但基於他的假設，將導致先前在他處就業的勞工退出市場，不過庇古顯然接受初次就業增加的可能性。初次與二度就業之間的分野似乎成為心理上的臨界點，在該點上，庇古的良好常識不再壓倒他的劣質理論。

　　上述假設與分析不同導致結論不同，可以藉由庇古總結其觀點的重要話語看出，該段話如下：「隨著勞工間的完全自由競爭，而且具有完全移動性時，勞工要求的實質工資與勞動需求函數之間的關係，本質上將是非常簡單。體系內永遠存在一種強烈趨勢發揮作用，促使工資與勞動需求間發生如此的關聯，以致於人們都能獲得就業。是以在穩定環境下，人們實際上都能就業。這當中的涵義是說，任何時間存在的失業，完全是因需求情況持續變動，而摩擦性阻礙了適度工資調整無法迅速實現。」

　　庇古的結論是（見其原著第253頁）：失業發生主要是工資政策未能充分因應實質勞動需求函數變動而自我調整。是以他相信，長期經由調整工資就可解決失業問題。然而我堅持認為：最低實質工資僅受就業的邊際負效用約束，雖然工資調整可能有些影響，但非主要決定因素，而是由體系內其他因素決

定。如果我說的正確，在這些因素中，尤其是資本邊際效率與利率的關係，庇古並未將其包括在他的正式體系內。

最後，庇古談到「失業的因果關係」時，確曾談到需求狀態波動，而與我所說的絲毫不差。但是他將實質勞動需求函數與需求狀態混為一談，忘記依據他的定義，後者已經是多麼狹隘的一樣東西。正如我們先前看到，實質勞動需求函數只取決於兩個因素：(1)在特定環境中，總就業人數與工資財產業為提供他們消費財，而必須雇用勞工數量兩者間的關係；(2)工資財產業的邊際生產力。然而在《失業理論》第五編中，「實質勞動需求」變動被賦予重要地位。他認為「實質勞動需求」在短期內容易發生大幅波動（前引書第五編，第六至第十二章），其意見似乎是「實質勞動需求」波動，結合工資政策未能對此類變化做出敏感反應，成為引發景氣循環的主要禍首所在。對讀者而言，這一切乍看似乎合理而熟悉。除非讀者追溯至其定義，否則「實質勞動需求波動」給予讀者的印象，正如我想傳達「總需求變動」給讀者印象一樣，但若追溯到實質勞動需求的定義，這一切都將喪失其合理性。此係我們將發現在這世界上，再也沒有別的東西比這個因素更不容易遭受短期劇烈波動的影響。

依據定義，庇古的「實質勞動需求」取決於工資財產業的實質生產情況$F(x)$，同時也取決於工資財產業的就業量與對應該水準的總就業量兩者間的函數關係$\phi(x)$。除了在長期逐漸改變外，我們很難看到有何理由可讓這兩個函數中的任何一個發生變動。當然我們似乎沒有理由假設他們會在景氣循環中發生波動，此係$F(x)$只能緩慢改變，且在技術進步的體系中，只會

向前變動；除非勞工階層突然趨於節儉，或是消費傾向突然變遷，否則$\phi(x)$將一直維持穩定。是以在景氣循環中，我預期實質勞動需求實際上將維持穩定。我再重複一次，庇古的分析完全忽略投資規模波動這個不穩定因素，而這個因素則是造成就業波動的最常見根本因素。

我詳盡批評庇古的失業理論，並非覺得相對其他古典學派經濟學者，他有更多可以批評之處，而是他是我熟悉唯一嘗試以精確方式描述古典學派失業理論的人。是以我有義不容辭的責任，針對一個最不容輕乎的理論，提出我的反對意見。

第二十章

就業函數

I

　　我們在第三章已經定義總供給函數$Z=\phi(N)$，此係連結就業N與相應產出的總供給價格兩者間的關係。就業函數異於總供給函數之處，僅在於它實際上是後者的反函數，並以工資單位衡量。就業函數與以工資單位衡量的有效需求相關，係在表明某一廠商、產業或整體產業的就業量，而該就業量生產的產出價格，能與該就業量的有效需求相互比較。若以工資單位衡量的有效需求為D_{wr}，針對某一廠商或產業引起的就業為N_r，則就業函數可表為$N_r=F_r(D_{wr})$。或是更廣泛地說，如果D_{wr}是有效需求D_w的唯一函數，則就業函數就可用$N_r=F_r(D_w)$表示，亦即有效需求為D_w，則r產業將僱用N_r數量的工人。

　　我們將在本章探討就業函數的若干特性。除這些特質可能具有的趣味外，有兩點足以說明為何要以就業函數取代普通供給曲線，而這將符合本書的方法與目標。首先，就業函數是以我們採取的單位來表達相關事實，並不引入具有可疑性質的數量單位。其次，相對於普通供給曲線，如同有別於在特定環境下單獨廠商或產業的問題，就業函數更適合處理整體產業與全部產出的問題，理由如下：

　　某種商品需求曲線是基於攸關人們所得的某些假設繪製而成，一旦所得改變，需求曲線必須重新繪製。以同樣的方式，某種商品供給曲線也是基於攸關整體產業產出的某些假設，如果產業的總產出變動，該曲線也要隨之變動。是以當我們檢視個別產業對總就業變動如何反應時，必須關心的並非每一產業的單一需求曲線與相連的單一供給曲線，而是在不同假設下有

兩組曲線族對應於不同總就業量。不過在就業函數的情況下，求出反映體系內就業變動的整體就業函數，將是更為實用。

首先，假設消費傾向以及延續先前在第十八章中視為已知的其他因素為既定，進而探討投資變化後，就業將如何變動。在此種假設下，以工資單位衡量的每一有效需求，將會有一個對應的總就業，而這個有效需求將依明確比例區分成消費與投資。此外，每一有效需求將對應既定的所得分配。是以進一步假設對應既定的總有效需求，在不同產業間會對應一個獨特的分配將是合理。

這將讓我們能夠決定在每一產業中的何種就業量，將會對應一個既定的總就業。這就是說，針對以工資單位衡量的每一總有效需求，將對應著每一產業的就業量，是以該特定產業就業函數的第二種型態可表為$N_r = F_r(D_w)$。在這些條件下，從某種意義上來說，我們可以得到的好處是可以累加個別就業函數，亦即對應既定有效需求，整體產業的就業函數將等於個別產業就業函數的加總：

$$F(D_w) = N = \Sigma N_r = \Sigma F_r(D_w)$$

其次，我們定義某一產業的就業彈性（elasticity of employment）如下：

$$e_{er} = \frac{dN_r}{dD_{wr}} \cdot \frac{D_{wr}}{N_r}$$

上式是衡量某產業僱用勞動數量，對於預期支出於購買其產品的工資單位發生變動所引起的反應。至於整體產業的就業彈性可表爲：

$$e_e = \frac{dN}{dD_w} \cdot \frac{D_w}{N}$$

如果我們找出某種足以令人滿意的衡量產出方法，則可定義何者是產出或生產彈性（elasticity of output or production）：此係衡量以工資單位衡量的有效需求變動，引起某種產業產出的增加率爲何：

$$e_{or} = \frac{dQ_r}{dD_{wr}} \cdot \frac{D_{wr}}{O_r}$$

假設價格等於邊際主要成本，隨後可得：

$$\Delta D_{wr} = \frac{1}{1 - e_{or}} \Delta P_r$$

P_r是預期利潤。[①]由此可見，$e_{or} = 0$意味著該產業完全缺乏產出彈性，以工資單位衡量的體系內有效需求增加，將以利潤全部歸屬於企業，即$\Delta D_{wr} = \Delta P_r$；反之，$e_{or} = 1$顯示產出彈性

---

① $\Delta D_{wr} = \Delta(p_{wr} \cdot O_r) = p_{wr} \cdot \Delta O_r + O_r \Delta p_{wr}$

$\qquad = \dfrac{D_{wr}}{O_r} \cdot \Delta O_r + O_r \Delta p_{wr}$

為1，則有效需求增加，將全部被邊際主要成本涵蓋的因素吸收，企業將得不到任何利潤。

另外，如果某產業的產出是其雇用勞工的函數$\phi(N_r)$[2]

故$O_r\Delta p_{wr}=\Delta D_{wr}(1-e_{or})$

或$\Delta D_{wr}=\dfrac{O_r\Delta p_{wr}}{1-e_{or}}$

但$O_r\Delta p_{wr}=\Delta D_{wr}-p_{wr}\cdot\Delta O_r$

$\qquad\qquad=\Delta D_{wr}-(邊際直接成本)\Delta O_r$

$\qquad\qquad=\Delta p_r$

是以$\Delta D_{wr}=\dfrac{1}{1-e_{or}}\cdot\Delta p_r$

[2] 由於$D_{wr}=p_{wr}\cdot Q_r$，是以

$1=p_{wr}\dfrac{dO_r}{dD_{wr}}+O_r\dfrac{dp_{wr}}{dD_{wr}}$

$\quad=e_{or}-\dfrac{N_r\phi''(N_r)}{\{\phi'(N_r)\}^2}\cdot\dfrac{e_{er}}{p_{wr}}$

本等式推演如下：

$O_r\dfrac{dp_{wr}}{dD_{wr}}=\dfrac{D_{wr}}{p_{wr}}\cdot\dfrac{dp_{wr}}{dN_r}\cdot\dfrac{dN_r}{dD_{wr}}$

$\qquad\qquad=\left(\dfrac{D_{wr}}{N_r}\cdot\dfrac{dN_r}{dD_{wr}}\right)\cdot\dfrac{N_r}{p_{wr}}\cdot\dfrac{dp_{wr}}{dN_r}$

因$p_{wr}=\dfrac{p_r}{W}=\dfrac{dC_r}{dO_r}/W$，其中$O_r=\phi(N_r)$，$C_r=N_r\cdot W$，

故$p_{wr}=\dfrac{dN_r}{dO_r}=\dfrac{1}{\phi'(N_r)}$，

故$\dfrac{dp_{wr}}{dN_r}=-\dfrac{\phi''(N_r)}{\{\phi'(N_r)\}^2}$，

故$O_r\dfrac{dp_{wr}}{dD_{wr}}=-\dfrac{N_r\phi''(N_r)}{\{\phi'(N_r)\}^2}\cdot\dfrac{e_{er}}{p_{wr}}$。

$$\frac{1-e_{or}}{e_{er}}=\frac{N_r\phi''(N_r)}{P_{wr}\{\phi'(N_r)\}^2}$$

P_{wr}是以工資單位衡量的單位產出預期價格。是以$e_{or}=1$意味著$\phi''(N_r)=0$，亦即就業增加時，報酬將會固定。

古典理論假設實質工資永遠等於勞工邊際負效用，而後者將隨就業增加而遞增，以致於在其他條件不變下，一旦實質工資減少，勞動供給會降低。古典學派的這種假設，實際上是假設以工資單位衡量的總支出不變。如果這種說法正確，就業彈性概念將毫無用武之地。此外，在這種情形下，我們也不可能藉由增加貨幣支出來增加就業，此係貨幣工資將隨貨幣支出遞增而等比例上升，結果是以工資單位衡量的支出未增加，就業最後也不會增加。一旦古典學派假設不成立，則藉由增加貨幣支出來增加就業，直到實質工資降低到與勞工邊際負效用相等為止，依據定義，在這一點即為充分就業的位置。

當然，在一般狀況下，$0 < e_{or} < 1$，此即貨幣支出增加，以工資單位衡量物價上漲的程度，亦即實質工資下降的程度，將視生產彈性對工資單位衡量支出的反應而定。在此，e'_{pr}是預期價格的彈性，p_{wr}對有效需求D_{wr}變動的反應彈性，亦即$\frac{dp_{wr}}{dD_{wr}} \cdot \frac{D_{wr}}{p_{wr}}$。由於$O_r \cdot P_{wr}=D_{wr}$，是以

$$\frac{dO_r}{dD_{wr}} \cdot \frac{D_{wr}}{O_r}+\frac{dp_{wr}}{dD_{wr}} \cdot \frac{D_{wr}}{p_{wr}}= 1$$

或　　　　　　　　$$e'_{pr}+e_{or}=1$$

這就是說，在回應以工資單位衡量的有效需求變動，物價與產出彈性之和等於1。依據這個法則，有效需求將部分影響產出，另一部分則影響物價，從而逐漸耗竭其本身的力量。

如果我們討論全體產業，有一個可以衡量整體產出的單位，則同樣論點也能適用，可得$e'_p + e_o = 1$，e'_p及e_o是沒有附加下標r的整體產業彈性。現在我們以貨幣取代工資單位來衡量價值，並將對整體產業的結論引申到這個案例。

W是單位勞工的貨幣工資，P是體系內產出的預期貨幣價格，則貨幣價格對以貨幣衡量的有效需求變動的彈性可表爲$e_p = (\frac{D}{p})(\frac{dp}{dD})$，而貨幣工資對以貨幣表示的有效需求變動的彈性是$e_w = (\frac{D}{W})(\frac{dW}{dD})$，然後可以得到$e_p = 1 - e_o(1 - e_w)$。[3]我們在下一章將會看到，這一方程式是求得一般化貨幣數量學說的第一步。若$e_o = 0$或$e_w = 1$，產出不會變化，物價將與以貨幣衡量

---

[3] 因爲$p = p_w \cdot W$，又$D = D_w \cdot W$，故

$$\Delta p = W \Delta p_w + \frac{p}{W} \cdot \Delta W$$

$$= W \cdot e'_p \frac{p_w}{D_w} \Delta D_w + \frac{p}{W} \Delta W$$

$$= e'_p \frac{p}{D}(\Delta D - \frac{D}{W} \Delta W) + \frac{p}{W} \Delta W$$

$$= e'_p \frac{p}{D} \Delta D + \Delta W \frac{p}{W}(1 - e'_p)$$

故　$e_p = \frac{D}{p} \frac{dp}{dD} = e'_p + \frac{D}{p \Delta D} \cdot \frac{\Delta W \cdot p}{W}(1 - e'_p)$

$$= e'_p + e_w(1 - e'_p)$$

$$= 1 - e(1 - e_w)$$

的有效需求同比例上漲，否則物價上漲比例將會小於有效需求
上升比率。

II

現在讓我們回到就業函數。我們先前業已假設每個總有效
需求將對應唯一的分配方式，將有效需求分配在各個產業的產
品之間。隨著總支出變動，對某一產業產品的相關支出，通常
不會同比例變化，部分原因是人們不會隨所得增加，相同比例
增加購買每一產業的產品；另外則是不同產品價格對支出增加
後的反應，彼此在程度亦有不同。

由此可知，如果所得增加而用於支出的方法不只一種，則
就業變動完全取決於以工資單位衡量的總有效需求變動，此種
作為討論基礎的假設，並不比初步近似值好。此係假設總需求
以何種方式分配在不同商品間，可能會對就業量產生相當大影
響。舉例來說，如果需求增加主要是針對具有高就業彈性的產
品，則總就業增加，將會超過主要針對低就業彈性的產品。以
同樣方式，如果總需求不變，但卻轉向那些具有相對較低就業
彈性的產品，則就業可能會降低。

如果我們討論未預期需求數量或方向改變的短期現象，上
述考慮是尤其重要。有些產品生產需要時間，要能迅速增加供
給幾乎不可能。如果未預期額外需求指向這些產品，他們將呈
現一個低就業彈性；而在足夠預告的情形下，它們的就業彈性
可能趨近於1。

在這一點上，我們發現生產期間概念的重要意義。依我的

說法，如果某種產品能夠提供最大就業彈性，必須提前 n 個時間單位告知需求變動，則該產品生產期間即為 n。在這層意義上，體系內消費財生產期間顯然最長，此係它們構成每個生產程序的最後階段。是以有效需求增加，對來自消費增加的初始衝擊，相較來自投資增加衝擊，其期初就業彈性將低於最後均衡水準。另外，如果需求增加是針對那些低就業彈性的產品，則大部分需求會增加企業所得，小部分則增加薪資階層與其他主要因素的所得。由於企業所得增加用於儲蓄的部分，相對薪資階層儲蓄更多，產生結果可能不利於支出。儘管如此，兩種情形差別亦不宜過分誇大，此係兩者的反應大部分是相同。

　　無論我們提前多長時間通知企業未來需求變動，除非在每一生產階段，都存在剩餘存貨或過剩產能，否則在因應投資增加，引起初期就業的反應彈性值，將不可能如同最後均衡值那麼大。另一方面，出清剩餘存貨將對投資增加具有抵銷效果。如果在每一點上初始都有剩餘存貨，則期初就業彈性也許接近 1；隨著存貨被吸收後，來自早期生產階段的供給，在沒有以適當速度增加前，就業彈性將降低；隨著新均衡位置逐漸逼近，就業彈性將再次上漲而趨於 1。但是這需要一些條件，隨著就業增加，只要有租金因素吸收更多支出，或是利率遞增。基於這些理由，在容易變動的體系中，除非確實有某種特殊安排，確保消費傾向暫時波動恰到好處，否則物價完全穩定是不可能。但由此引發物價不穩定性，不會造成一種利潤，導致發生產能過剩。此係這種意外利益，將全部歸屬於那些碰巧擁有處於相對先進生產階段產品的企業。至於未持有適當類型專業資源的企業，則無從將此項利益收歸己有。如此一來，由於經

濟變動引發不可避免的物價不穩定性，將不會影響企業活動，僅是將事實上的意外財富移轉到幸運者的懷抱中。當我們設想的變動是朝向其他方向，同樣結果只要稍加修正亦可適用。然而當代人士討論如何穩定物價的實際政策這個事實時，曾被忽略。確實如此，在容易變動的體系中，這種政策是不可能完全成功。但這並不就意味著，每次稍微暫時偏離物價穩定性，就會引發累積性的失衡。

III

我們先前已經證明，當體系有效需求不足，就會出現勞工低度就業，從某種意義上來說，有人願意在低於現行實質工資下工作，但卻失業。是以，隨著有效需求增加，即使在實質工資等於或小於現行水準，就業將增加直到實質工資上漲，已經不再有剩餘勞工可供利用為止。換句話說，從這點開始，除非薪資上漲比物價更快，否則將無更多勞工或工時可供利用。現在，下一個問題將是當體系已經達到這點，如果支出仍繼續增加，則將產生何種結果？

直到這點前，在既定資本設備上，使用更多勞工獲取的報酬遞減，已經被勞工默許的實質工資遞減所抵銷。但自這點以後，增雇一單位勞工所需提供的誘因，將是遞增產出的等值物。然而多用一單位勞工獲取的收益，將是遞減的產品數量。是以嚴格的均衡條件將要求工資、物價以及由此產生的利潤，均須隨支出同比例上漲，促使包括就業與產出的「實質」情況在各方面維持不變。那就是說，我們已經達到一個情境，促使

粗略的貨幣數量學說（將「流通速度」解釋為「所得流通速度」）完全適用；此係產出不變，物價上漲恰與MV成比例上升。

　　儘管如此，將這個結論應用於某一實際環境，則有某些實際條件必須銘記在心：

　　⑴至少在一個期間內，物價上漲或許誘惑企業增雇勞工，超過其追求以產品衡量利潤極大的就業水準。此係他們習慣於將以貨幣計算的銷售收益增加，視為擴充生產的信號，從而繼續增雇勞工，但實際上已經難以再給他們帶來最佳利益。換言之，企業可能低估新物價環境下的邊際使用者成本。

　　⑵企業必須將部分利潤交付收取租金者，而此係以貨幣計算的固定值，是以物價上漲而即使產出不變，也將重分配所得而有利於企業，不利於收取租金者，因而將對消費傾向產生反作用。然而這並非達到充分就業後才開始的過程，而是在支出漸增期間一直都在穩定進行。如果收取租金者的消費傾向小於企業的消費傾向，則從前者逐漸減少的實質所得，將意味著為達到充分就業所需貨幣數量增加與利率下降，將會小於相反假設成立下的狀況。當充分就業達成後，如果第一種假設持續適用，則物價再度上漲意味著利率必須稍微提高，以防止物價無限上漲；而且貨幣數量增加比例亦將小於支出增加。如果第二種假設適用，則情形相反。隨著收取租金者的實質所得遞減，將造成相對貧困日益嚴重的結果，或許會有一轉捩點來臨，從第一項假設轉換為第二個假設，這點可能在充分就業之前或之後達到。

IV

通膨與通縮之間的明顯不對稱性，可能會有點令人困惑。此係有效需求緊縮低於充分就業要求的水準，將會降低就業與物價；而有效需求膨脹高於這個水準，則僅會影響物價。然而這種不對稱僅是反映事實：在某一就業規模下，如果實質工資小於該就業量的邊際負效用，則勞工可以永遠拒絕在此規模下工作。但如果實質工資並不比某就業量的邊際負效用大時，勞工卻不能堅持別人在該規模下向其提供工作。

第二十一章

物價理論

I

經濟學者關注什麼是價值理論時,已經習慣於訴說,價格是由供給與需求掌控,尤其是邊際成本與短期供給彈性變動發揮顯著作用。但當他們在第二卷或另一論著中,談及貨幣與物價理論時,人們卻再也聽不到這些樸實而易懂的概念,而是進入一個由貨幣數量、貨幣所得流通速度、流通速度相對交易數量、窖藏、強迫儲蓄、通膨或通縮等諸如此類因素來決定物價,甚少或根本無人嘗試將這些含混的術語與先前的供需彈性觀念聯繫起來。如果我們仔細回顧曾被告知的一切,試圖將其合理化,則在比較簡單的討論中,供給彈性似乎是一定變成零,而需求必與貨幣數量成比例。至於更複雜的討論,我們彷彿迷失在陰霾中,朦朦朧朧看不清楚,事事都有可能。我們已經習慣於自己有時在月亮的一邊,眨眼又在另一邊,不知道是什麼路線或旅程將他們連接起來,這顯然像是清醒中的人生與睡夢中的情境一樣。

前面幾章的目標之一,即在逃脫這種雙重生活,並將物價理論與價值理論重新緊密連繫起來。我認為將經濟學劃分為價值與分配理論以及貨幣理論兩部分,將是錯誤分法,正確劃分應當如是:一方面是個別產業或廠商理論,以及既定資源報酬在不同用途之間分配的理論:另一方面則是體系內總產出理論及就業理論。只要我們將研究侷限於個別產業或廠商,必須假設就業資源總量固定、其他產業或廠商情況亦暫時不變,此時的確無須在乎貨幣的重要特性。然而一旦轉向何者決定體系產出與就業問題時,就需要一個完整的貨幣理論。

或者我們可以在靜態均衡理論（theory of stationary equilibrium）與移動均衡理論（theory of shifting equilibrium）間做如是劃分，後者是指攸關未來變動的看法，足以影響目前體系的理論，此係貨幣的重要性根本上是來自於連繫現在與未來的功能。我們考慮這樣一個環境，各方對攸關未來看法都屬固定可靠，在正常經濟動機的影響下，何種資源分配方式將會與均衡達成一致。我們或許可將體系劃分爲不變以及可變的經濟，但所有事情都能事先預期的體系。我們或者可從這個簡化的入門討論現實環境的問題，但現實環境的過往預期可能會落空，而攸關對未來的預期則將影響今天的決策。當我們完成這個轉換後，貨幣作爲連繫現在與未來的商品，其各種特性必須列入我們的思慮中。不過即使移動均衡理論必須從貨幣經濟觀點來討論，它仍是一個價值與分配理論，而非另外一個貨幣理論。最重要的是，貨幣的重要屬性是連繫現在與未來的微妙工具，除了利用貨幣觀念外，我們甚至無法開始討論預期變動對目前活動的影響效果。即使取消金銀與法定貨幣工具，我們還是擺脫不了貨幣。只要體系存在耐久性資產，它就可能擁有貨幣屬性，從而產生貨幣經濟所特有的各種問題。

II

某產業的物價部分取決於其邊際成本中涵蓋各種生產因素報酬而定，另外則取決於產出規模。當我們討論整體產業時，沒有理由需要修改這個結論。是以一般物價也是部分取決於邊際成本中包含各種生產因素報酬而定，另外則取決於整體

產出規模，而在設備與技術已知下，亦即要看就業量而定。事實上，當我們討論體系內產出時，任一產業的生產成本部分取決於其他產業的產出而定，但必須考慮更重大變化，是需求改變對成本與數量的影響。我們必須引進的新穎概念都落在需求面，討論總需求而非孤立的單一產品需求，而後者則假設整體需求不變。

III

我們簡化假設邊際成本中包含不同生產因素報酬都同比例變動，亦即隨工資單位同比例變化，則在設備與技術已知下，一般物價水準部分取決於工資單位，部分則取決於就業量。是以貨幣數量變動對物價影響，可認為是貨幣數量對工資單位與就業兩者影響的複合結果。

為闡明當中涉及的概念，再進一步簡化假設：(1)所有失業資源均是同質，從生產效率觀點來看，彼此可以互相替代；(2)邊際成本包含的各種生產因素，只要閒置而未就業時，都將滿足於相同的貨幣工資。在這種情形下，只要任何失業存在，則將有固定報酬與僵化工資單位，貨幣數量增加對物價毫無影響。同時，隨著貨幣數量增加，帶動有效需求遞增，將引起就業同比例增加。一旦達到充分就業後，隨著有效需求增加，工資單位與物價將同比例增加。是以體系存在失業時，供給將具有完全彈性，一旦達到充分就業後，供給則毫無彈性。又若有效需求與貨幣數量同比例變動，貨幣數量學說將可說明如下：「只要失業仍然存在，就業將隨貨幣數量同比例變動；一旦體

系處於充分就業環境，物價將隨貨幣數量同比例變動。」

透過許多簡化假設滿足了傳統，將讓我們能夠闡明貨幣數量學說，以下考慮事實上可能影響事態發展的複雜情況：

⑴有效需求不會與貨幣數量恰成同一比例變動。

⑵各種資源並非同質，隨著就業逐漸遞增，報酬將呈現遞減而非固定。

⑶由於資源並非可以相互替代，有些商品供給達到無彈性狀態，但另一方面仍有失業資源可供生產其他產品。

⑷在充分就業到達前，工資單位即有上漲趨勢。

⑸邊際成本包含的各種因素報酬不會以同比例變動。

是以，我們首先考慮，貨幣數量變動對有效需求數量的影響。一般來說，有效需求增加將部分增加就業量，部分提高物價，從而逐漸耗竭自身力量。在此，我們看到的並非失業環境下的固定物價，以及在充分就業狀態下，物價隨著貨幣數量同比例上漲；事實上我們處於隨著就業增加，物價逐漸上漲的環境。也就是說，分析貨幣數量與物價兩者間變動的關係，係著眼於決定物價如何回應貨幣數量變動的彈性，是以物價理論必須針對上述五個複雜因素作為分析的起點。

我們將依次討論這些因素，但嚴格來說，卻不可因為採取逐項分析程序，就認為這些因素乃是獨立因素。舉例來說，有效需求增加對增加產出與提高物價兩者間的影響比例為何，將會影響貨幣數量以何種方式與有效需求發生關聯。再舉一例，不同因素報酬變動比例差異，可能會影響貨幣數量與有效需求間的關係。我們的分析目的，不在於提供一種機械或盲目操作方法來獲取正確答案，而是在於提供有組織、有次序的方法，

來思考各種問題。我們藉著逐一孤立這些複雜因素，獲得暫時性結論後，再返回考慮這些因素間可能的互動效果，這就是經濟思維的本質。任何應用其他形式思考的方式，都將導致我們出錯，然而沒有這些原則，我們則將迷失在叢林中。意圖以似是而非的數學方法，用符號將經濟分析形式化，就如本章第六節提及的那樣，係假設涉及的因素彼此間嚴格獨立，一旦該假設不能成立，這類數學方法將會喪失所有的說服力與權威，此即是其最大謬誤之處。另外，我們在通常的談論中並非無的放矢，而是始終知道正在做什麼，知道一些話語的意義為何，從而將要做的必要保留與限制，以及稍後須做的調整都留存腦海中，但卻不能以這種方式將複雜的偏微分記在幾頁代數的書角，而且假設這些偏微分為零。近代數理經濟學太多只是混合物，正如他們基於最初假設一樣的不精確，而在一堆矯飾且無用的符號迷宮中，讓讀者忽視真實環境的複雜性與相互依存關係。

IV

⑴貨幣數量變動對有效需求影響，主要是透過對利率的影響。如果這是唯一的反應，則可由三個因素推演出其數量效果；(a)流動性偏好表指出利率必須降低多少，人們才會願意吸收持有新增貨幣；(b)資本邊際效率表顯示利率要降低多少才會增加投資；以及(c)投資乘數則指出，投資需要增加多少，才會增加總有效需求。

如果我們忘掉(a)、(b)及(c)三個因素也有部分取決前述的

第(2)、(3)、(4)及(5)等複雜因素，即使這個分析因引進程序與方法而具有價值，但只不過成為一種騙人的簡化而已。此係流動性偏好取決於新增貨幣究竟有多少被吸收到所得與產業流通過程之中，而後者又取決於有效需求增加多少，以及此增加量如何分配在物價上漲、工資上漲，以及產出與就業量之間。此外，資本邊際效率部分也將取決於貨幣數量增加衍生的各種情況，對未來貨幣前景預期的影響。最後，乘數將會受到有效需求遞增後，新增所得在不同消費者階層中如何分配的影響，當然這個可能交互作用的清單並非完整。儘管如此，如果我們提前掌握所有事實，將有足夠的聯立方程式給出一個確定結果。在考慮所有因素後，確定數量的有效需求遞增，將對應貨幣數量遞增並且維持均衡。此外，只有在非常特殊情況下，貨幣數量增加將會與有效需求遞減相關聯。

　　有效需求與貨幣數量之間的比例，近似於一般的「貨幣所得流通速度」，除了有效需求對應推動生產向前進行的預期所得，而非已經實現的實際所得外，而且總所得並非淨所得。但是貨幣所得流通速度也只是一個名詞，並未解釋什麼，也無理由預期它將固定。此係正如先前討論顯示，它將取決於許多複雜多變的因素。我認為使用這個名詞，將讓真正因果關係的特質模糊不清，徒然導致混亂而無任何結果。

　　(2)正如第四章第三節指出，遞減與固定報酬的區別，部分取決於勞工所得是否與其效率呈現嚴格比例而定。若是如此，當就業增加，以工資單位衡量的勞動成本將固定不變。但若不論個人效率如何，一定等級勞工的工資都是一樣，則不論資本設備效率如何，勞動成本將遞增。另外，如果資本是異質，其

中某部分涉及較高的單位主要成本,則邊際主要成本遞增,其漲幅將超過因勞動成本遞增所引起的上漲。

一般而言,隨著在既定設備上增加產出,供給價格將會遞增。除了工資單位變動外,產出增加將是伴隨著物價上漲。

⑶在⑵中已經考慮不完全供給彈性的可能性。如果專業化失業資源的各自數量之間維持完全均衡,則他們將同時達到充分就業點。但是一般來說,有些商品或勞務需求將先達某一水準,此後的供給將暫時處於完全無彈性的狀況,此時其他方向則仍有大量閒置資源未能就業。是以隨著產出增加,一系列「瓶頸」將陸續出現,此時特定商品供給不再具有彈性,其價格必須上漲到任何必要的水準,足以讓需求轉移到其他方向。隨著產出增加,只要可用的效率資源仍有閒置,一般物價大概不會急劇上漲。一旦產出增加到瀕臨「瓶頸」時,某些商品價格可能會急劇上漲。

然而在此標題與⑵標題下,供給彈性部分取決於時間的流逝。如果體系內有足夠時間讓資本設備數量變動,則供給彈性最終肯定會較大。在面臨普遍失業的情況下,有效需求溫和變動影響物價上漲甚微,而是主要用於增加就業;一旦未預期有效需求變動劇烈,勢將造成若干暫時陷入「瓶頸」現象,刺激物價上漲而非就業增加,而且初期漲幅遠大於後來的漲幅。

⑷在達到充分就業前,工資單位可能趨於上漲,無須多做評論或解釋即可了然。在其他條件不變下,所有勞工族群將因工資提高而受益,自然而然地都要朝此方向施加壓力,而當企業營運狀況較佳時,也將會比較容易接受這種壓力。基於這個理由,有效需求增加,其中有部分將用於滿足工資單位的上升

趨勢。

　　是以，除了在充分就業的最後臨界點上，爲回應以貨幣衡量的有效需求遞增，貨幣工資必然隨著工資財價格上漲而同比例上漲，而在未達到充分就業前，體系內還有一系列準臨界點，在這些點上，有效需求遞增刺激薪資上漲，但其漲幅卻與工資財價格漲幅不完全相同；至於在有效需求減少時，類似現象也會發生。在實際經驗中，在回應有效需求每次微幅變動，以貨幣衡量的工資單位變化，並非呈現連續性變動，這些不連續的點是取決於勞工心理以及企業與工會的政策而定。在開放體系下，他們意味著本國相對他國的工資成本變動；而在景氣循環中，即使在封閉體系，他們可能意謂著目前相對未來預期工資成本變動。在這些情形下，他們都具有很大的實際重要性。以貨幣衡量的有效需求再次增加，可能導致工資單位不連續上漲，從某種觀點來看，這點可能被視爲準通膨位置。此種現象和在充分就業環境下，隨著有效需求增加所產生的絕對通膨有若干相似之處，雖然這種相似極不完全。另外，它們具有相當的歷史重要性，卻不太容易將理論進行一般化。

　　⑸我們的第一個簡化即在於假設邊際成本包含的各種因素報酬都以相同比例變動。事實上，以貨幣衡量的不同因素報酬將顯示不同的僵化程度，而且在回應其貨幣報酬變動時，也可能各有不同的供給彈性。如果不是爲了這一事實，我們大可以說物價是由工資單位與就業兩個因素所組成。

　　在邊際成本的構成因素中，因素變動比例可能不同於工資單位，變動幅度也遠超過工資單位，此即是邊際使用者成本。如果有效需求遞增，引起攸關資本設備必須重置日期的現行預

期快速變化，或許將像是這個狀況，在就業開始改善之際，邊際使用者成本可能會急劇上漲。

對於許多目的來說，如果邊際主要成本涵蓋的所有因素報酬隨工資單位同比例變動，自然是一個非常有用的初步近似方法；但較好的方法則是將邊際主要成本中的所有因素報酬加權平均，並稱此平均數為成本單位。以上述近似值為標準，成本單位或工資單位即可視為是必要的價值標準，而在技術與設備狀態不變下，物價將部分取決於成本單位，部分取決於產出規模。是以在短期依據報酬遞減法則，當產出遞增，物價上漲比例將超過任何成本單位上漲比例。當產出已經上漲到某一水準，此時來自生產因素的一個代表單位的邊際報酬，已經滑落至最低水準。在此水準下，將有足夠因素生產該產出，此時我們已經是達到充分就業。

V

當有效需求進一步增加，無法有更多產出，而這種增加完全反映在成本單位同比例上漲，體系即已達到真正的通膨情境。到此刻為止，貨幣擴張效果全然是程度問題，且無先前的點可讓我們劃出明確界線，聲言通膨環境已降臨。在此之前，每次貨幣數量增加引起有效需求增加，部分力量將耗費在增加成本單位，而部分則反映在增加產出。

因此，在發生真正通膨的臨界水準兩側，我們看到的情形似乎不對稱。此係低於此臨界水準，有效需求緊縮將會降低其以成本單位衡量的數量。這個結果是基於生產因素（尤其是勞

工）對其貨幣報酬遭到削減都會起而抗拒，但卻欣然接受其貨幣報酬遞增，此係當非全面性向上變化，將有利於受影響的特殊因素，而向下變化自屬有害。

相反的，當體系出現低於充分就業的趨勢時，如果貨幣工資無限滑落，此種不對稱性將會消失。不過在此種情形下，體系在低於充分就業狀態將無穩定點，直至利率降無可降或工資等於零為止。事實上，在貨幣經濟中，體系內總得要有某些因素的貨幣價值即使並非固定不變，至少也要具有黏性而讓各項價值獲得穩定性。

除非我們將通膨解釋為僅是物價上漲，否則任何貨幣數量增加都具有通膨性的看法，還是與古典學派的基本假設密不可分。此係古典學派假設體系永遠處於生產因素的實質報酬削減，將會導致生產因素供給減少。

VI

我們將藉助第二十章中引進的符號，以符號型態表示上述內容，M是貨幣數量，V是所得流通速度（此定義與上述顯示的一般定義稍有輕微差異），D是有效需求，$MV = D$。如果V為常數，則物價在$e_p\left(=\dfrac{Ddp}{pdD}\right) = 1$時，將與貨幣數量同比例變動。在$e_o = 0$或$e_w = 1$時，上述條件將獲得滿足，見前面第二十章。由於$e_w = \dfrac{DdW}{WdD} = 1$意味著以貨幣衡量的工資單位，將與有效需求同比例變動；由於$e_o = \dfrac{DdO}{OdD} = 0$意味著有效需求進一步增加，產出不再有任何回應。在上述兩種情形下，產出將不

變。其次，我們透過引入另一種彈性，用於處理所得彈性並非固定的情形，亦即有效需求回應貨幣數量變動的彈性：

$$e_d = \frac{M}{D} \cdot \frac{dM}{dD}$$

$$\frac{M}{p} \cdot \frac{dp}{dM} = e_p \cdot e_d，其中\ e_p = 1 - e_e \cdot e_o(1 - e_w)$$

$$e_o = \frac{N}{O} \cdot \frac{dO}{dN}；故$$

$$e = e_d - (1 - e_w)e_d \cdot e_e \cdot e_o$$
$$= e_d(1 - e_e \cdot e_o + e_e \cdot e_o \cdot e_w)$$

沒有下標的 $e = \dfrac{Mdp}{pdM}$ 是代表這個金字塔的頂點，衡量貨幣價格對貨幣數量變動的反應。

最後公式表明物價變動回應貨幣數量變動，將是呈現比例性，故可將其視為貨幣數量學說的一般化陳述。我並不十分重視這種操作方式，還要重覆先前給出的警告，亦即這類操作如同普通的話語一樣，對於何者被視為獨立變數有著不少的隱含假設，許多偏微分始終被忽視，讓我質疑它們能否提供較普通話語更多的了解。當我們意圖以正式方式表述物價與貨幣數量兩者間的錯綜複雜關係，或許是將其寫下來的最大目的。然而值得指出的是，貨幣數量變動對物價影響取決於 e_d、e_w、e_e 與 e_o 等四個項目而定。e_d 是流動性偏好因素，決定在每種情況下的貨幣需求；e_w 是勞工因素（或嚴格來說包括在主要成本的生產因素），隨著就業增加，決定貨幣工資上漲程度；e_e 及 e'_o 是各種實質因素決定在現有設備上，增加雇用因素而發生報酬變化的彈性。

　　如果人們以貨幣持有所得的比例固定，則$e_d=1$；在貨幣工資固定下，$e_w=0$；，如果報酬始終維持不變，邊際報酬等於平均報酬，$e_ee_o=1$；一旦勞工或設備達到充分就業，$e_oe_o=0$。現在，如果$e_d=1$且$e_w=1$，或者$e_d=1$、$e_w=0$且$e_ee_o=0$，再或者，如果$e_d=1$且$e_o=0$，都會產生$e=1$的結果。此外，顯然還有許多其他特殊狀況，使得$e=1$。但是一般而言，$e\neq1$。我們或許可以概括的說，在攸關現實環境的合理假設下，而且排除「通貨逃避」（flight from the currency）的情形（在這種狀況下e_d及e_w將會變大），e通常是總小於1。

VII

　　迄今為止，我們主要關注在短期內，貨幣數量變動如何影響物價。但在長期，是否存在某種較為單純的關係呢？這是一個歷史的概括問題，而非純理論問題。如果長期流動性偏好呈現某種程度的一致性趨勢，則在所得與滿足流動性偏好所需貨幣數量（取悲觀與樂觀時期的平均值）兩者間，可能存在某種粗略關係。舉例來說，在長期，人們預擬以閒置資金持有所得的某一穩定比例，但只要利率超過某一心理上的最低水準，人們在所得中持有閒置資金，將不會輕易超過該比例。是以如果貨幣數量超過在活動中所需的流通數量，並且超過以閒置資金保有所得的比例，則利率早晚會滑落到這一心理上的最低限度邊緣。在其他條件不變下，利率滑落將促使有效需求遞增到一個或多個準臨界點，此時工資單位將呈現不連續上漲，對物價也將產生相應影響。如果超過流通所需的閒置貨幣數量僅占所

得極低比例，則將產生相反趨勢。是以在一段期間中，波動的淨效果將是依據所得及貨幣數量間的穩定比例，建立一個人們心理遲早會回復的平均值。

這些向上趨勢運作相較於向下時，或許遭逢的阻力較少。但若貨幣數量在長期間始終不足，則逃離困境通常是採取改變貨幣本位或貨幣制度以增加貨幣數量，而非壓低工資單位導致債務負擔增加。是以極長期的物價走勢一直是向上，此係當貨幣相對豐盛時，工資單位上漲；而當貨幣相對匱乏時，總可找到增加貨幣數量的有效方法。

在十九世紀，就每10年的平均值而言，人口成長、新發明迭起、新土地開發、信心狀態以及戰爭頻繁，再結合消費傾向，似乎足以建立一個資本邊際效率表列，從而維持令人相當滿意的平均就業水準，而與此就業水準相容的利率，其高度又足以讓財富持有人心理上認為可以接受。證據顯示，在過去近150年期間中，主要金融中心的長期典型利率約為5%，金邊債券利率則落在3%～3.5%之間，這些利率足以刺激投資，從而維持不會讓人難以忍受的低平均就業量。在不十分低於上述標準的利率下，為了確保以工資單位衡量的貨幣數量能滿足正常的流動性偏好，有時需要調整工資單位，但以調整貨幣本位或貨幣制度較多，尤其是透過銀行貨幣發展。整體而言，工資單位趨勢是穩定向上，而勞工效率也在遞增中，經由各種力量的平衡，遂得以維持相當程度的物價穩定。在1820～1914年間，索貝克（Sauerbeck）的物價指數若取5年平均值，最高值也僅高於最低值50%，這個絕非偶然。有人說得很對，這可描述為那個時代各種力量平衡的結果：個別企業集團力量強大到

足以阻止工資單位上漲超過生產效率增加，貨幣體系也具有充分流動性與保守性，在財富持有者的流動性偏好影響下，提供以工資單位衡量的平均貨幣數量，將讓當時流行的利率滑落到能為人們接受的最低平均水準。當然大體上，平均就業水準低於充分就業甚多，但也不至於低到那麼難以忍受，從而引發革命性變動。

　　在今日以及可能的未來，因為各種理由，資本邊際效率遠低於十九世紀。是以我們面臨當代問題的嚴重性與特殊性，將是源於下面的可能性，此即能夠維持合理平均就業水準的平均利率。但對財富持有者來說，將是如此難以接受，以致於無法單單僅靠操縱貨幣數量，促使利率降至該水準。如果僅是藉由確保以工資單位衡量的足夠貨幣供給，就能在平均十年、二十年或三十年間達成差強人意的就業水準，則早在十九世紀就能找到解決方案。如果這是我們目前的唯一問題，或所要的是足夠貶值程度，則今日也一定可以找出一條出路。

　　但是迄今為止，在當前經濟中，最穩定並且不太容易變動的因素，則是大多數財富持有者普遍接受的最低利率。[1]如果今天可忍受就業水準所需的利率，必須遠低於十九世紀流行的平均利率，則是否僅藉由操縱貨幣數量即可達到目標，實在是令人質疑。在既定資本邊際效率表列下，借款者預期獲取利益的比率，必須扣除(1)仲介借貸雙方的成本、(2)所得稅及附加稅

---

[1] 巴傑特（Bagehot）曾經引過一句十九世紀諺語：「約翰牛可以忍受許多東西，但是他無法忍受年息2%。」

以及(3)放款者為彌補風險與不確定性而附加的溢酬,由此才能得出足以吸引財富持有者犧牲其流動性的淨收益。在可忍受的平均就業情境下,這個淨收益如果微不足道,則人們長期以來採取的方法,可能會被證明是無效的。

現在讓我們回歸當前主題,所得與貨幣數量兩者間的長期關係,將取決於流動性偏好;至於長期物價穩定與否,則是取決於工資單位或更精確些是成本單位的向上趨勢,以及生產體系的效率遞增率,何者力量較為強大而定。

第六篇

一般理論引起的幾篇短論

第二十二章

循環隨筆

在前面各章中，我們已經展示何者決定任何期間的就業量。如果這些都屬正確，我們的理論必然能夠解讀景氣循環現象。觀察任何景氣循環實例的細節，將會發現其具有高度複雜性，為求能完全解釋，先前分析中的每一因素均需派上用場，尤其是消費傾向、流動性偏好與資本邊際效率三者的變動，在景氣循環中都將發揮作用。但我要指出景氣循環本質的特徵，尤其是時間順序與持續期間的規則性能夠證明其為一個循環，主要原因是由資本邊際效率波動方式所造成。景氣循環可以被視為是由資本邊際效率循環變動所點燃，同時伴隨著體系內其他重要短期變數變動，趨於複雜化且通常是惡化。要展開這個論點將須耗費一本書的篇幅，絕非一章所能勝任，而且需要對事實詳密考查。不過以下短短隨筆將足以表明先前理論提示的研究路線。

I

所謂循環運動係指隨著體系向上發展，初始推動向上力量逐漸增強，互相聚集累積影響，爾後逐漸喪失力量直到某一點，旋即為反向運作力量所取代；這些力量又開始逐步增強，彼此堆聚影響力直至發展到頂點，然後緩步衰退讓位給其對手的力量。透過循環變動，我們並非單指一旦出現上升與下降趨勢，不會堅持永遠朝同一方向延續下去，而是終將物極必反。我們也指出，在向上與向下運動的時間順序與存續期間，都隱含某種程度可識別的規律性。

然而如果還有可稱為景氣循環的特徵，是我們的解釋必

須涵蓋的，亦即是恐慌（crisis）現象，事實是當向下趨勢取
代向上趨勢時，通常疾如風而劇烈，但從向上趨勢取代向下趨
勢時，卻無如此尖銳的轉折點。任何投資變動若無對應的消費
傾向變動抵銷，當然都會導致就業變動。由於投資蒙受高度複
雜因素影響，是以投資或資本邊際效率變動，甚難具有循環特
徵。尤其是由農業變動引發景氣循環的案例，將在本章稍後部
分單獨討論。無論如何，我認為在十九世紀的環境中，就典型
的產業景氣循環狀況，有某些明確理由足以解釋資本邊際效率
波動應該是有循環特徵，這些理由在其本身或作為景氣循環的
解釋來看，對我們都絕不陌生，此處的唯一目的是將他們與前
述理論做一連結。

II

　　我最好從繁榮（boom）後期與「恐慌」來襲作為本節的
開端。我們先前業已看到，資本邊際效率[1]不僅取決於現有資
本財的豐富或稀少性，以及目前的資本財生產成本，更取決
於目前人們預期資本財的未來收益。是以在耐久性資產的狀況
下，在決定新投資規模上，未來預期應該發揮主導作用。但是
正如我們所見，預期基礎非常不牢靠，它們係基於持續變化與
不可靠的證據，自然容易突然劇烈變動。
　　我們已經習慣於在解釋「恐慌」時，關注利率上升趨

---

[1] 文中不會引起誤會之處，常用「資本邊際效率」一詞代表「資本邊際
　　效率表列」。

勢，此係人們基於交易與投機動機而增加貨幣需求所引起。這個因素有時肯定會發揮惡化作用，或許是居於啟動地位。但我要指出，有關恐慌的更富代表性而且經常是主要的解釋，並非利率上漲，而是資本邊際效率突然崩潰。

繁榮後期的特徵是人們對於關資本財未來收益的樂觀預期，強勁抵銷資本財成長與生產成本上升，甚至還可能抵銷利率上升。一個有組織投資市場的本質是，大多數投資人茫然於他們投資何物，以及投機者關注預測市場心理的下次轉變，更甚於關心資本資產未來收益的合理估計值。在此兩者影響下，當幻滅或覺醒降臨在過度樂觀與過度買進的市場時，它會突然崩潰甚至釀成大災難。[2]資本邊際效率崩潰，人們對未來感到沮喪與不確定性，自然加速流動性偏好遽增，利率因而上漲。是以資本邊際效率崩跌，事實上將伴隨著利率上漲，可能加劇投資下滑。儘管如此，事態的本質還是在於資本邊際效率崩潰，尤其是那些對先前大額新投資貢獻最大的資本。至於除了基於交易及投機遞增而連同發生的一些表現外，流動性偏好通常要等到資本邊際效率崩潰後，才會增加。

確實是如此，這使得蕭條如此棘手。稍後的利率下降對復甦將有絕大助益，而這或許是復甦的必要條件。但是在目前，資本邊際效率可能如此崩潰，以致於任何實際可行的利率削減，都不足以挽救經濟崩潰。如果僅憑降低利率即可奏效，則

---

[2] 本書第十二章說過，民間投資人很少直接作新投資，但直接投資的企業即使自己看得很明白，也往往不得不迎合市場看法，因為這樣做法有利可圖。

無須經過相當長的時間便能復甦，而且獲致的方法多少已在央行直接控制下。但是事實上，這不是通常的狀況，資本邊際效率是取決於商業界無法控制與不順從的心理，從而很難恢復。以通俗話語來說，在個人主義的資本主義體系中，信心恢復是那麼難以駕馭。這就是銀行家與商界人士始終強調景氣蕭條的一面，而相信「純粹貨幣補救」措施的經濟學者則是低估了這一層面。

這就帶到了我的論點。景氣循環中的時間因素，以及景氣復甦來臨前，必須經過特定長度時間的事實，其解釋可從決定資本邊際效率復甦的各種影響中尋找。為何向下運動持續期間長度並非出於偶然？比如說，它不會在這次是1年而下次是10年，而是呈現某些慣性的規律，比方說是3～5年之間？對於這現象將有兩個理由解釋：首先是耐久性資產生命年限對既定時代正常成長率的關係；剩餘存貨的持有成本。

讓我們重提恐慌時發生的現象。只要景氣持續繁榮，許多新投資顯現的當期收益頗為令人滿意。爾後，幻滅發生係因人們突然質疑攸關未來收益的可靠性，而其質疑或許係因新生產耐久財持續遞增，當前收益顯現滑落徵兆。如果目前生產成本被認為是高於稍後的未來成本，這將是資本邊際效率下降的進一步理由。一旦開始質疑，它將快速擴散。是以在衰退初始，或許有許多資本邊際效率業已微不足道或甚至是負值。但是在資本因持續使用、腐朽與過時而導致明顯稀少時，在其邊際效率增加前，還須歷經一段期間，這可能是在一定時代內耐久性的稍微穩定函數。如果時代的特徵出現轉移，標準時間長度也將隨之變化。舉例來說，如果我們從人口遞增期轉向人口遞減

期，景氣循環的特徵期將會延長。但是上述所說已經給了充分理由，爲何衰退持續期間與耐久性資產生命年限，以及在特定年代的正常成長率，兩者間具有確切的關係。

第二個穩定的時間因素是，過剩存貨的持有成本迫使其須在某一期間內吸收完畢，這個期間既不太短也非極長。在恐慌蒞臨後，新投資驟然停止，或許將累積半製成品的過剩存貨，而其持有成本甚少會低於每年10%。是以，他們的價格必須下降到足以讓其在一段期間內，比如說3～5年將存貨吸收完的限制。然而吸收存貨過程代表著負投資，這對就業又將形成一重障礙，一旦它結束時，就會有一種明顯解脫。

另外，在向下期間，營運資本必然伴隨產出下降而遞減，這將表示一個可能極大的負投資因素，而且一旦景氣衰退展開，勢將強化向下的累積影響作用。在典型的衰退初期階段，或許會有存貨投資遞增，協助抵銷營運資本方面的負投資；而在下一階段中，可能會有短期間的存貨及營運資本的負投資。隨著過了最低點後，存貨方面似乎會有進一步的負投資，部分抵銷營運資本方面的再投資。最後，隨著景氣復甦順利進行，這兩個因素將同時有利於投資。正是在這樣的背景下，我們必須探究耐久財投資變動的各種附加與重疊效果的影響。當這類投資衰退引發循環性波動，直到循環已經完成部分歷程後，此類投資的復甦鮮少受到激勵。[3]

不幸的是，資本邊際效率嚴重滑落，往往也會對消費傾向產生不利影響，此係涉及證券交易所股票市值重挫。此刻那些

---

[3] 拙著《貨幣通論》第四編討論者有一部分與以上有關。

積極參與股票投資的群體，如果他們以融資投資股票，自然會產生令人沮喪的影響。這些人支出意願深受其投資價值漲跌影響，超過於其所得。正如今日美國具有「證券意識」（stock-minded）的人們，證券市場攀升幾乎是產生令人滿意的消費傾向的必要條件。這種情境顯然是進一步加劇資本邊際效率遞減的打擊效果，而且直到稍早之前一直普遍被人忽視。

一旦景氣復甦發動，其自身成長並累積的方式是顯而易見。但是在向下期間，當固定資本及原料存貨一時都顯得過剩，而營運資本又在縮減中，此時資本邊際效率可能會滑落到如此低，讓人們很難透過任何實際可行的降低利率，以便取得令人滿意的新投資。是以有組織市場且在目前易受影響下，對資本邊際效率的估計，可能會蒙受如此巨大波動，因而甚難藉由相應的利率波動將其充分抵銷。另外正如先前所見，與此相呼應的證券市場行動，可能在最需要的時候壓抑消費傾向。在自由放任環境下，除非投資市場心理出現深遠變動，否則可能無法避免就業劇烈變動。是以，我的結論是，將調整目前投資的職責交付在民間手中，實在無法讓人放心。

III

從前述分析來看，可能與那些認為過度投資是繁榮特徵的見解一致，而對隨之而來挽救衰退的唯一方法，即是避免發生過度投資。基於上述理由，衰退無法以降低利率來防止，但是繁榮卻可藉由提高利率來避免。以高利率對抗繁榮，相對於以低利率對付衰退更具有效性，這個論點的確頗具說服力。

　　然而從上述推出這些結論，將是誤解我的分析，而且依據我的想法，還將涉及嚴重錯誤。此係過度投資一詞含混不明，可能是指辜負支持他們預期的投資，或在嚴重失業情境下毫無用途的投資；或者可能表明一種狀態，每種資本財數量如此充沛，即使在充分就業環境下，也無新投資會被預期在其生命歷程中賺取超過重置成本的收益。就嚴格意義來說，只有後一種狀態是過度投資，此即任何投資都將純粹浪費資源。④另外，即使這種意義上的過度投資是繁榮的正常特徵，但補救措施不在於採取高利率政策，那將妨礙某些有益的投資，甚至可能削弱消費傾向，而是在採取非常步驟，透過所得重分配或其他方法來刺激消費傾向。

　　依據我的分析，只有在前一種意義上，才能說繁榮的特徵是過度投資。我指出的典型情況是，資本並非如此充沛，以致體系無法再為其找到合理使用的情況，是指在不穩定且無法持續的環境下進行投資，而這種投資由注定會失望的預期所引起。

　　當然，情況不但可能是而且確實是這樣，繁榮幻覺導致生產過多特定型態的資本資產，無論依據何種標準來看，某些部分產出都是浪費資源。我還可增加指出，即使不在繁榮期間，這種情形有時也會發生。更確切的說，這種錯覺將導致錯誤投資。但是不只於此，繁榮還有一個重要特徵：在充分就業環境下，有些投資事實上只能產生2%年收益，但人們卻預期產生

_____

④ 若對消費傾向在時間上分配作某種假設，則即使其收益為負值，投資仍屬有利，意指就經濟體系而言，該投資能使體系滿足成為最大量。

6%年收益，並依這種預期收益評估其價值。當幻覺破滅時，這個預期又被一個相反的「悲觀的錯誤」取代，結果是，在充分就業環境下，事實上可以產生2%年息的投資，人們卻預期僅能產生負收益。我們面臨的環境像是鬧著房荒，卻有房子而沒人能住得起。

　　解決繁榮的方法並非提高利率，而是降低利率，[5]此係那可能會讓所謂的繁榮持續下去。解決景氣循環的正確方法，不是消除繁榮而讓體系恆處準蕭條狀態；而是在於消除蕭條，讓體系永遠處於準繁榮情況。是以繁榮之後接踵而來的衰退，是由兩項因素聯合構成：一則是在正常預期下，對充分就業而言實嫌過高的利率。另外則是錯誤預期持續下去，讓過高的利率在事實上不致於成為障礙。所謂繁榮係指過分樂觀勝過利率的情勢，而在經過冷靜思考，將可看出這一利率委實有些過分。

　　除了戰爭期間，我懷疑最近會有如此強勁的繁榮足以導致充分就業的經驗。在1928～1929年間，以正常標準來看美國就業是非常令人滿意，但是或許除少數高度專業化勞工集團外，我未曾見過勞工短缺的證據。若干「瓶頸」狀態是有的，但是體系內產出仍有進一步擴張能力。同時，過度投資情形也未見蹤影，此係指房屋的標準與設備是如此高，以至於在充分就業環境下，若未顧及利息費用，人們將在房屋的生命年限內，以不超過房屋重置成本的代價，擁有他想要的一切，

---

⑤　相反方面也有若干理由，參閱本章第六節。假設我們現在澈底改變所用方法，則我同意在某種情形下，在繁榮時期提高利率倒是兩害相權取其輕的方法。

而且也是指運輸、公用事業及農業改良已經發展到一種地步，若再增加投資，將無法產生足夠合理預期收益，甚至產生相當於重置成本的收益也很難。所有這種意義下的過度投資並未出現，實際情況也與此恰恰相反。在嚴格意義下，如果說美國在1929年之前存在過度投資那倒是荒謬，當時實情的性質完全不同，在此之前的5年中，新投資規模確實龐大，以至於思考如果再增加投資，其能產生的預期收益必將急劇下降。正確的遠見會將投資的邊際效率抑低到前所未聞的低水準，除非在長期利率的極低環境下，繁榮不可能在穩健基礎上持續下去，並且避免從事過分發展危險的特殊方向上的錯誤投資。事實上，除了受投機熱潮影響的特殊方向投資外，高利率足以阻止處於具有過度發展特殊風險的新投資。再則，利率高到足以制止投機熱潮，在同一時間也會扼止合理的新投資。是以想以提高利率作為解決長期大量異常新投資所造成事態的方法，將是以殺死病人方式作為治病的方法。

在英國或美國如此富裕的國家中，在目前消費傾向已知下，持續近似充分就業狀態一段歲月，新投資如此龐大確實是非常可能連同發生，以至於最終將導致充分投資的狀態（state of full investment），此係指任何型態耐久財的增加，都不可能預期合理計算的總毛收益超過重置成本的一種狀態。另外，邁向這種情況可能相對迅速，如25年或更短時間之內來到。就嚴格意義來說，我斷言充分投資狀態在過去甚至連曇花一現都未曾有過，但讀者切不因此就以為我否認有這種狀態來臨的可能性。

尤有進者，在嚴格意義上，即使假設當代的繁榮容易與充

分投資或過度投資情況短暫連結，但如果將高利率視為合適的解決方法，則將仍然是荒謬的。此係在這種情形下，人們將病因歸咎於消費不足所持的理由，將會完全成立。此時的解決方法是透過所得重分配或增加消費傾向的方法，如此維持特定就業水準只須一個較目前為小的投資即可。

IV

在此，我們順便提及收關景氣循環的若干重要學派，這些學派從不同觀點出發，堅持當代經濟體系長期趨向低度就業，可溯及消費不足所致，也就是說，由於各種社會習慣與財富分配，導致消費傾向過度偏低。

在現有狀況或至少是稍早情形下，投資易遭約束來自兩方面：人們因茫然無知的判斷或投機而決定的資本邊際效率，以及甚少或從未低於慣例的長期利率兩者的影響，從而導致投資既無計畫也未受控制。在這種情境下，這些學說作為實際政策的綱領無疑是正確的。此係沒有其他方法可以提高平均就業量到令人滿意的水準。實務上，如果增加投資不切實際，則除增加消費外，顯然沒有別的方法可以達到較高就業水準。

實際上，我不同於這些學派之處，僅在於覺得當增加投資對體系仍有許多利益時，他們可能過於強調增加消費。然而就理論而言，他們忽略有兩種可以擴張產出的事實，因而無法免於受人批評。即使我們決定緩慢增加資本是較好的對策，而且先集中精力增加消費再說，但也須仔細考慮替代方案，睜大眼睛再做此決策。我深感增加資本存量直到其不再具有稀少性為

止，實在具有巨大社會利益。但這只是一個實際判斷，而非理論上的必然性。

另外，我欣然承認，最明智做法是雙管齊下。一方面，由體系控制的投資，促使資本邊際效率得以逐漸下降，同時也採取提升消費傾向的政策。此係在目前消費傾向下，無論我們如何處理投資，恐怕還是很難維持充分就業。是以兩種政策將有同時操作的空間，既增加投資且提高消費，不僅在既有消費傾向下，增加消費到某一水準而與增加的投資相當，且還要將其增加到更高水準。爲求方便，採取整數說明，如果目前的平均產出是低於持續充分就業15%，假設這個產出的10%是淨投資與90%是消費。此外，在既有的消費傾向下，如果要達到充分就業，淨投資必須增加50%，是以充分就業產出將由100增爲115，消費則由90增爲100，淨投資從10增爲15。此後我們或許可以改變消費傾向，促使充分就業下的消費從90增加爲103，淨投資由10增加爲12。

V

其他學派尋找解決景氣循環的方法，既非增加消費，也不是增加投資，而是減少求職的勞工，亦即在未增加產出與就業下，重新分配現有的就業量。

在我看來，這似乎是不成熟的政策，相較之下，增加消費計畫顯然要早熟得多。我們誠然會達到那麼一天，屆時人們會權衡增加休閒與增加所得的利益。但是在目前，有堅強證據表明，絕大多數人都偏好增加所得甚過於增加休閒，看不出有何

充分理由，強迫那些希望增加所得的人去享受更多休閒。

VI

這可能看起來非同尋常，某個學派尋找解決景氣循環的方法居然是在繁榮初期，即藉由高利率加以遏止。唯一可爲這項政策辯護的論點，則是由羅伯森提出，實際上他假設充分就業是不切實際的理想，人們希望的最好就業水準是較目前穩定些，平均起來較目前稍微高些的就業水準。

如果排除影響控制投資或消費傾向政策的重大變化，現有狀態大體上會延續下去，能否經由下述銀行政策產生更爲有利的平均預期狀態，將有商榷餘地：採取讓樂觀主義者斷念的高利率，永遠能夠將其扼殺在繁榮萌芽時。由於沮喪的預期是蕭條的特徵，可能會蒙受許多損失與浪費。是以如果採取高利率來遏阻投資，則平均有用投資水準可能會較高。但我們很難確定就其本身假設而論，這種議論是否正確？這是一個需要實際判斷的問題，而其詳細證據甚爲匱乏。這種看法可能忽略一項事實：即使被證明是完全誤導的投資，也會增加消費而產生社會利益，是以即使只有這種投資，也比什麼都不做來得好。儘管如此，面對1929年那樣的美國景氣繁榮，除了那時聯邦準備銀行掌握的工具外，別無其他工具，同時也會發現自己深陷困境之中，且在其能力所及範圍內，沒有替代方案可讓結果大爲不同。然而對我來說，此種看法似乎是危險且沒有必要的失敗主義者看法，它是在建議或至少假設我們永遠接受現有體系中的太多缺點。

　　針對就業上升趨勢明顯超過往昔10年的平均水準，人們主張立即採取提高利率抑制，顯現其觀念混淆不清，通常都以毫無根據的論證來支持其意見。這種意見有時源自於一種信念，此即在繁榮期間，投資傾向於超過儲蓄，提高利率除抑制投資外，也可刺激儲蓄，從而回復均衡，此即意謂著儲蓄與投資可以不等。是以在這兩個名詞未賦予特殊定義前，這項說法毫無意義可言。人們有時或者認為，伴隨著投資增加而遞增的儲蓄，是不受歡迎且缺乏公平性，此係它通常與物價上漲連帶發生。但如果真是如此，任何產出與就業的向上變動，都得反對不可，此係物價上漲本質上不是因為投資增加所造成。由於短期供給價格通常隨著產出遞增而上升，原因是報酬遞減的物質現象；或是當產出遞增時，以貨幣衡量的成本單位上升的**趨勢**。如果當時情況是短期供給價格不變，則物價自然不會上漲，但儲蓄遞增仍將伴隨投資增加，這是產出增加衍生儲蓄遞增，而物價上漲只是產出增加的副產品而已。即使儲蓄沒有增加，而代之以消費傾向遞增加，物價上漲仍會照樣發生。無人擁有合法的特權可在此時以低價購買商品，此係只有在低產出時，物價才會低。或是又有人說，如果貨幣數量增加造成利率降低，進而刺激投資增加，則物價上漲應該會延後。然而先前存在的利率並無特別優點，新增貨幣也不能強迫任何人接受。新創造的貨幣係為滿足因應低利率或交易量增加，所引起的流動性偏好增加，而那些人們偏好持有貨幣，不願意在低利率下將貨幣借出。更或者有人認為繁榮的特徵是資本消費（capital consumption），大概是指就負的淨投資而言，即是過度的消費傾向。除非將景氣循環和戰後歐洲通貨崩潰發生的通貨逃離

混為一談，否則我們看到的證據完全和這種意見相反。即使是這樣，針對投資不足情況，降低利率也是一個比提高利率為合理的解決辦法。或許除了隱含假設總產出不變外，我認為這些學派的思維都毫無意義。此係一個假設產出固定的理論，很明顯對解釋景氣循環沒有多大用處。

VII

在早期的景氣循環研究中，著名的傑文斯（Jevons）從農業變動中發現季節是一個解釋，而無須求之於產業方面的現象。根據上述理論，這似乎是探究問題的一個非常合理的方法。即使在今日，農產品存量逐年變動，仍然是造成目前投資變動的最大項目之一。在傑文斯寫作年代，尤其是他的大部分統計所適用的期間，這個因素肯定是遠超越其他因素之上。傑文斯的理論指出，景氣循環主要是農作物豐收波動所致，可以重述該理論如下。某年農作物大幅豐收，結轉至下年的數量通常會劇增，這個增加量的收益將增加農民的本期所得。這個增加結存的部分並未涉及體系內其他階層的所得與支出流失，而是由儲蓄給予融通。那就是說，結轉部分增加是本期投資增加，即使物價出現劇跌，這個結論也不致於無效。同樣地，當農作物歉收，往昔的結轉將用於目前消費，融通對應消費者所得的部分支出，並未代表農民本期所得新增加。那就是說，從先前結轉中提取，將會涉及本期投資同額減少。如果其他方面投資不變，結轉大量增加以及結轉大幅減少的年度，兩年總投資間的差額可能極大。是以在農業經濟體系中，這一因素相較

其他引起投資變動的常見因素都要大得多，我們由此自然可以找到以農作物豐收為向上轉捩點，農作物歉收則為向下轉捩點。至於深層的理論指出，實質上的原因導致農作物豐收與歉收成為規則性循環，自然是另外一個在此處無須討論的事情。

晚近又有理論指出，農作物歉收而非豐收將有利於商業，此係農作物歉收讓人們願意在較低實質報酬下工作，或者由此導致購買力重分配而被認為有利於消費。不用說，對於以農業收獲現象解釋景氣循環，並非是我腦海中思考的那些理論。

然而在現代世界中，景氣波動的農業原因已經遠不如往昔重要，將有兩個原因：(1)農業產出占總產出比例遠低於過去；(2)大多數農產品已經發展出世界市場連結南北兩個半球，導致豐收與歉收季節釀成的影響平均化，世界農作物數量變動比率，遠低於各國農作物變動比率。但是在過去，一個國家主要倚賴本身的農作物，除了戰爭外，我們很難看到其他造成投資波動的原因，而戰爭在規模上無論如何足以和農產品結存量的變動相比。即使是今日，在決定當前投資上，我們仍須密切關注農業與礦業原材料存量變動所占的主要地位。在到達轉捩點後，體系從衰退中緩慢復甦，主要歸因於多餘存貨降至正常水準後發生緊縮效果所致。在繁榮崩潰後累積的存貨，初始可以緩和崩潰速度，但是稍後須為復甦速度減緩而付出代價。有時存貨減少的確會在景氣復甦前，即已實際上完成。此係當目前存貨並未發生負投資，足以抵銷產生向上運動的其他方向投資。但如果負投資仍在持續中，則其他方向的投資可能是完全不夠完成此項任務。

　　我們從美國實行「新政」的早期階段中，已經看到一個明顯案例。當羅斯福總統（President Roosevelt）展開鉅額舉債支出，各類存貨，尤其是農產品，仍然處於很高水準。「新政」的部分內容即在透過減少當前產出與各種方式，極力嘗試削減這些存貨，而將存貨降至正常水準是一個必須忍受的過程，而持續期間大約2年，它將大幅抵銷其他方面的舉債支出。只有完成這一過程後，真正的復甦才算開始。

　　最近的美國經驗提供很好例證，足以證明完成品與未完成品的存貨變動，對景氣循環主要運動中的小波動發揮作用。製造商預期數月後盛行的消費規模，展開產業生產活動，但容易輕微誤判，一般而言，此是在事實前面的小錯。當他們發現錯誤，必須縮減生產活動到低於目前消費的程度，以便逐漸吸收過剩存貨，而這種稍微領先事實前面與再回頭縮減生產活動兩者間的步伐差異，在美國現有相當完善的計數據襯托下，已經足以充分表現其對目前投資所具有的影響。

第二十三章

論重商主義、禁止高利貸法、
貼印花貨幣與消費不足理論

I

在約莫200年光景，經濟理論家和實行家都深信不疑，一國貿易順差將具有獨特利益，而貿易逆差引發貴金屬外流，則有嚴重危險。但在過去100年間，意見卻是顯著分歧。在大多數國家中，即使英國是反面意見的源頭，大多數政治家和實行家依然忠實於古老學說者，也差不多接近半數。然而幾乎所有經濟理論家都認為除非基於非常短期觀點，否則對此類問題的焦慮是毫無根據。此係國際貿易機能是自我調整，意圖干涉這種機能不僅徒勞無功，還將喪失國際分工利益，甚至讓那些操作的國家陷入極度貧困。按照傳統將舊觀點命名為重商主義（mercantilism），而稱較新意見為自由貿易（free trade）。由於這些名詞都有廣義與狹義的涵義，是以必須結合上下文的語氣來解釋。

一般而言，近代經濟學者不僅堅持來自國際分工利益，通常超過實行重商主義宣稱的利益，而且還認為重商主義的論點自始至終都是基於一種知識的混淆。舉例來說：儘管馬夏爾[1]提及重商主義並非全無同情心，但卻無視於其核心理論，甚至沒有提及我將在下面檢驗他們論點中含有真理的成分。[2]

---

[1] 參閱馬夏爾：《產業與貿易》（*Industry and Trade*），附錄4；《貨幣、信用與商業》（*Money, Credit and Commerce*），第130頁；《經濟學原理》，附錄1。

[2] 他對重商主義者看法都歸納在原理第一版第51頁注腳中：「英、德兩國針對中古時代有關貨幣與國富之關係的意見，曾經作了很多研究。

　　同樣的，當代爭論攸關鼓勵幼稚產業或改善貿易條件，贊成自由貿易的學者做出理論上的讓步，然而這與重商主義的實質內容無關。在本世紀初始的25年內進行財政論戰中，就我記憶所及，經濟學者針對保護主義者宣稱保護政策可能會增加國內就業，並未作任何讓步，而引用我寫過的文章作爲例證，或許是最公允的辦法。直到1923年，我還是古典學派的忠實門徒，在那時未曾質疑曾經所學的東西，在這問題上毫無保留地全然接受。我當時曾經這樣寫：「如果有件事是保護政策束手無策難以辦到，那就是醫治失業……在爲保護政策辯護的各種論點中，有些基於有可能性，但實際上卻未必然的利益，對此卻無法得到簡單答案。但是保護主義者宣稱可以醫治失業的謬論，卻是最粗魯與最粗糙的錯誤所在」。③就早期重商主義理論而言，我們找不到明白易懂的說明，而且從小就被傳授相信這個近似胡扯的學說，古典學派主導力量占如此絕對優勢，且如此完全。

II

　　讓我先以自己的術語說明重商主義理論內含眞理的成

大體而言，我們最好說，由於他們缺乏清楚了解貨幣功能，所以思慮不清；倒不是因爲故作假設，認爲要增加國富，只能從增加該國貴金屬數量著手，所以誤入歧途。」

③　《民族與圖書週刊》（*The Nation and the Athenaeum*），1923年11月24日。

分，隨後再比較這個與重商主義者的實際論證。我們必須認識，他們聲言是國家利益，但這些利益卻未必能讓整個世界受益。

在自由放任環境下，一國財富迅速成長，此種繁華持續進展，將有可能因新投資誘因不足而中斷。在社會與政治環境決定消費傾向的國民特性不變下，進步國家的福祉本質上是取決於此類誘因的足夠性，其中理由我們已經解釋過了。這些誘因可能見諸於本國或外國投資（後者包括貴金屬累積），這兩者構成總投資。如果總投資僅由利潤誘因決定，則在長期，本國投資機會將由國內利率控制，而外國投資必須取決於貿易順差規模。是以在政府未曾直接投資的體系中，其應全心關注的經濟事務，就是國內利率與國際貿易盈餘。

現在如果工資單位穩定，不會發生顯著的自發性變化，這個條件幾乎是經常能獲得滿足，再假設流動性偏好短期波動的平均值甚為穩定，銀行慣例也很穩定，則利率將取決於滿足體系流動性需求的以工資單位衡量的貴金屬數量。同時，如果一國處於很難向國外大量借款與擁有海外財富的年代，則其貴金屬數量增減，將大部分取決於貿易順差或逆差。

就這樣，政府追求貿易順差有兩個目的，而且也是唯一促進這兩個目的的方法。政府既無法直接控制國內利率，或國內投資的其他誘因，則增加貿易順差是增加外國投資的唯一直接方法。同時，貿易順差對貴金屬流入的影響，是政府降低國內利率與增加國內投資誘因的唯一間接方法。

然而這個政策能否成功受到兩種限制，絕對不能忽視。如果國內利率滑落到足以刺激投資，促使就業提升至某些工資單

位上漲的臨界點，導致國內成本遞增，從而不利於貿易餘額，結果增加貿易順差的努力，將因做得過火而打敗自己。再次，如果本國利率相對他國利率滑落如此之低，以致於刺激大量對外放款，其數量與貿易順差並不相稱，則將導致貴金屬外流，喪失先前獲得的利益。對於具有國際重要性的大國，如果過度推行重商主義政策，這些限制中的任何一種發生作用的可能性會擴大，所以如此乃是基於下一事實：在貴金屬的經常生產規模甚小的情況下，貨幣流入本國即等於貨幣流出他國，是以將因國外成本下降與利率上漲，益形加深國內成本上漲與利率下降。

十五世紀下半葉及十六世紀的西班牙經濟發展史，提供一國面臨超額貴金屬推動工資單位上漲，導致國際貿易遭到摧毀的例證。二十世紀的戰前英國則提供另一案例，此即向國外過度借款與頻繁購買國外資產，將如何阻撓確保國內充分就業所需的國內利率下降。印度的歷史隨時都可提供例證，亦即一國如何會因強烈偏好流動性而淪於貧困，即使是貴金屬長期大量流入，都不足以讓利率下降至與實質財富成長相稱的水準。

儘管如此，如果設想體系的工資單位穩定，以及具有決定消費傾向與流動性偏好的國民性格，而貨幣制度又緊密連繫貨幣數量與貴金屬存量，則政府必須密切關注貿易餘額狀況，這對維持繁榮至關重要。此係如果貿易順差不是太大，將會產生極大的刺激力量，而貿易逆差可能很快就會產生長期衰退狀態。

但是這並不意味著我們實施高度進口限制，就可促進貿易順差極大。早期重商主義者非常強調這一點，從而經常反對貿

易管制，從長期來看，這些限制對貿易順差會產生不利影響。十九世紀中葉的英國處於特殊環境，我們確有理由認為，幾乎完全的自由貿易最有助於發展貿易順差。戰後歐洲的貿易管制經驗提供多方面的例證，證明為改善貿易順差，對自由貿易附加各種限制，事實上是適得其反。

基於這個原因與其他理由，讀者對我們的論點而擬定的實際政策，絕不能過早下結論。除非這些限制有其必須存在的特殊理由，否則會有強有力的一般性理由來反對貿易限制。即使古典學派過度強調國際分工利益，但到底是實實在在而且重大的。事實是，本國貿易順差取得利益，可能涉及他國的同等損失，此係重商主義者充分體會到這一點。這一事實不僅意味著大節制是必要的，以便本國獲取重金屬存量在比例上公平合理，而且無節制的政策可能導致追求貿易順差的無意義國際競爭，從而傷害所有人。④最後，即使是為了達到表面目的而管制貿易，也是一個靠不住的工具，此係民間利益、行政無能以及任務的內在困難度等因素，都可能讓這項政策產生的結果，正好迥異於意圖獲取的結果。

我的批評是針對我接受的教育，以及多年來傳授他人自由放任主義的理論基礎不足，反對利率與投資會自動調整到最適水準，因而全神關注貿易餘額問題實在是浪費時間的說法。此係經濟學者業經證明犯有傲慢自大的錯誤，竟然將數世紀以來實際治國方略中的首要任務，視為是幼稚觀念而痴迷處理。

在這種錯誤理論影響下，倫敦已經在想像所及的範圍

---

④ 根據同樣理由，如果工資單位不固定，以減低工資來應付經濟衰退。

內，設計出一種最危險的技術維持均衡，那就是結合銀行利率
與匯率固定平價的技術。此係意味著維持國內利率與充分就業
相稱的目標，在此技術下被完全排除了。實際上，由於無法忽
視國際收支問題，於是設計一個管理國際收支的方法，不僅放
棄保護國內利率，反而將其犧牲在各種盲目力量的作用上。晚
近倫敦的務實銀行家已經從中學到很多，人們幾乎可以期待即
使英國可能陷入國內失業情況，銀行利率也不再被用來保護國
際收支平衡。

　　作為從既定就業資源生產的產品分配理論，以及個別廠
商理論來看，古典學派對經濟思想貢獻確是不容置疑。若無這
個理論作為我們思維工具的一部分，則將不可能明確思考這個
問題。讀者切不可因為我提醒注意他們忽略前人學說中的有價
值部分，遂認為我對這一切也有所質疑。儘管如此，就對經濟
體系關切國內治國方略的貢獻，以及確保資源最適運用而言，
十六與十七世紀的經濟思想先驅者可算是已經具有若干片斷的
實際智慧，這些智慧初始為李嘉圖的不切實際抽象觀念忽視，
後來又為其抹殺。他們全神關注在藉由《高利貸法》（本章稍
後回來討論）、維持國內貨幣存量，以及抑制工資單位上漲等
方法，極力將利率維持在較低水準；而且由於國內貨幣數量流
出外國，工資單位上漲⑤或其他原因，從而發生嚴重不足時，

---

⑤ 至少從梭倫（Solon）時代以來（假設有統計資料，還可以上溯許多
　世紀），經驗告訴我們，工資單位長期一直有上漲趨勢，只有當體系
　出現腐敗或解體才會下降。其實這個不待經驗，由人性中就可推測而
　知，除體系進步、人口增加這個原因外，貨幣數量必須逐漸增加。

他們最後考慮採取貶值方法來回復貨幣數量，這一點確實是具有智慧。

III

經濟思想的早期先驅者可能未充分體認其治國之道所依據的理論，但卻在此種情境下，觸發許多可能含有智慧的名言。是以我們檢視他們的建議時，也將簡要探討其宣稱的理由。這項工作透過海克雪爾（Heckscher）的鉅著《重商主義論》（*Merchantilism*）將很容易完成，該書將跨越兩個世紀期間的經濟思維基本特徵，首次公諸於經濟學讀者參考。以下所引主要皆錄自該書。[6]

(1)重商主義思維從未認為利率存在自我調整機能，而將會穩定在一個合適水準。相反的，他們強調過高利率是對財富成長的主要障礙，甚至知道利率取決於流動性偏好與貨幣數量。他們關切如何減低流動性偏好與增加貨幣數量，而且其中有些人明確表示，全神關注於增加貨幣數量，係在希望降低利率。海克雪爾總結這方面的理論摘要如下：

> 在某種限度範圍內，正如許多其他方面一樣，較為深入的重商主義者在這方面所持立場可說是非

---

[6] 大體上來說，海克雪爾信奉古典學派，同情重商主義學說之心要比我小得多。這點對我倒很適合，因為他所選引文，絕不會因為要說明重商主義的智慧，而有斷章取義之嫌。

常清楚。對他們而言，以今天的術語來說，貨幣
與土地一樣是生產因素，有時被視爲「人造的」
財富而有別於「天然的」財富。資本利息是使用
貨幣的代價，類似租用土地的地租。重商主義者
試圖找出決定利率的客觀原因，而且努力尋求這
類原因而發現就在貨幣總量。從豐富的可用資料
中，此處將選擇最典型的例子，以首先說明這個
觀念如何根深蒂固，爲何持久不衰而忽略實際考
慮。

在1620年代早期的英國，攸關貨幣政策與東印
度貿易的爭論雙方，在這一點上彼此完全一致。
傑拉德・梅林斯（Gerard Malynes）曾經提出
主張，這樣說：「充沛的貨幣降低了高漲的物
價或高利率。（見《商法》（*Lex Mercatoria*）
以及《自由貿易的維持》（*Maintenance of
FreeTrade*, 1622），而其好鬥且肆無忌憚的對
手愛德華・彌賽爾頓（Edward Misselden）則
回覆說：「醫治高利貸的方法或許是充沛的貨
幣」（見《自由貿易或讓貿易興旺之道》（*Free
Trade or the Means to make Trade Flourish*，同年
出版）。半世紀後的查德（J. Child）是東印度公
司的全能領袖且是其最嫻熟的擁護者，在1668年
曾討論其強烈要求的法定最高利率，究竟會讓荷
蘭人將「錢」從英國撤離到何種程度的問題。他
找到解決這個令人畏懼損失的方法，即是將比較

容易轉讓的債務票據當做貨幣使用，他說「這至少將填補我們在國內使用貨幣缺額的一半」。還有其他作者佩悌（Petty）完全置身於利益衝突之外，但他藉由貨幣數量增加，來解釋利率由10%「自然」滑落到6%時，他的意見與其餘人士看法一致〔見《政治算術》（*Political Arithmetic*, 1676）〕。在「貨幣」過多的國家，他建議以附有利息的貸款將是適當的解決方法〔見《貨幣略論》（*Quantulumcunque Concerning Meney*, 1682）〕，這個推論自然不僅限於英國。舉例來說，幾年後（1701～1706），法國商人和政治家抱怨當時的貨幣匱乏是造成高利率的原因，從而渴望藉由增加貨幣流通來降低利率。[7]

偉大的洛克（Locke）在與佩悌的論戰中，大概是率先以抽象術語表達貨幣數量與利率之間關係的人。[8]他反對佩悌提出最高利率的建議，認為這有如規定最高地租一樣的不切實際，此係「貨幣藉由利息產生年所得，其自然價值取決於當時在英國流通的貨幣總量對整體交易總量的比例而定，後者是所

---

[7] 海克雪爾：《重商主義》，第二卷，第200、201頁，略有刪節。

[8] 《略論降低利息和提高貨幣價值的後果》（*Some Considerations of the Consequences of the Lowering of Interest and Raising the Value of Money*, 1692），但寫作時要比出版時早幾年。

有商品的一般出路。」⑨洛克解釋貨幣有兩種價值：⑴使用價值可由利率來表示，「在這一點上，具有土地利用的性質，只是後者的所得稱爲地租，前者的所得稱爲利息」，⑩⑵交換價值，「在這一點上，它具有商品的性質」，僅取決於貨幣數量對商品數量的比率，而與利率高低無關。由此洛克可算是兩種貨幣數量學說之父：(1)利率取決於貨幣數量（顧及流通速度）對交易總值的比率；(2)貨幣的交換價值取決於貨幣數量對市場商品總量的比率。但是他一隻腳踩在重商主義的世界，另一隻腳踏在古典學派的領域，⑪弄不清楚這兩種比例的關

---

⑨ 他加了一句：「不僅須看貨幣數量，亦須看貨幣流通速度而定」。

⑩ 再稍微晚一些，休謨（Hume）將一隻半腳伸入古典學派世界。休謨著重均衡位置，是經濟學界第一人，但輕忽趨向均衡的過渡狀態。他不失爲重商主義者，還知道我們實際上生存在過渡狀態中。他說：「只有在取得貨幣後，物價上漲前的這一段期間內，金銀增增加才有利於產業⋯⋯貨幣數量多寡與一國幸福絲毫無關。假設可能的話，執政者應當使貨幣數量繼續增加方是良策，因爲這樣可讓產業暢旺，勞工增加，如此才使國家眞正富強。假設有兩國，一國的貨幣數量在減少，他國正在增加，但總數量則不比前者多，則比較這兩國，還是前一國一時較弱、較貧」〔見其《論貨幣》（*Essays on Money*, 1752）〕。

⑪ 重商主義看法以爲利息就是貨幣利息，我現在認爲毫無疑義是正確的，然而這種看法卻完全被人遺忘了。是以海克雪爾以古典學派經濟學者身分，在敘完洛克理論以後，加了這樣一個按語：「假設利息眞是放款的代價、那麼洛克的論證是無法反駁：然而利率並非如此，是以他的論證完全不相干」（前引書，第二卷，第204頁）。

係，完全忽略流動性偏好波動的可能性。然而他熱衷於解釋降低利率對物價並無直接影響，「只有當利率變動有助於貨幣或商品流入或流出，並隨時間推移早晚會改變兩者先前的比率」時，利率降低引起現金出口或產出增加，才會影響物價。但是在我看來，他始終未能達成一個真正的綜合。⑫

重商主義如何很容易區分利率與資本邊際效率的差異，這一點可從洛克引自《與友人談高利貸的一封信》（*A letter to a Friend Concerning Usury*, 1621）中的一段文字窺見：「高利息使商業解體。從利息獲取的利益大於由商業獲取的利潤，將讓富商們停止營運，並將其資本用於獲取利息，而小商人們則是宣告倒閉。福特雷在《英國的利益和改良》（*England's Interest and Improvement*, 1663）舉出另一個例證，證明重商主義者強調低利率是增加財富的一個手段。

重商主義也沒有忽略，過度的流動性偏好讓人們窖藏流入的貴金屬，對利率的利益也將喪失。在某些情況下〔如湯瑪斯（Thomas）〕，提升國家力量的目標，仍然引導他們之中的某些人支持國家財富累積。但其他人則率直反對這種政策：

> 例如：施羅特（Von Schrotter）以重商主義常用的論證描繪國庫財富大量增加，如何讓一國流通的貨幣完全被搜括殆盡。他也在寺院累積財富與貴金屬出超兩者間，畫出完全合乎邏輯的平行

---

⑫ 海克雪爾：《重商主義》，第二卷，第210、211頁。

線，這的確是他所能想到的最壞事情。戴芬南（Davenant）解釋許多東方國家極度貧困，卻被認爲擁有黃金與白銀遠超過任何國家，而財富被王公們窖藏在金庫中，充其量被視爲是值得懷疑的好事，但事實上是一個極大危險的事。不言而喻，私人窖藏財富更不用說要像瘟疫那樣加以防止。這是無數重商主義作者強烈反對的趨勢之一，但我不認爲在這方面可能找到不同聲音。⑬

⑵重商主義者意識到廉價的謬誤，以及過度競爭可能促使本國貿易條件惡化的危險。梅林斯在他的《商法》（1662）中寫到：「切勿在增加貿易的幌子下，賤售商品給他國，此舉將損害本國財富。此係當商品十分廉價時，貿易不會增加，這是由於廉價來自小量需求與貨幣稀少，而後者將讓東西更便宜；與此相反的情形，則是當貨幣充沛，商品昂貴時，貿易反而會增加，」。⑭海克雪爾總結這部分的重商主義者思維如下：

在一個半世紀的歷程中，這個觀點在這種方式下反覆爲人申述，亦即一國的貨幣數量相對小於他國時，該國必須執行「貴買賤賣」的辦法……即

---

⑬ 海克雪爾：《重商主義》，第二卷，第228頁。

⑭ 英國約在十六世紀中葉或更早些的亨利八世與愛德華六世統治期間，這個事件作爲幾乎是所有社會與經濟問題爆發第一次大討論。

使在十六世紀中葉出版的《公共福利的談話》
（*Discourse of the Common Weal*）中，這種態
度已經明顯體現出來。事實上，海爾斯（John
Hales）就曾說過：「如果外國人只願以購買我
們的商品來和其交換，儘管對他們來說我們的商
品相當便宜，但憑什麼應該讓他們提高其他商品
的價格（此係指我們購買他們的商品）呢？當他
們高價出售商品，而廉價購買我們的東西，我們
將是輸家，他們則是贏家，結果是他們變得富
裕，我們則是趨於貧窮。如果我們抬高自己商品
價格，正如他們抬高其商品價格，猶如我們現在
所做的那樣，雖然有些人因而蒙受損失，但若
不如此做，蒙受損失者還要更多」。數十年後
（1581），在這一點上，他獲得編輯無條件認
可。在十七世紀，這種態度一再出現，其意義並
未發生任何根本變化。舉例來說，梅林斯相信這
個不幸的處境，是其最懼怕一件事的結果，亦即
是外國低估英鎊的匯率……相同概念隨後持續出
現。在他的《哲言》（*Verbum Sapienti*，1665年
作，1691年出版）中，佩悌相信，只有「當我們
擁有貨幣數量在算術與幾何比例上，都確實大於
鄰近國家，雖然從未沒有這麼少」，增加貨幣數
量所做的強烈努力才能停止。在撰寫與出版該著
作的這一段期間，考克（Coke）聲明，「只要我

們的財富多於鄰國，那就不在乎擁有財富是否只有現在財富的1/5」（1675年）。⑮

(3)重商主義者是將「商品恐懼症」（fear of goods）⑯與貨幣匱乏視為失業原因的原創者，而古典學派在二世紀後譴責這種看法的荒謬：

運用失業論點作為禁止進口的理由，最早實例出現於1426年義大利佛羅倫斯（Florence）。……英國在此方面立法則可追溯至1455年。法國則於1466年公布一項法令，形成里昂絲織產業基礎，以後變得非常有名。然而該法令實際上並未針對外國商品，從而不大吸引人們興趣。但它曾提及，成千上萬失業男女由此而獲得工作的可能性，可見這個論點在當時是多麼流行。
在這一點上，類似所有社會問題與經濟問題的偉大討論一樣，也發生在十六世紀中葉或更早先的英國，當時正是亨利八世與愛德華六世在位的年代。在這方面，我們不得不提及一系列明顯撰寫於不會晚於1530年代的著作，其中兩種被認為是出自克來蒙特・阿姆斯壯（Clement Armstrong）

---

⑮ 海克雪爾：《重商主義》，第二卷，第235頁。

⑯ 同上，第223頁。

手筆……舉例來說，他對這兩個問題有如下說法：「由於每年有大量商品進入英國，不僅釀成貨幣匱乏而且摧毀所有的手工業，而這些產業原本可讓大量民眾獲得工作賺錢，以便支付他們的飲食，現在卻是無所事事淪落乞討與偷竊。」[17] 據我所知，典型重商主義者對這種類型討論的最佳案例，當推發生於1621年英國下議院攸關貨幣匱乏的辯論，當時衰退嚴重，尤其是在毛織品產業出口。國會中最具影響力的議員愛德文·桑迪斯（Edwin Sandys）爵士清楚地描述這個狀況，指出織布機在國內因缺錢而閒置，農民則被迫違約，導致農民與工匠們不得不四處蒙受苦難，「倒不是因為缺乏土地上的果實（感謝上帝），而是因為缺乏貨幣」。這種情況導致人們詳細調查貨幣可能去哪裡了，對它的渴望是感覺如此痛苦。許多攻擊都指向那些被認為有助於出口貴金屬（順差）的人，或由於那些在國內從事與此相應活動而導致貴金屬失蹤的人。[18]

重商主義者意識到他們的政策正如海克雪爾評論的「一箭雙鵰」，「一方面讓該國擺脫被認為導致失業的不受歡迎

---

[17] 海克雪爾：《重商主義》，第二卷，第122頁。

[18] 同上，第178頁。

過剩商品，另方面又可增加貨幣總數量，[19]產生利率下降的利益」。

如果我們未意識到在人類歷史過程中，體系存在儲蓄傾向強烈超越投資誘因的長期趨勢，而要研究由學習重商主義者的經驗所引導的概念，將是不可能的事。投資誘因薄弱一直是解決經濟問題的關鍵，而這種誘因薄弱的解釋，可能主要在於現有的資本累積，而在以前各種型態的風險與意外則可能發揮更大作用。但結果都相同，人們希望透過抑制消費來增加對財富的慾望，通常較誘使企業透過雇用勞工製造耐久資產，用以增加國家財富的誘因更為強烈。

⑷重商主義者對其政策的國家主義性質與引發戰爭的趨勢，並無任何錯覺。誠然，國家利益與相對強盛是他們追求的目標。[20]

我們可能批評他們，明顯冷漠地接受國際貨幣制度下這一不可避免的後果，但在理智上，他們的現實主義卻比現代人擁護國際金本位制與自由放任國際借貸的混亂思維，更為可取多了。這些人相信只有這種政策，才是最足以促進和平。

---

[19] 「在一國內，重商主義追求的完全是動態目標，但對世界經濟資源卻作靜態看法。這兩者連在一起造成基本的失調，產生無盡的商業戰爭，這是重商主義的悲劇。中世紀的全部靜態觀念與自由放任的全盤動態觀念，都避免了這種後果」（同前書，第25、26頁）。

[20] 國際勞工局在湯瑪斯（Albert Thomas）及巴特勒（H. B. Butler）先後領導下，始終領略這個道理，算是戰後許多國際機構發表言論中出類拔萃的。

在受貨幣契約與習俗約束的經濟體系中，在相當長期間內或多或少是不變的；而國內貨幣流通量與利率主要是由國際收支決定，正如戰前英國的情形那樣。在這種情形下，除了以鄰為壑極力爭取出口順差，以及進口貴金屬外，政府確實沒有一個正統的方法來因應國內失業問題。歷史上從來沒有一個如同國際金本位或以前的銀本位那樣有效的方法，來讓每個國家與鄰國處於對立的地位。此係這個方法讓國內繁榮直接倚賴於競爭性的市場追求，以及對貴金融的競爭性需求。當偶然巧合讓新的黃金與白銀供給比較豐富時，這種鬥爭可能會有所緩和。但是隨著財富成長與邊際消費傾向遞減，鬥爭似乎愈來愈殘酷。正統經濟學者的常識不足以校正錯誤的邏輯，其扮演的角色帶來了災難性影響。此係最近有若干國家盲目追求脫離困境之際，業已揚棄前此使利率不能發揮獨立作用的種種義務，而在此時，這些經濟學者卻宣導，恢復先前的桎梏是追求全面復甦的必要第一步。

事實上，真理正好與此相反。不受國際成見阻礙的獨立利率政策，以及追求最適國內就業水準的國家投資計畫，才是加倍賜福的政策。此係它既幫助我們自己，又同時嘉惠鄰國。此外，不論是以國內就業水準或以國際貿易數量為標準來衡量，只有所有國家同時推行這些政策，才有能力在國際上恢復經濟健康與力量。[21]

---

[21] 海克雪爾：《重商主義》，第二卷，第176～177頁。

IV

重商主義者認清問題所在，卻無法將其分析推進到解決問題的地步。古典學派則直接忽略這個問題，此係他們在前提中引進一些不存在的條件，從而在經濟理論與普通常識的結論兩者間，創造了一道鴻溝。古典學派的卓越成就即在克服「自然人」（natural man）的各項信念，而自己則在同一時間卻是錯誤。正如海克雪爾所說：

從十字軍東征到十八世紀的期間內，如果對待貨幣的基本態度與創造貨幣的材料一直維持不變，則我們現在討論的都是根深蒂固的觀念。相同觀念或許在那個時期（包括500年）以前就已經存在，儘管在程度上沒有達到「對商品的恐懼」那樣地步。除自由放任主義期間外，沒有一個時代可以擺脫這些觀念。只有自由放任主義在知識上的獨特堅持，才暫時克服「自然人」在這一點上的信念。⑳

在貨幣經濟下，「對商品的恐懼」是「自然人」採取的最自然態度，它需要無條件信仰自由放任才能擺脫。然而自由貿易否認似乎看來很明顯的因素存在，一旦自由放任無法再控制受其觀念束

---

⑳ 海克雪爾：《重商主義》，第二卷，第335頁。

縛的人心時，自由貿易在一般人心目中就注定了
要被揚棄。㉓

我想起波拿‧勞（Bonar Law）在經濟學者面前夾雜著憤
怒與困惑的情景，此係他們為求得一個解釋而苦惱，竟然否認
何者是顯而易見的事實。這讓人們時時想到古典學派的影響與
某些宗教的影響之間的相似之處。由於排斥顯而易見的事實，
相較於將艱深隱晦的理論引進人們的普遍概念中，需要行使遠
為強大的觀念勢力。

V

數世紀以來，確實存在一個幾千年來相關卻有所不同的問
題，而古典學派卻將開明人士認為確定而明顯的學說，斥為幼
稚可笑，然而該學說卻是值得翻新與尊敬。我指的這一學說認
為利率不會自動調整到適合體系利益的水準，而是傾向於持續
上漲過高。是以明智的政府應該關切如何透過法律與習慣，甚
至援引道德法的制裁，來抑制利率。

禁止高利貸是有記錄可查的最古老經濟措施之一。在古代
與中世紀的世界，過度流動性偏好摧毀投資誘因，將是顯著的
弊病，也是妨礙成長的主因，這是很自然的事。由於經濟生活
中某些風險與意外降低資本邊際效率，而另一些則增加流動性
偏好。是以在無人認為是安全的環境中，除非運用體系內一切

㉓ 《國富論》，第二編，第四章。

可用的工具來抑制利率，否則幾乎無從避免利率將飆漲至極高水準，導致無法維持足夠的投資誘因。

我一向被灌輸中古時代教會對利率的態度根本就是荒謬，相信區別貨幣放款與積極投資報酬的精密討論，只不過是耶穌會試圖逃脫一項愚蠢理論而做的嘗試。然而當我閱讀這些討論時，卻認為它們代表一項誠實的知識努力，追求將利率與資本邊際效率混為一談的古典學派觀念加以分離。此係現在看來很清楚，這些學校教師們的討論旨在闡明一個足以提高資本邊際效率表的方案，同時運用法令、風俗習慣與道德制裁來壓低利率。

就連亞當‧史密斯對禁止高利貸法的態度也極其溫和，此係他深知儲蓄可能被投資或債務吸收，卻無法保證儲蓄一定能在投資上尋得出路。此外，他贊成低利率，此係如此可讓儲蓄投入新投資，而非用於債務的機會增加。為止，他在某一段文章中主張以溫和方式實施禁止高利貸法，從而遭到邊沁（J. Bentham）嚴詞批評。[24]尤有進者，邊沁批評的主要理由在於認為亞當‧史密斯的蘇格蘭式謹慎對「創業者」未免過於嚴苛，最高利率將為那些正當而又對承擔適當風險的報酬留下太少的利潤空間。此係邊沁了解的創業者是指「所有追求財富或任何其他目標的人，透過財富的幫助致力於發明工作……無論其事業為何，這些人均以促進「改良」為目標……總之，這需要竭

---

[24] 見邊沁《給亞當‧史密斯的信》（*Letter to Adam Smith*），附錄於《為高利貸辯護》（*Defence of Usury*）。

盡能力。」當然，對那些妨礙人們接受正當風險的法律，邊沁的反對是正確的，他繼續說：「在這種環境下，審慎者不會從壞的計畫中挑出好的，此係他根本不會過問這些計畫。」⑤

究竟上述所說是不是亞當·史密斯想說的或許不無可疑之處。或者我們從邊沁那裡聽到的，儘管是撰寫於1787年3月來自「白俄羅斯的克里科夫」（*Crichoff in white Russia*），是十九世紀的英國向十八世紀的英國所發出的聲音？此係除了投資誘因極為豐碩的最偉大時代外，在其他時代中不可能讓人們忽視投資誘因不足的理論上可能性。

VI

此處不妨提一下離奇而無端被人忽視的西爾維·蓋賽爾（Silvio Gesell，1862～1930）先知，其著作閃爍真知灼見，卻未能觸及事件本質。在戰後幾年，他的信徒拚命將其著作寄給我，但因論證存在一些明顯缺失，我全然未曾感覺其價值所在。就像我們經常遇到未經完整分析的直覺一樣，在我以自己方法得出結論後，這些作品的意義才顯現出來。在此期間之前，就像其他經濟學者一樣，我將其極富原創性的努力視為只

---

⑤ 已經引了邊沁該文，我必須請讀者注意他最美的一段「工藝事業（the career of art）即創業者足跡所經大道，可視為一個遼闊、也許是漫無止境的平原，布滿了像吞沒柯蒂努斯（Curtinus）的那種缺口，每個缺口在閉合之前，必須有一個犧牲的人填進去，一旦缺口閉合之後，就不再張開，因而讓後來那些人走來就十分安全了。」

是一個幻想者的努力。由於本書讀者鮮少有人熟悉蓋賽爾的重
要性，我將以超乎尋常比例的篇幅來介紹他的著作。

蓋賽爾是布宜諾斯艾利斯（Buenos Aires）的一位成功德
國商人，㉖阿根廷在1880年代末期爆發經濟危機尤其激烈時，
誘使他投入研究貨幣問題。他的首部著作《幣制改革為走向社
會國家的橋梁》（*Die Reformation munzwesen als Brucke zum
sozialen Staat*），1891年於布宜諾斯艾利斯出版，同年同地
再出版《一切企業的主要熱望》（*Nervus Rerum*），發表對貨
幣的基本觀念，而且直到1906年退休並前往瑞士為止，持續
出版許多書與小冊子。身為家道殷實的商人，他將生命的最後
幾十年，投入無須謀生者的最令人愉快創作與實驗農業兩個職
業。

他的標準著作第一部分，1906年於瑞士上日內瓦（Les
hauts Geneveys）出版《全部勞動產物權之實現》（*Die
verwirklichung des Rechtes auf dem vollen Arbeitsertrag*）；
第二部分則在1911年於柏林（Berlin）出版《利息新論》
（*Die neue Lehre vom Zins*），兩者合訂本在大戰期間
（1916）於柏林與瑞士同時出版，並在他有生之年以《經由
自由土地和自由貨幣達到的自然經濟秩序》（*Dienatur Liche
Wirtschaftsordnung durch Freiland und Freigeld*）名稱總共
發行六版，並由菲利普派（Mr. Phillip Pye）翻譯成英文稱為
《自然經濟秩序》（*The Natural Economic Order*）。在1919

㉖ 生於盧森堡邊境，父德國人，母法國人。

年4月，蓋賽爾加入為期甚短的巴伐利亞蘇維埃共和國內閣擔任財政部長，旋即交由軍法審判。他生前的最後十年在柏林與瑞士致力於宣傳工作。蓋賽爾將先前圍繞在亨利・喬治（Henry George）身上的半宗教式狂熱吸引到自己身上，成為擁有數千信徒遍及全球受人景仰的預言家。1923年在巴賽爾（Basle）舉行瑞士與德國的自由土地自由貨幣同盟，以及不少國家類似組織的第一次國際會議。他在1930年去世後，像他這類學說才能激起奇特熱忱，已經大部分轉移到在我看來遠不及他卓越的其他預言家身上了。布琪（Buchi）是這方面的英國運動領導者，但這個運動的文獻似乎是由美國德克薩斯州聖安東尼（San Antonio）發出，主要力量今日落在美國，而在那裡的經濟學者中，只有費雪認識這一運動的重要性。

　　不管蓋賽爾的擁護者如何以預言家的禮服來裝飾他，但其主要著作卻是以冷靜的科學話語寫成，其中洋溢的熱情與對社會正義情緒化的信仰，甚過於有些人認為適合一個科學家的程度。他引用亨利・喬治學說中的一部分，[27]雖然是該運動力量的重要來源，但卻完全是次要的。其主要著作的目的，或許可以描述為意圖建立一個反馬克思的社會主義。在反對自由放任的理論基礎上，揚棄古典學派臆說，解除競爭的桎梏而非廢除競爭。我相信人們未來從蓋賽爾精神學到的，將遠超過從馬克思精神那裡的獲益。如果人們讀過《自然經濟秩序》的序言，將可感受到蓋賽爾的道德品質。我覺得對馬克思主義的答覆，

----

[27] 他與喬治不同，是主張當土地收歸國有時，國家應付補償費。

可以從該序言指陳的路線去探索。

　　蓋賽爾在貨幣與利息理論的特殊貢獻如下：第一，清楚區分利率和資本邊際效率，而利率限制實質資本成長。其次，利率是純粹貨幣現象，由貨幣特殊性產生的貨幣利率重要性就在這個事實：貨幣作為儲藏財富的方式，持有者負擔的持有成本微不足道，而且財富的型態，如涉及相當於持有成本的商品積存，事實上產生報酬係因貨幣訂定的標準而來。他舉出古往今來利率相對穩定的事實，說明它不能由純粹物質特徵來決定，此係後者在跨越時代所經歷的變異，遠超過我們觀察的利率變化。以我的術語來說，取決於心理特徵的利率一直維持穩定，而決定資本邊際效率的廣泛波動特徵，其決定的不是利率，而是在或多或少的利率下，允許實質資本成長。

　　蓋賽爾理論有一個很大缺陷，他指出如何只有在貨幣利率存在下，才能讓人們從出借商品中獲取收益。他所寫的羅賓遜·克盧梭和一個陌生人對話，[28]是說明這點的一個最卓越經濟學寓言，相較於任何已有的同類寓言毫不遜色。但在說明貨幣利率不能為負值，而且異於大多數商品利率的理由後，他完全忽略貨幣利率為何是正值也需要一個解釋，而且也未解釋何以貨幣利率不是如同古典學派所稱，係由生產性資本產生的收益來決定。這是因為他沒有抓到流動性偏好觀念，其建立的僅是半套利率理論。

　　他的理論不完全性，無疑是其著作遭受學術界忽略的原因所在。儘管如此，他將理論發揮淋漓盡致，引導出確切可行

---

[28] 《自然經濟秩序》第297頁及以下。

建議，並具備了不可或缺的因素。但就其擬議的形式來看，卻是難以實行。他辯稱貨幣利率抑制實質資本成長，如果移除障礙，則在現代世界，實質資本成長將如此迅速，以致於貨幣利率大可降為零，雖然無法立即實現，但在相對較短期間卻是可能辦到。是以當務之急就是降低貨幣利率，而且讓貨幣像其他無息商品一樣，產生持有成本來實現。這讓他提出著名的「貼印花」貨幣（"stamped" money）的辦法，並以此聞名於世，就連爾芬費雪也讚譽有加。依據該計畫，通貨（至少也同樣適用於某些形式的銀行貨幣）正像保險卡一樣，必須每月加貼向郵局購買的印花，才能保持其價值。當然，印花的成本可以固定在適當水準上。依據我的理論，它應該約略等於貨幣利率（排除印花）超過對應充分就業下新投資的邊際資本效率。蓋賽爾建議的實際費用是0.1%，約等於每年5.2%。在現行狀況下，這個數字未免過高，但正確數字將與時俱變，只能由嘗試與錯誤中求得。

貼印花貨幣隱含的思維是健全的，的確可能找到方法在適度規模付諸實施。但仍有許多困難，蓋賽爾並未加以正視。尤其是貨幣並非是唯一具有流動性溢酬的東西，只不過在程度上異於其他許多商品而已，而從擁有遠大於其他商品的流動性溢酬，將可顯示其重要性。是以若採加貼印花的辦法來剝奪通貨的流動性溢酬，則一長串替代品將步入他們的行列，如銀行貨幣、即期債務、外幣、寶石與一般貴金屬等。正如我先前說過，人們或許渴望擁有土地所有權，卻不問收益為何，將有助於維持利率不墜。雖然在蓋賽爾的辦法下，這個渴望保有土地的可能性，將因土地國有化而不存在。

VII

我們在上面檢視各種理論，實質上是指向投資誘因是否充足的有效需求構成因素。然而將失業的罪惡歸因於構成有效需求的其他因素，亦即是消費傾向不足，卻也不是件新鮮的事。但是這種對當時經濟弊端的另一種解釋，同樣不受古典經濟學者歡迎，在十六與十七世紀的經濟思維中僅居於微小地位，直到晚近才逐漸得勢。

雖然抱怨消費不足，只是重商主義思想的一個非常次要的一面，但是海克雪爾仍然引用很多例子，證明重商主義者具有他所稱的「奢侈有益而節儉有弊」的根深蒂固信念。事實上，重商主義者視節儉為失業的原因，理由有二：(1)人們相信實質所得將隨未進入交易過程的貨幣數量遞增而遞減；(2)人們相信「儲蓄是將貨幣從流通過程中抽離」。[29]拉斐瑪斯（Laffemas）在《財富與富裕讓一國繁榮》（*Les Tresors et richesses Pour mettre I'Estaten Splendeur*, 1598）中，即譴責那些反對使用法國絲織品的人們，所持理由是：購買法國奢侈品者都為窮人們創造一個生計，而守財奴者則將讓窮人們貧困以死。[30]佩悌（1662）認為「宴會遊樂、豪華服飾、修建凱旋門等」都是有道理，道理就在這些費用還是要流回釀酒師、麵包師、裁縫、鞋匠等的荷包中。福特雷認為「服飾過分」並無不當，施羅特（1686）則是反對取締奢侈的規定，宣稱他希

[29] 海克雪爾：《重商主義》，第二卷，第208頁。
[30] 同上，第290頁。

望服裝的炫耀與類似事物愈多愈好。巴邦（N. Barbon, 1690）曾經說過：「揮霍是一種對人有害的罪惡，但對商業則不然……貪婪則對個人與商業都是一種有害的罪惡。」[31]加萊（J. Cary, 1695）辯稱「如果人們都多支出一些，所有人都將獲得更大所得，『並因此而可能會活得更充實些。』」[32]

但是讓巴邦的意見通俗化，主要是透過貝爾納德·孟迪維爾（Bernard Ma ndeville）的《蜜蜂的寓言》渲染，該書在1723年被英國米德爾塞克斯群（Middlesex）的大陪審團宣判為有害的書，從而在道德科學史上以惡名見稱。依據記錄，只有詹森（Dr. Johnson）曾為該書說過好話，宣稱該書並未困擾他，反倒是「讓他張開眼睛看透真實人生」。該書的邪惡本質可從萊斯里·史蒂芬（Leslie Stephen）在《本國人名辭典》（*Dictionary of National Biography*）的摘要中表達的淋漓盡致。

> 孟迪維爾的書引發眾怒，該書以巧妙似是而非的謬論，將對道德的諷刺說得娓娓動人。他的理論認為繁榮是由消費而非儲蓄來增進，這與許多目前尚未滅絕的經濟謬論如出一轍。[33]在接受禁

---

[31] 海克雪爾：《重商主義》，第二卷，第291頁。

[32] 同上，第209頁。

[33] 史蒂芬在《十八世紀英國思想史》（*History of English Thought in the Eighteen Century*）中提及孟迪維爾邪說，曾經說過：「需求商品不就是需求勞工這句話，可將此邪說完全駁倒：然而懂這句話的人太少，

慾主義的觀點下，他假設人們慾望在本質上是邪惡的，因而產生了「私人的罪惡感」（private vice）。但另一方面，他人採取普通人的觀點，假設財富是「公共的利益」。就這樣他很容易地說明所有文明都隱含不道德傾向的發展。

《蜜蜂的寓言》是一部諷喻詩，「一群鳴不平的蜜蜂，或一群改邪歸正的惡漢」，對一個繁榮社會而言，所有公民忽然放棄奢侈生活，而政府突然裁解軍備以增進儲蓄，由此將產生悲慘境況，有著如下的描述：

現今有榮譽心者，
都無意為消費而舉債度日，
馬車伕的制服掛進了當鋪；
馬車被廉價出售；
雄壯馬兒也成群脫手；
再奉上鄉間別墅，
才能清償積欠債務。
無益的花消猶如道德詐欺，
同樣須加切忌，
他們在國外已不再維持武力，
所有外國人的尊崇，

能夠完全懂得就不愧為經濟學者。」見該書第297頁。

以及由爭戰得來的空泛榮耀，
都一笑置之；
唯有正義或自由遭逢威脅，
他們才願馬革裹屍。
狂妄的克羅（Chloe）；
緊縮一擲千金的飲食帳單，
整年穿戴那套厚實衣服不換。
結果又如何呢？
試想這榮耀的蜜蜂，
再看看誠信與商業是如何一致；
盛會已終，一切迅速消逝；
如今又是另外一番景象；
逝去的不只是那些，
年年奢華輕浮的人們；
就連那些靠他們爲生的人們，
也被迫每天做無差異事情。
他們想轉換行業，
但一切已屬徒勞：
因爲人們持有存貨過剩。
土地和房產貶值；
令人歎爲美妙的宮殿，
猶如第柏茲（Thebes）城牆，
也貼上出租字條……
營造業瀕臨消逝，

工匠失業：
沒有畫師因他的藝術馳名，
石匠和雕工更全被遺忘，

因此，它的「寓意」是：

僅憑道德無法讓國家生存絢麗多彩。
要恢復金色年華，
必須自由隨性享受生產果實，
像無顧忌地講求誠實那樣。

這個諷喻詩的後面附有註解，現在從中摘錄兩則，表明上述所言並非無理論基礎：

在民間家庭中，有些人稱爲儲蓄的謹愼，乃是增加財產的最確實方法。是以，有些人就想像，無論一國荒蕪或物產豐饒，如果人們競相採取相同可行方法，則將對國家會產生同樣效果。舉例來說，如果英國人能夠像某些鄰國那樣節儉，或許將會比現在富裕得多，我認爲這點是錯誤。㉞

㉞ 我們不妨將這段話，對比古典學派先驅者亞當‧史密斯之說，「凡民間家庭行爲中被認爲是審愼的東西，安能在全國行之變成失策？」此說大概針對上引孟迪維爾之言有感而發。

相反的，孟迪維爾下結論說：讓國家幸福與繁榮的方法，就在提供人們就業機會；為實現這個目標，應當讓政府率先儘量促進人類智慧所能發明的各式各樣製造業、技藝與手工業；其次則是獎勵農業與漁業部門，只有經由這個政策，而非對浪費與奢侈瑣碎規定，才可期望達成國家的偉大與幸福；此係不管黃金與白銀價值漲跌，所有人類社會的享受始終取決於成果與人們的勞動。兩者結合在一起，相較於巴西（Brazil）的黃金與玻利維亞波托西（Potosi）的白銀，將是更為確定、更取用不竭的真實財富。

這種怪異意見無怪乎會招來道德家與經濟學者抨擊長達200年，兩者覺得唯有他們那樣的嚴謹學說才合乎道德，除了國家和個人極力節儉與經濟外，再也不能發現任何健全的補救方法。佩悌的「宴會遊樂、豪華服飾、建造凱旋門等」，讓位給格拉斯頓（Gladstone）的錙銖必較財政政策，國家「無力」建造醫院、廣場、高貴建築，甚至不能保存古蹟的國家制度，遑論提倡音樂與戲劇的瑰麗；所有這些只能讓那些豪無儲蓄意願的人們或民間慈善事業慷慨解囊來完成。

消費不足學說在有身分人士的圈子中，沉寂一個世紀之久，直到馬爾薩斯晚年，有效需求不足觀念方才確定地位，成為對失業的一種科學性解釋。我在討論馬爾薩斯的論文中，[35]已有相當充分說明，是以僅需在此重覆我在該文中引述一兩個有特色的段落就已足夠：

---

[35] 《傳記集》（Essays in Biography）第139～147頁。

在世界的每一角落，我們到處可見大量生產力閒置，而我對此現象的解釋是，缺乏一個分配實際產出的適當方法，因而未能提供足夠誘因使生產繼續下去……我明確地認爲，這種意圖以極爲快速方式累積，必然隱含非生產性消費劇減，從而將大幅損害的生產動機，必然會過早的抑制財富進展。……但是這種快速累積意圖，當眞會在勞工與利潤間創造如此的鴻溝，以致於幾乎扼殺未來累積的動機與能力，從而破壞維持與雇用日益遞增人口的能力，是以，我們能否認這種累積企圖或儲蓄過多，可能會對國家眞正有害？[36]

問題是：這種資本停滯，以及接踵而來因地主與資本家的非生產性消費，未依適當比例隨著生產遞增而增加，從而導致勞動需求停滯。在不損害國家下，地主與資本家的非生產性消費是否可能與體系內自然剩餘維持一定比例，讓生產動機得以持續不受干擾，促使一國幸福與財富程度低於本來應該發生的程度，並且首先防止對勞動有任何不自然的需求，然後再防止這種需求的必然與突然減少時，損及一國財富與幸福所能達到的程度。但如果確實會對一國發生損害，那麼如何才能理直氣壯地說，儘管節儉或許不利於生產者，但卻對國家無害。或者說地主和資本家的非生產性消費，有時並不能成爲因應生產動

---

[36] 1821年7月7日馬爾薩斯致李嘉圖書。

機不足情況的適當對策？[37]

亞當・史密斯曾經說過：資本由節儉而增加，每一節儉者都是增進公共利益者，而財富增加取決於生產餘額超過消費的部分。這些命題在相當程度是真實而無庸置疑……但它們的精確性顯然不能無限上綱，而且過度推行儲蓄原則，勢必扼殺生產誘因。如果人們都滿足於簡單飲食、樸素衣服與簡陋住宅，則可確定的是其他種類的飲食、衣服及住宅將不會存在……這兩個極端都很明顯；由此可知在這兩者間必然有一個中間點，同時考慮生產能力與消費意願這兩個因素，而財富增加所受的激勵最大，只不過政治經濟學所能運用的才智，可能無法確定此點在何處。[38]

在我接觸過所有能幹與睿智人士發表的意見中，賽伊先生指出「商品被消費或被損壞，就是它的去路（市場）被堵塞」（他的著作第一卷第十五章），在我看來是最直接違反公正理論與不符合經驗的意見。但是它是直接來自於新理論，亦即商品僅能考慮他們彼此間的關係，而非考慮其與消費者間的關係。除了麵包與水之外，如果未來半年暫停所有商品消費，我倒是要問商品需求將變成什麼情形？這將形成何種商品累積，造成如何奇異的市場！[39]

但是李嘉圖對馬爾薩斯當時的說法充耳不聞，爭論的最後反響可見諸於彌爾在工資基金理論（wage fund theory）中的

---

[37] 1821年7月16日馬爾薩斯致李嘉圖書。

[38] 馬爾薩斯：《經濟學原理》，第8、9頁。

[39] 同上，第383頁，注腳。

討論。[40]在其心目中，該理論在他反對後期的馬爾薩斯的辯論中，扮演著重要地位，而他也是歷經這類討論的薰陶。彌爾的後繼者否定工資基金理論，但卻忽略該理論是彌爾駁斥馬爾薩斯的憑藉。他們採取的方法是將這個問題從經濟學中剔除，並非解決它而是置之不理，讓它完全從論戰中消失。凱恩克勞斯（Cairncross）意圖從不知名的維多利亞（Victorians）時代人物中，[41]尋求這個問題的蹤跡，結果發現的可能比當初預期的還要少。[42]消費不足理論直到1889年在霍布森及穆莫里（A. F. Mummery）合著的《產業生理學》出現為止，一直處於冬眠狀態。該書是霍布森在近50年時間內，以毫不猶豫但又近似無益的熱忱與勇氣，傾注自己抗衡正統人物所撰寫的許多本書中，最初而又最重要的一本。雖然這本書在今天已完全被人遺忘，但在某種意義上，它的出版卻是開拓經濟思想的一個新紀元。[43]

---

[40] 約翰・史都華・彌爾：《政治經濟學》，第一篇，第五章。穆莫里及霍布森在《產業生理學》一書（第38頁及以下）中，對於穆勒此部分學說，尤其是「需求商品不就是需求勞動」這個學說，有重要而透澈討論。馬夏爾對工資基金說之討論，頗不能令人滿意，但他設法為「需求商品不就是需求勞動」這個學說解釋誤會。

[41] 《維多利亞女王時代的人與投資》（The Victorians and Investment），載於《經濟史》（Economic History），1936年。

[42] 在他所舉各書中，以夫拉頓（Fullarton）：《通貨管理論》（On the Regulation of Currencles）一文，最饒興趣。

[43] 羅伯森（I. M. Robertson）：《儲蓄之謬誤》（The Fallacy of Saving）

　　《產業生理學》是和穆莫里合著，霍布森曾經敘述該書的
緣起如下：[44]

　　直到1880年代中葉，我的異端經濟學說逐漸形
　　成。儘管亨利·喬治起而反對土地價值活動，早
　　期社會主義團體對勞工階層遭受明顯壓迫表示激
　　憤，以及兩位鮑斯（Booth）揭露攸關倫敦的貧
　　困狀態，這都給我留下深刻印象，但並未破壞我
　　對政治經濟的信心。我的信心之所以受到打擊，
　　可說是出自於一個偶然的接觸。

　　當我任教於愛克塞特（Exeter）的某學校時，認識一位商
人穆莫里，他在當時是一個偉大的登山者，曾經發現攀登麥特
荷恩山（Matterhorn）的新路線，卻於1895年意圖攀登喜馬拉
亞山的南加帕爾巴特峰（NangaParbat）時殞命。我和他交往
自然不是在體力層面，不過他在心智上也是一樣登峰造極，天
生慧眼自闢蹊徑，對於知識權威具有崇高的無視。此人將我捲
入關於過度儲蓄的論爭中，他認為過度儲蓄是衰退期間資本與
勞動低度就業的原因。在很長期間內，我試圖以正統經濟學的

　　於1892年出版，亦擁護穆莫里及霍布森兩人的異端說。但該書價值
　　及意義均不大，因為完全缺乏《產業生理學》一書所具有的透澈的直
　　覺。

[44] 語見霍布森1935年7月14日對倫敦倫理學會演講詞，講題是：一個異端
　　派經濟學家之供詞。此處轉載，曾得霍布森允許。

武器來反駁他的論點，最終卻被他說服，促使我們於1889年合寫出版《產業生理學》，闡揚過度儲蓄理論。這是我展開異端生涯的第一步，在當時都未意識到它的重大後果。此係剛好在那時，我放棄原來教職，正要轉任大學推廣部的經濟學與文學講師的新工作。

但是第一次令我震驚的是，倫敦大學推廣部委員會拒絕我講授政治經濟學，而我後來才知道，此係某位經濟學教授曾經讀過我的書，認為它在立論上等於試圖證明地球是平的而非圓形，因而加以干涉所致。他認為當每項儲蓄都用於增加資本結構與工資資金時，為何限制有用的儲蓄？正常的經濟學者對這種意圖扼阻產業進步來源的議論，[45]自然感到驚恐。

另一個有趣的個人經驗，讓我感覺我的說法竟然是種罪惡。雖然不能在倫敦大學講授經濟學，但牛津大學推廣部給予更大自由度，允許我在外地向聽眾演講，但是演講內容則限制在有關勞工階層生活的實際問題。剛巧這時慈善組織協會正在規畫針對經濟主題的演講活動，邀請我準備一個演講課程，我也表示願意擔任這項演講工作，然而突然間，該項邀請在未經解釋下就被撤回。即使在那時，我還未意識到我質疑無限制節儉的美德，已經犯下無可寬恕的罪過。

在這本早期著作中，霍布森與其合作者直接引用古典學派

---

[45] 霍布森用不敬語氣說：「節儉是國富之源，一國愈節儉則愈富。幾乎所有經濟學者都如此說，都在宣揚節儉，推崇備至，語氣道貌岸然：在他們淒楚的歌聲中，只有這個調子讓人們聽得進耳。」（《產業生理學》，第26頁）

（他也是由此薰陶出來的）來表達自己，更甚於晚期著作中所引用的。基於這個理由，以及首次說明其理論，是以我將引用該書內容，凸顯作者們的批評與直覺，是如何意義深遠且具有充分證據。他們在序言中指出攻擊的結論性質如下：

儲蓄將讓人們與社會同時富裕，而消費則讓兩者淪落貧困。這可以一般地解釋為一項主張，認為人們偏好貨幣是所有經濟幸福的根本。它不僅讓節儉者富裕而且還提高工資，授予失業者工作，並向四方散播福祉。從每日報紙到最新經濟論著，從講壇到國會議院，這個結論到處為人反覆重述，終於到達一種地步，只要質疑它將會顯得非常不敬。然而在大多數經濟思想家支持下，直至李嘉圖著作出版之前，都在極力否定這種學說，而該學說最終為人接受，完全是因為當時的知識界人士，無法和目前已經被駁倒的工資基金學說相週旋所致。這一結論在其依據的邏輯基礎被擊倒後，依然能夠存活，除擁護它的大人物掌控權威使然外，沒有其他假設可以解釋。經濟評論家曾經冒著風險攻擊該理論的枝微末節，但對這個理論的主要結論卻是畏縮不前。我們的目的在指出這些結論不能成立，儲蓄習慣可能過度執行，將讓體系變窮、工人失業、工資滑落，並將蕭條的憂鬱與虛弱散播到商業界。

生產的目的是爲提供消費者效用與方便，而其程
序是一個連續過程，由最初的原料處理，直到最
終被人作爲效用或方便消費爲止。資本的唯一用
途在協助生產這些效用與便利，而其使用資本總
量，必然隨著每日或每週消費效用與便利總量而
變。儲蓄增加資本總量，也同時削減消費效用與
方便總量。任何過度執行儲蓄習慣，必然導致資
本累積超過需要使用的資本，而這個超額將以一
般性的生產過剩形式存在。㊻

上述這段話的最後一句呈現霍布森的錯誤根源，他認爲過
度儲蓄導致實際資本累積超過資本所需，事實上這只是預測錯
誤產生的次要弊端；至於主要弊端則是在充分就業下的儲蓄傾
向大於實際所需的資本數量，除非預測錯誤，否則將無法實現
充分就業。然而在一兩頁後，我覺得他將一半問題說得絕對精
準透澈，儘管仍然忽略利率與商業信心狀態兩者變化可能扮演
的角色，他大概將這兩個因素視爲既定不變：

因此我們得出的結論是自亞當・史密斯以來，所
有經濟理論的立足基礎，是每年產出取決於可用
的天然因素、資本與勞動總量，這竟然是錯誤
的；相反的，每年產出雖然不可能超過這些資源

㊻ 霍布森、穆莫里合著《產業生理學》，第iii-v頁。

總量附加的限制，但是藉由過度儲蓄與隨之而來
的供給過剩對生產造成的抑制作用，這一數量可
能而且實際上將被削減至遠低於這個極大值。這
即是說，在現代工業社會的正常狀態下，消費限
制生產，而非生產限制消費。㊼

最後，他也注意到其理論涉及正統學派自由貿易理論的有
效性：

我們也注意到正統學派經濟學者對美國兄弟與其
他實施保護主義國家，如果肆無忌憚加以商業低
能攻擊，而這些攻擊卻無法藉由業已引用的自由
貿易論據來支持，此係這些論據都是基於「供給
過剩不可能發生」的假設上。㊽

後續論據不能稱為完備，這個理論是第一個明確說明資本
並非由儲蓄傾向產生，而是為回應實際與預期需求而生。以下
對他們原著的混合引用，將可顯示其思維路線：

如果體系內商品消費未能隨之遞增，資本增加將
是無利可圖，這點應當是明顯。……為讓每次的

㊼ 霍布森、穆莫里合著《產業生理學》，第vi頁。

㊽ 同上，第9頁。

儲蓄與資本增加都能產生實效，最近的未來消費
必須跟著相應增加，[49]……當我們說到未來消費
時，並非指未來10年、20年或50年以後，而是指
離現在不遠的未來。……如果節儉或謹慎心理增
強，誘使人們目前多儲蓄一些，則必須同意未來
多消費一些。[50]在生產過程的任何一點，超過完成
目前消費下生產商品所需的資本，這種多餘資本
存在都將不符經濟原則。[51]

……很明顯，我的節儉絕對不能影響體系內經濟
節約總量，僅能決定節約總量中的某部分究竟是
由我執行或他人執行。我們將指出，體系內某些
人節儉，如何迫使他人過著入不敷出的生活。[52]
……現代經濟學者大部分都否認消費發生不足的
可能性。我們能否找出可能的經濟力量運作，刺
激體系從事過度儲蓄？如果發生這樣的力量，則
商業機能可否有效制止它們？我們將指出：(1)在
高度組織化的工業社會中，總有一股力量發揮作
用，自然而然引導節儉趨於過度；(2)商業機能提
供的過阻力量，若非完全不起作用，就是不足以

---

[49] 霍布森、穆莫里合著：《產業生理學》，第27頁。

[50] 同上，第50、51頁。

[51] 同上，第69頁。

[52] 同上，第113頁。

> 防止嚴重的商業弊病。(53)李嘉圖簡短答覆馬爾薩斯與察爾莫斯（A. Chalmers）的爭論，似乎被大多數後來的經濟學者接受而認爲證據足夠。「產品永遠是被產品或勞務買走；貨幣只是交易媒介。是以產出增加永遠有遞增的賺取能力與消費能力與之配合，根本沒有過度生產的可能性」〔李嘉圖：《政治經濟學原理》（*Principles of Political Economy*），第362頁〕。(54)

霍布森與穆莫里知道利息只是使用貨幣的代價，(55)也深知反對者會說：「這樣的利率（或利潤）下降足以遏制儲蓄，進而恢復生產與消費之間的正常關係。(56)他們答覆這一說法時，指出：「如果利潤下降會誘使人們減少儲蓄，則其發生作用不外乎兩種：誘使人們多支出一些，或是讓人們少生產一點」。(57)就前者而言，他們認爲當利潤下降，體系內所得就會減少，而我們不能假設：當平均所得下降之際，由於節儉的溢酬也相應遞減，人們將被誘導去增加消費；至於就第二種方式而言，「我們絕無意否認，供給過剩引起利潤下降會抑制生

(53) 霍布森、穆莫里合著：《產業生理學》，第100頁。

(54) 同上，第101頁。

(55) 同上，第79頁。

(56) 同上，第117頁。

(57) 同上，第130頁。

產，而且這種遏阻的運作是形成我們論據的重心所在」。[58]然而他們的理論未臻完備，主要是缺乏獨立的利率理論，結果使得霍布森（尤其在他稍後的著作中）過於強調消費不足導致過度投資（意指無利可圖的投資），而不是解釋一個相對較弱的消費傾向，足以助長失業發生：一個較弱的消費傾向卻未伴隨著補償性新投資發生，即使有時可能因樂觀的錯誤而暫時性發生，但一般而言，由於預期利潤低於設定的利率標準，此種投資根本不會出現。

　　第一次大戰後，一連串低度消費異端理論接踵而至，其中以道格拉斯的理論最為有名，而他的主張之所以有力量，大部分是取決於正統學派對其破壞性批評缺乏有效答覆所致。另一方面他的診斷細節，尤其是所謂A＋B定理包含了很多的神祕。如果道格拉斯將B項限制在企業所做的財務準備，而本期並無與之對應的重置與更新支出發生，則他將會更接近真相。但是即使在那種情況下，我們仍須考慮這些財務準備，有可能被其他方面的新投資以及遞增的消費支出抵銷。作為反對他的正統學派對手們，道格拉斯有權宣稱他至少沒有遺忘經濟體系的懸而未決問題；但是面對孟迪維爾、馬爾薩斯、蓋賽爾、霍布森等層級的理論，在勇敢的異端大軍中，他大概是一名小兵，卻算不上是一個少校。前述這些人依循其直覺，寧可模糊且又不完全地去看真相，也不願去固執錯誤。這種錯誤確實以清晰一致與流暢的邏輯得來，但卻基於偏離事實的假設。

---

[58] 霍布森、穆莫里合著：《產業生理學》，第131頁。

第二十四章

結語：《一般理論》可能
導致的社會哲學

I

在我們生活的體系，其顯著缺點在於未能提供充分就業，以及財富與所得分配武斷不公。上述理論對第一種缺點的關係顯而易見，但也有兩個重要方面與第二個缺點發生關係。

自從十九世紀末葉以來，透過所得稅、附加稅與遺產稅等直接課稅工具，來消除財富與所得間的重大差異，已有長足進步，尤其以英國為然。人們多數希望看到這個過程能夠更向前推進，但因兩種顧慮而投鼠忌器：一則是政府害怕巧妙的避稅值得人們去做，因此而削弱人們承擔風險的動機。但我認為人們相信：資本成長取決於個人儲蓄大小或動機，而且此種成長大部分取決於富裕者所作的儲蓄而定。我們的議論並不影響第一項考慮，但它可能大幅修正對第二種考慮的態度。此係我們業已看出，在到達充分就業前，資本成長非但不仰賴低消費傾向，反而會妨礙資本成長；而且只有在充分就業環境，低消費傾向才有助於資本成長。此外，經驗告訴我們，在現行狀況下，各個機構與經由償債基金所作的儲蓄已經綽綽有餘，透過所得重分配措施可能提高消費傾向，絕對有利於資本成長。

當前人們對這問題的見解混淆，可由其非常普遍的信念得到很好的說明，此即遺產稅對國家資本財富減少應當負責。如果國家將這些稅收用於通常支出，進而相應降低或豁免所得稅及消費稅，則課徵高額遺產稅的財政政策當然有提升體系內消費傾向效果。但因習慣性消費傾向遞增，一般而言（充分就業狀況除外）將會同時增加投資誘因，是以一般人得出的推論正好會與事實相反。

　　是以我們的論證可以得到下列結論：在當代環境下，一般認為財富成長遠非人們設想那樣取決於富裕者禁慾，而是更容易受到阻礙。因此體系認為貧富懸殊具有正當性，其依據的主要理由就此不能成立。我並非說再無其他不受我們理論影響的理由，可以辯稱在某些環境下，某種程度的財富不均是正當的。但是這些理由並未說出，為何最好的辦法應該謹慎行事，未指出其中最重要的原因究竟何在。這將影響我們對遺產稅的態度，係某些認可所得不均的理由，將無法同樣適用於遺產不均。

　　就我而言，所得與財富的重大不均確有其社會與心理的正當理由，但非如同今天的顯著不均，卻找不出同樣正當的理由。某些有價值的人類活動，其全部成果的實現，需要有獲利動機，以及可以充分發揮作用的私有財產利度。另外，透過賺錢機會與私有財富的存在，可讓危險的人性傾向走向相對無害的途徑；如果他們的傾向不能在這種方法下獲得滿足，則可能會殘酷胡亂追求個人權勢，以及在其他型式的自我跨大上尋求出路。人們對其銀行餘額施暴，總比對其同胞施暴來得好。同時，前者有時受人非難，認為是走向後者的一個手段，但至少也算是一個可供選擇的方法。不過為了刺激有價值的人類活動與滿足危險的人性傾向，我們沒有必要像目前一樣，以如此鉅額賭注來進行這個遊戲。遠低於目前賭注也可同樣達到目的，只要參與者習慣此道，改變人性的工作不可與駕取人性的工作混為一談。即使在一個理想的國家，人們可能被教育、被感悟或被養育成對賭注毫無興趣，但只要是普通人，甚至是體系內重要人士，事實上具有強烈的賺錢熱情，則在各種規則與限制

下，讓他們從事遊戲，仍然不失爲是明智與審慎的治國之道。

II

　　無論如何，我們論證還可衍生第二個更爲基本的推論，這關係到財富不均的未來，此即是我們的利率理論。迄今爲止，在提供足夠儲蓄誘因的必要性上，我們找到爲維持適度高利率辯護的理由。但是我們先前已經指出，有效儲蓄必然取決於投資規模，只要不以這種方法刺激投資到充分就業所需的規模，則可藉由低利率來達成投資規模。是以相對資本邊際效率，將利率降低到達成充分就業的點，則對我們是最有利。

　　毫無疑問，這個標準要求的利率，將遠低於一向流行的利率，而且對應遞增資本數量的資本邊際效率。如果我們能夠繼續維持充分就業環境，除非是包括政府部門在內的體系消費傾向發生過度變動，否則利率可能會穩步滑落。

　　我深信資本需求極爲有限，將資本增加到讓其邊際效率降到非常低並不困難。這並不是說使用資本工具無須支付任何代價，而只是說從其產生的報酬，除彌補浪費與報廢外，還有一點來補償承擔風險、行使技術與判斷的使用。總之，耐久財在生命年限內產生的總報酬，也像生命年限短的商品一樣，剛好彌補生產它們所需的勞動成本，再加上一些風險補償、技術與監督的成本。

　　雖然這種事物狀態非常契合某種程度的個人主義，卻將意味著收取租金者因此而無疾而終，結果是資本家剝削資本稀少價值累積的壓力，亦將因此而無疾而終。今天的利息已非眞正

犧牲的報酬，正如土地的地租也是一樣。資本擁有者能夠獲取利息，是因為資本稀少的緣故，正如土地所有者取得地租，也是因為土地稀少一樣。但是土地稀少性有其真正理由，而資本稀少性卻無真正理由。這種稀少性的真正理由，是指真正犧牲而言，它只能透過提供利息型態的報酬才能產生，而在長期將不存在。除非個人消費傾向被證明是這樣的性質，使得充分就業環境下的資本還未足夠充裕前，淨儲蓄即已終止，則情形又另當別論。即使是如此，仍有可能透過國家之手將公共儲蓄維持於一定水準，讓資本持續成長到不再稀少為止。

因此我認為，作為過渡階段的資本主義收租者層面，當其完成任務後，即將消失不見，而且隨著收租者層面消失，其中包含的許多成分也將發生翻天覆地變化。另外，收租者與無作用投資人無疾而終並非驟然發生，而僅是最近在英國看到的那種逐漸且長期繼續的情形，這將是我主張的事物次序的最大優點所在。

是以在實務上沒什麼是做不到的，我們大可增加資本作為目標，直到它不再稀少為止。這樣一來，無功能的投資人將不再獲得紅利，並且也可實施直接課稅方案，讓金融家、企業家與諸如此類的人，其智慧、決斷與行政技能等，在合理報酬下為社會服務。這些人確實如此喜好其職業，以致於即使報酬遠低於目前，也可照樣提供他們的勞務。

同時，我們必須認清，只有經驗才能證明體現在政府政策中的共同意志，究竟應當用於增加與補充投資誘因到何種程度；只有經驗才能證明在何種程度內，我們可以安心刺激平均消費傾而不致於捨棄我們的目標：在一代或兩代的時間內，

消滅資本的稀少性價值。利率下降效果將會輕易地強化消費傾向，而資本累積只要較目前大一點，就可達成充分就業。

在這種環境下，課徵高所得與遺產稅可能會遭人反對，認為它導致充分就業所具有的資本累積，將遠低於目前水準。讀者切不可以為我否認這種可能性，甚至是這個結果的機率。此係在這類事情上，預測一般人面臨變動環境將如何反應，不免失之輕率。不過如果能夠證明一個比目前稍微大一點的累積，就能取得近似充分就業值，則一個懸而未決的問題至少將獲得解決。至於它將以何種規模與採取何種方法，要求這代人限制消費，以便能為子孫建立一個充分投資環境，才是正確與合理，則仍須保留另做決策。

III

在某些層面，上述理論含意可說相當保守。此係雖然它表明，我們對目前主要由個人倡導的事情，建立某種中央控制至關重要，但仍有廣大活動領域不受影響。政府對消費傾向必須施加指導性，部分透過租稅計畫來執行，部分藉由訂定利率，以及經由其他方式來行使。此外，銀行政策對利率的影響，似乎不足以決定最適投資。是以，我覺得一個相當廣泛的投資社會化計畫，將證明是獲致充分就業近似值的唯一方法；儘管這個計畫未必要排除為和民間創始合作，而訂定的所有妥協與安排。但是除此之外，前述理論並沒有為涵蓋大部分經濟生活的國家社會主義制度作辯護。政府必須承擔的重要工作，並非將生產工具收歸國有。如果政府能夠決定投入增加生產工具的資

源總量，以及擁有這些工具的人應得的基本報酬，則它就算完成所有必要工作。不僅如此，實行社會化的各種必要措施也可逐漸引進，不致於破壞體系的一般傳統。

大家對於接受古典學派的批評，並不在於發現它的分析有何邏輯錯誤，而在指出其隱含假設很少或從未滿足過，進而無法解決實際經濟問題。但是如果中央能夠建立一個總產出，使其儘可能地對應充分就業，則從這點開始，古典學派將重獲新生。如果產出為已知，亦即取決於古典學派思維以外的力量，則我們將無反對古典學派分析之處：如私人利益將決定應當生產什麼，生產因素將以何種比例組合生產，以及最終產品價值如何分配於各個生產因素之間。再者，如果我們從另一方向討論節儉問題，則對現代古典學派在完全競爭與不完全競爭環境下，公私利益兩者間的調和程度，就沒有可以反對之處。是以除了需要由中央控制來調整消費傾向與投資誘因之間的關係外，相較於過去，我們在目前並無理由來實施經濟生活社會化。

將這點說得更具體一些，我覺得沒有理由假設現行體系對正在使用中的生產因素有何嚴重錯誤。當然，預測難免出錯，但這些錯誤在集權式決策中也難以避免。當1,000萬人有能力且願意工作，其中900萬人已經就業，我們沒有證據說，這900萬人的勞動是被用在錯誤方向。對現行制度不滿，並非認為這些900萬人應當用在其他工作，而是認為其餘100萬人也應當有事可作。現行制度的失敗不在於它對實際就業方向的決定，而是在於其對實際就業量的決定上。

是以，我同意蓋賽爾的說法，要填補古典學派理論缺

口，不是揚棄「曼徹斯特體系」（Manchester system），而是要說明如欲實現全部生產潛能，則各種經濟力量自由活動所需的環境究竟為何。為確保充分就業，必須要有中央控制，而這將涉及政府傳統職能的大幅擴張。另外，現代古典學派也呼籲關注各種經濟力量的自由活動，在若干情況下，或許需要加以抑制或引導。不過民間創設能力與責任的行使仍有其廣大領域，而在這個領域內，個人主義的傳統優點仍將存在。

讓我們暫停片刻來提醒自己，究竟這些優點為何。它們的一部分是效率的利益，這是決策分權與個人責任分散對效率產生的好處，或許比十九世紀設想的還大，而且對訴諸國民利益所產生的反應，可能也有點過分了。但最重要的是，如果個人主義可以清除其缺點與濫用，則將是個人自由的最好保障；在這層意義上，相較於其他制度，它確實是大幅擴張個人行使其選擇權的範圍，也是讓生活多彩多姿的最佳保障。這正是從擴大個人選擇權範圍中浮現出來，而這種生活的損失，則是大家同質性或極權主義國家的所有損失中最大的。此係這種多元性保留了體現前世代人們最安全與最成功選擇所代表的傳統，以其幻想多元化來使現在染上色彩。由於它既是傳統與幻想的女僕，又是實驗的女僕，所以也就成為改善未來的最有利工具。

是以涉及消費傾向與投資誘因彼此間關係調整的政府職能擴張，對十九世紀的政論家或當代美國金融家而言，似乎是極大侵犯個人主義。然而我卻要反向為這種擴張辯護，認為這是避免現行經濟組織全面瓦解的唯一可行方法，同時也是個人創業能力得以順利發揮作用的一項條件。

如果體系內有效需求不足，則「浪費資源」這種公開醜

聞不僅令人難以容忍，而且意圖將這些資源付諸運用的個別企業，也是在對他不利的環境下操作。他從事擲骰子遊戲有著許多特點，如果有精力且希望玩遍所有紙牌，則全體參與遊戲者都將蒙受損失。迄今為止，世界財富增加追不上個人正儲蓄總額，兩者差額是由那些具有勇氣與創業能力，卻無特殊技術或異常運氣配合的人們所蒙受損失的抵償。但是如果有效需求充足，僅需一般技術與普通運氣配合就足夠了。

今日的極權國家制度，似乎是藉由犧牲效率與自由來解決失業問題。毫無疑問的，除短暫期間的激奮不談，這個世界的確再也不能長此容忍失業，而且失業與資本主義式的個人主義，實存有不解之緣且無法避免。不過經由正確分析問題，或許可能醫治這項毛病，而且仍能保有效率與自由。

IV

我曾經順便提過新制度，也許相對舊制度更有利於和平，這一層面值得反覆說明與強調。

戰爭有多種原因，對於從事戰爭的獨裁者與其他類似人物，至少預期一種令人痛快的刺激，發現很容易利用人民天生的好戰心理。不過除這點外，促使他們易於煽動人們怒火，則是戰爭的經濟原因，亦即人口壓力以及市場爭奪。第二種因素在十九世紀中曾經扮演主導地位，而且可能再度發生，這一因素將與此處的討論密切相關。

我在前一章指出，在國內實施自由放任，以及在十九世紀後半期被奉為正統的國際金本位制度下，除透過競爭性爭奪市

場外，政府實在別無良策可以紓緩國內經濟困境。此係有助於長期或間歇性低度就業狀態的措施，除改善對外貿易平衡的措施外，其餘都被捨棄不用。

像這樣，當經濟學者慣於讚揚現行國際制度，認為既可產生國際分工果實，兼具調和各國利益，但卻未注意隱藏著不那麼善良的力量；而那些政治家們依據普通常識與正確了解真實情況，深信一個富裕的古國如果忽略市場爭奪，其繁榮即將衰退。不過如果各國都能學會透過國內政策來提供充分就業，同時也能附加在人口趨勢上達到平衡，就無須運用重要的經濟力量，來讓本國與鄰國在利益上彼此對立。在適當條件下，國際分工以及國際借貸仍然有其發展空間。但是不會再有迫切動機，為何一國需要將商品強迫售予他國，或拒絕購買鄰國商品，其所以如此，並非是必須這樣做，才有能力支付想購買的物品，而是表明破壞國際收支平衡，以便達到對自己有利的貿易順差目的。國際貿易將不會像目前這樣，藉由在國外市場強迫銷售與限制購買以維持國內就業，這種方法即使成功僅是將失業問題移轉給在鬥爭中失敗的鄰國，而應該是在彼此互惠的條件下，自願且無阻礙的交換商品與勞務。

V

這些觀念的實現是否只是夢想？他們在掌控政治社會演進的動機中，其根基是否不足？他們將阻撓的利益，是否較其將貢獻的利益更強大與更明顯？

我不想在這裡提供答案。即使是以概略形式說明他們的

體現所需賦予的實際措施，那也需要另寫一本性質迥異的書。不過如果這些觀念正確，這是作者必須立基於他寫作的一項假設，那麼我可以預言，在此辯論他們的功效將是一種錯誤。

在此時刻，人們非常企盼一個更基本的診斷、更易於接受這個診斷，即使它只是看起來合理，他們也渴求一試。但是撇開這種心情，經濟學者與政治哲學家們的觀念，無論對錯也好，都比人們通常了解的更具影響力。的確有別的東西主導這個世界，許多實行家堅信不受任何知識力量影響，但結果往往是某個已故經濟學者的奴隸。當權的狂妄無知者自以為得天啓示，但卻擷取若干年前某些學術塗鴉者的學說，用於證明他們瘋狂的正當性。我確信相較於觀念逐漸入侵的力量，既得利益的力量未免被人過於誇大。觀念的力量的確不是可以立即顯現，而需經一段時間沉澱。此係在經濟與政治哲學的領域，過了25歲或30歲而仍會受到新理論影響的人寥寥可數，以致於政府文官、政治家甚至是煽動家們，其應用到目前事物似乎都不是最新觀念。然而或遲或早，是好是壞，具有危險性的乃是觀念而非既得利益。

年　表

約翰・梅納德・凱因斯

（John Maynard Keynes，
1883年6月5日～1946年4月21日）

年分	生平記事
1883	約翰·梅納德·凱因斯出生於1883年6月5日。 父親約翰·內維爾·凱因斯（John Neville Keynes）從1870年代起，在劍橋大學（Cambridge）彭布羅克學院（Pembroke College）擔任特別研究員，爾後成為哲學和政治經濟學教授，著有《形式邏輯的研究和練習》（*Studies and Exercises in Formal Logic*）與《政治經濟學的範圍和方法》（*The Scope and Method of Political Economy*），並曾擔任劍橋大學教務主任。 母親是弗洛朗斯·艾達·布朗（Florence Ada Keynes）是成功的作家與社會改革先驅。
1890	進入珀斯中學（The Perse School）就讀。
1892	進入聖菲斯學院（St Faith's School）的預科班就讀，於1894年以全班第一名的優異成績畢業，並獲得第一個數學獎。
1897	獲得國王獎學金進入伊頓公學（Eton College），於1899和1900年連續兩次獲得數學大獎，並以數學、歷史和英語三項第一的成績畢業。
1901	獲得湯姆林數學獎學金（Tomline Prize）
1902	獲得劍橋大學國王學院（King's College, Cambridge）獎學金攻讀數學，並對哲學有興趣，後因馬夏爾的鼓勵而開始研究經濟學。 加入皮特大學俱樂部（University Pitt Clube）與半祕密的劍橋使徒協會（semi-secretive Cambridge Apostles society），並且是活躍成員。 擔任劍橋聯合協會（Cambridge Union Society）和劍橋大學自由俱樂部（Cambridge University Liberal Club）主席。
1904	取得劍橋大學一等數學學士學位，旋即繼續留在大學二年，其中一學期以研究生身分參加非正式經濟學獎座，此係凱因斯在經濟學門中唯一的正規教育。

年分	生平記事
1906	參加公務員考試，並於當年1月前往印度辦事處展開公務員生涯。
1908	辭去公務員職務，返回劍橋大學從事機率論研究，並在馬夏爾與庇古資助下，擔任經濟學講師
1909	成爲國王學院研究員。在《經濟雜誌》發表第一篇經濟學文章，涉及近期全球經濟衰退對印度的影響。 創立政治經濟學俱樂部，這是一個每週討論組。
1911	1911～1944年擔任《經濟學雜誌》的主編。
1913	出版第一本書《印度的通貨與金融》（*Indian Currency and Finance*）。隨後被任命爲皇家印度貨幣與財政委員會委員，兼任皇家經濟學會祕書。
1915	在財政部擔任官方政府職務，從事任務包括在戰爭期間設計英國與盟國間的信用條件以及購買稀缺貨幣。
1917	在國王的生日榮譽（King's Birthday Honours）中，凱恩斯因其戰時工作被任命爲巴斯勳章的同伴（Companion of the Order of the Bath）。
1919	擔任凡爾賽和平會議（Versailles peace conference）的財政部代表，但對會議結果極度不滿，憤而離職。 被任命爲比利時利奧波德勳章的官員（Officer of the Belgian Order of Leopold）。 出版《凡爾賽合約的經濟後果》（*The Economic Consequences of the Peace*），警示龐大賠款金額將會重創戰敗國的政治、經濟與社會。
1921	發表《機率論》（*A Treatise on Probability*），深入探討機率理論的哲學與數學基礎，批評機率理論的經典詮釋（Probability interpretations），認爲應該將機率理解爲臆說與證據間的一種邏輯關係，爲後來的機率邏輯學派奠定了基礎。知名數學家伯特蘭‧羅素（Bertrand Arthur William Russell）讚譽該書是長久以來攸關機率

年分	生平記事
	論的重要著作。1920年代，凱恩斯還作為一名記者活躍在國際上銷售其作品，並在倫敦擔任財務顧問。
1923	出版《貨幣改革論》（*A Tract on Monetary Reform*），抨擊第一次大戰後的通貨緊縮政策。為避免通貨緊縮，各國應以穩定國內物價為目標，即使允許其貨幣貶值為代價。
1924	開始提倡政府可以透過公共工程支出來創造就業機會。
1925	和俄國著名芭蕾舞演員莉迪亞·樂甫歌娃（Lydia Lopokova）結婚。
1929	主持英國財政經濟顧問委員會工作。
1930	出版《貨幣理論》。
1931	在芝加哥提出逆循環公共支出觀點，獲得相當大支持。
1933	發表《通往繁榮的手段》（*The Means to Prosperity*），提出在景氣衰退中，解決失業問題的具體政策建議，主要是逆循環公共支出。 首次提到乘數效果。
1936	出版《就業、利息與貨幣的一般理論》，對於經濟學的看法，以及政府在經濟活動中發揮作用產生的深遠影響，開啟總體經濟學發展的里程碑。
1937	由於心臟病發作需要長時間休息，凱因斯參與《一般理論》發表後的理論辯論有限。
1940	出版《如何為戰爭買單》（*How to Pay for the War*），指出融通戰爭的主要資金來源應該是更高稅收，尤其是強制性儲蓄（主要是工人向政府借錢），而非採取赤字支出，以避免爆發通貨膨脹。
1941	被提名為英格蘭銀行董事，並從次年4月開始擔任一個完整的任期。

年分	生平記事
1942	被提名爲薩塞克斯郡蒂爾頓的凱因斯男爵（Baron Keynes, of Tilton, in the County of Sussex）。
1944	出席布雷頓森林聯合國貨幣金融會議，擔任國際貨幣基金組織和國際復興開發銀行的董事。 凱恩斯作爲英國代表團團長和世界銀行委員會主席，積極參與1944年中期建立布雷頓森林體系的談判。
1946	因心臟病發而於1946年4月21日逝世，享壽62歲。

索 引

六畫

七畫

八畫

九畫

十四畫

十五畫

經典名著文庫 021

就業、利息和貨幣的一般理論
The General Theory of Employment, Interest, and Money

文 庫 策 劃 —— 楊榮川
作　　　者 —— 約翰‧梅納德‧凱因斯（John Maynard Keynes）
譯　　　者 —— 謝德宗
企 劃 主 編 —— 侯家嵐
責 任 編 輯 —— 吳瑀芳
特 約 編 輯 —— 張碧娟
封 面 設 計 —— 姚孝慈
著 者 繪 像 —— 莊河源
出 版 者 —— 五南圖書出版股份有限公司
發 行 人 —— 楊榮川
總 經 理 —— 楊士清
總 編 輯 —— 楊秀麗
　　　　地　　　址 —— 臺北市大安區 106 和平東路二段 339 號 4 樓
　　　　電　　　話 —— 02-27055066（代表號）
　　　　傳　　　眞 —— 02-27066100
　　　　劃撥帳號 —— 01068953
　　　　戶　　　名 —— 五南圖書出版股份有限公司
　　　　網　　　址 —— https://www.wunan.com.tw
　　　　電子郵件 —— wunan@wunan.com.tw
法 律 顧 問 —— 林勝安律師
出 版 日 期 —— 2023 年 4 月初版一刷
　　　　　　　　2024 年 9 月初版二刷
定　　　價 —— 520 元

國家圖書館出版品預行編目資料

就業、利息和貨幣的一般理論 / 約翰‧梅納德‧凱因斯 (John
Maynard Keynes) 著；謝德宗譯 . -- 初版 -- 臺北市：五南圖
書出版股份有限公司，2023.04
　　　面；公分
　　　譯自：The General Theory of Employment, Interest, and
　　　Money
　　　ISBN 978-957-11-9792-0(平裝)

1.CST: 凱因斯學派

550.1877　　　　　　　　　　　　　　　　　107009937